明中期关中四家易学研究

Study on Yi-ology during the Middle of Ming Dynasty in Guanzhong District

邢春华 著

中国社会科学出版社

图书在版编目（CIP）数据

明中期关中四家易学研究／邢春华著 . —北京：中国社会科学出版社，
2016.12

（中国社会科学博士后文库）

ISBN 978 - 7 - 5161 - 9446 - 1

I. ①明… II. ①邢… III. ①关学—研究—中国—明代②《周易》—
研究—中国—明代 IV. ①B244.45②B221.5

中国版本图书馆 CIP 数据核字（2016）第 299574 号

出 版 人	赵剑英	
责任编辑	孙 萍	
责任校对	石春梅	
责任印制	王 超	

出 版	中国社会科学出版社	
社 址	北京鼓楼西大街甲 158 号	
邮 编	100720	
网 址	http://www.csspw.cn	
发 行 部	010 - 84083685	
门 市 部	010 - 84029450	
经 销	新华书店及其他书店	

印刷装订	北京君升印刷有限公司
版 次	2016 年 12 月第 1 版
印 次	2016 年 12 月第 1 次印刷

开 本	710 × 1000 1/16
印 张	17
字 数	278 千字
定 价	65.00 元

序 言

　　博士后制度在我国落地生根已逾30年，已经成为国家人才体系建设中的重要一环。30多年来，博士后制度对推动我国人事人才体制机制改革、促进科技创新和经济社会发展发挥了重要的作用，也培养了一批国家急需的高层次创新型人才。

　　自1986年1月开始招收第一名博士后研究人员起，截至目前，国家已累计招收14万余名博士后研究人员，已经出站的博士后大多成为各领域的科研骨干和学术带头人。这其中，已有50余位博士后当选两院院士；众多博士后入选各类人才计划，其中，国家百千万人才工程年入选率达34.36%，国家杰出青年科学基金入选率平均达21.04%，教育部"长江学者"入选率平均达10%左右。

　　2015年底，国务院办公厅出台《关于改革完善博士后制度的意见》，要求各地各部门各设站单位按照党中央、国务院决策部署，牢固树立并切实贯彻创新、协调、绿色、开放、共享的发展理念，深入实施创新驱动发展战略和人才优先发展战略，完善体制机制，健全服务体系，推动博士后事业科学发展。这为我国博士后事业的进一步发展指明了方向，也为哲学社会科学领域博士后工作提出了新的研究方向。

　　习近平总书记在2016年5月17日全国哲学社会科学工作座谈会上发表重要讲话指出：一个国家的发展水平，既取决于自然科学发展水平，也取决于哲学社会科学发展水平。一个没有发达的自然科学的国家不可能走在世界前列，一个没有繁荣的哲学社会科学的国家也不可能走在世界前列。坚持和发展中国特色社会主义，需要不断在实践和理论上进行探索、用发展着的理论指导发展着的实践。在这个过程中，哲学社会科学具有不可替代的重要地位，哲学社会科学工作者具有不可替代的重要作用。这是党和国家领导人对包括哲学社会科学博士后在内的所有哲学社会科学领域的研究者、工作者提出的殷切希望！

中国社会科学院是中央直属的国家哲学社会科学研究机构，在哲学社会科学博士后工作领域处于领军地位。为充分调动哲学社会科学博士后研究人员科研创新积极性，展示哲学社会科学领域博士后优秀成果，提高我国哲学社会科学发展整体水平，中国社会科学院和全国博士后管理委员会于2012年联合推出了《中国社会科学博士后文库》（以下简称《文库》），每年在全国范围内择优出版博士后成果。经过多年的发展，《文库》已经成为集中、系统、全面反映我国哲学社会科学博士后优秀成果的高端学术平台，学术影响力和社会影响力逐年提高。

下一步，做好哲学社会科学博士后工作，做好《文库》工作，要认真学习领会习近平总书记系列重要讲话精神，自觉肩负起新的时代使命，锐意创新、发奋进取。为此，需做到：

第一，始终坚持马克思主义的指导地位。哲学社会科学研究离不开正确的世界观、方法论的指导。习近平总书记深刻指出：坚持以马克思主义为指导，是当代中国哲学社会科学区别于其他哲学社会科学的根本标志，必须旗帜鲜明加以坚持。马克思主义揭示了事物的本质、内在联系及发展规律，是"伟大的认识工具"，是人们观察世界、分析问题的有力思想武器。马克思主义尽管诞生在一个半多世纪之前，但在当今时代，马克思主义与新的时代实践结合起来，愈来愈显示出更加强大的生命力。哲学社会科学博士后研究人员应该更加自觉坚持马克思主义在科研工作中的指导地位，继续推进马克思主义中国化、时代化、大众化，继续发展 21 世纪马克思主义、当代中国马克思主义。要继续把《文库》建设成为马克思主义中国化最新理论成果的宣传、展示、交流的平台，为中国特色社会主义建设提供强有力的理论支撑。

第二，逐步树立智库意识和品牌意识。哲学社会科学肩负着回答时代命题、规划未来道路的使命。当前中央对哲学社会科学愈发重视，尤其是提出要发挥哲学社会科学在治国理政、提高改革决策水平、推进国家治理体系和治理能力现代化中的作用。从 2015 年开始，中央已启动了国家高端智库的建设，这对哲学社会科学博士后工作提出了更高的针对性要求，也为哲学社会科学博士后研究提供了更为广阔的应用空间。《文库》依托中国社会科学院，面向全国哲学社会科学领域博士后科研流动站、工作站的博士后征集优秀成果，入选出版的著作也代表了哲学社会科学博士后最高的学术研究水平。因此，要善于把中国社会科学院服务党和国家决策的大智库功能与《文库》的小智库功能结合起来，进而以智库意识推动品牌意识建设，最终树立《文库》的智库意识和品牌意识。

第三，积极推动中国特色哲学社会科学学术体系和话语体系建设。改革开放 30 多年来，我国在经济建设、政治建设、文化建设、社会建设、生态文明建设和党的建设各个领域都取得了举世瞩目的成就，比历史上任何时期都更接近中华民族伟大复兴的目标。但正如习近平总书记所指出的那样：在解读中国实践、构建中国理论上，我们应该最有发言权，但实际上我国哲学社会科学在国际上的声音还比较小，还处于有理说不出、说了传不开的境地。这里问题的实质，就是中国特色、中国特质的哲学社会科学学术体系和话语体系的缺失和建设问题。具有中国特色、中国特质的学术体系和话语体系必然是由具有中国特色、中国特质的概念、范畴和学科等组成。这一切不是凭空想象得来的，而是在中国化的马克思主义指导下，在参考我们民族特质、历史智慧的基础上再创造出来的。在这一过程中，积极吸纳儒、释、道、墨、名、法、农、杂、兵等各家学说的精髓，无疑是保持中国特色、中国特质的重要保证。换言之，不能站在历史、文化虚无主义立场搞研究。要通过《文库》积极引导哲学社会科学博士后研究人员：一方面，要积极吸收古今中外各种学术资源，坚持古为今用、洋为中用。另一方面，要以中国自己的实践为研究定位，围绕中国自己的问题，坚持问题导向，努力探索具备中国特色、中国特质的概念、范畴与理论体系，在体现继承性和民族性，体现原创性和时代性，体现系统性和专业性方面，不断加强和深化中国特色学术体系和话语体系建设。

新形势下，我国哲学社会科学地位更加重要、任务更加繁重。衷心希望广大哲学社会科学博士后工作者和博士后们，以《文库》系列著作的出版为契机，以习近平总书记在全国哲学社会科学座谈会上的讲话为根本遵循，将自身的研究工作与时代的需求结合起来，将自身的研究工作与国家和人民的召唤结合起来，以深厚的学识修养赢得尊重，以高尚的人格魅力引领风气，在为祖国、为人民立德立功立言中，在实现中华民族伟大复兴中国梦征程中，成就自我、实现价值。

是为序。

王京清

中国社会科学院副院长
中国社会科学院博士后管理委员会主任
2016 年 12 月 1 日

摘　要

　　明中期，正德至嘉靖年间，民间土地兼并严重，灾荒不断，农民流离失所。统治阶级日渐荒淫没落，不思朝政。程朱理学作为官方哲学，不能给衰败的世风带来清新风气，不能给迷乱的人们带来心灵安慰。此时以陈献章为首的江门心学崇尚人纯真性情的自然流露，对程朱理学所提倡"存天理，灭人欲"的思想进行了冲击和反驳。南方以王阳明为主的心学渐渐兴起，阳明"心学"直视人的道德良知，重视人的内心世界，讲究"知行合一"，但对社会现实和社会环境关注较少；北方以罗钦顺、王廷相、吕柟、马理等为代表的"经邦济世"之学主张改革社会弊政，提倡尊贤崇圣学风，对当时政治社会风气起到了扭转和导向作用。

　　至明朝中期，关学得到了中兴，出现了一批比较有影响力的理学名家。比较著名的以吕柟及三原学派为代表，他们著书讲学，兴办书院，倡导"实学"。吕柟集大成，王恕、马理、杨爵、韩邦奇等推波助澜。在义利关系问题上，坚持义利统一的观点，摒弃佛老无为思想，主张实践和实用。其中吕柟的理学著作最多，他提出了"君臣同心，民者天之心"说；认为修身重在修心，重在慎独；教育重在树立自强，倡导积学贵在有志于天下国家。王恕的《玩易意见》主要体现了他对伊川和朱熹释《易》阐《易》思想的疏解、补充和阙疑。马理认为"圣贤"之学要赞而学之，同时他的理气论、道德修养论、教育论对当时关中学风更是一大促进。杨爵的"困辨"之学，呼吁"民为邦本"思想更是对当时黑暗腐朽社会的抨击和控诉。

他们四人的思想皆体现了关中学者尚气节、厚民风、重学统的风尚。

关键词：明朝中期；关中；吕柟；王恕；马理；杨爵；易学

Abstract

The reign from the Emperor Zheng De to Jia Jing in the mid – period of Ming Dynasty saw a severe land annexation, frequent famines and the displacement of peasants. Neo-Confucianism, as an orthodox philosophy, was unable to refresh the depraved social ethos and clear up people's spiritual confusion. At that time, the Chen Xianzhang—led Jiang Men School of the Mind, which advocates the natural outpourings of man's genuine thoughts and sentiments, rose to refute and criticize the doctrine of Neo – Confucianism— "uphold natural laws and uproot human desires". The south witnessed the flourishing of the School of the Mind led by Wang Yangming, which looks straight into man's moral conscience and inner world, stresses the unity of theory and practice, but doesn't pay enough attention to social environment and social reality. Meanwhile, in the north, represented by Luo Qinshun, Wang Tingxiang, Lv Nan, and Ma Li, the doctrine of "to the service of the peace and prosperity of the world" proposed to reform social maladies, revere and follow ancient sages in academic life, and thus served to redress and guide the political and social ethos.

The mid-Ming period also saw the revival of the School of Guanzhong area and the emergence of some influential Neo-Confucianism scholars. Amongst them were Lv Nan and the School of San Yuan, who, as advocates of "pragmatic learning", engaged in writing books, giving lectures and establishing academies. Lv Nan was the supreme accomplisher while Wang Shu, Ma Li, Yang Jue and

Han Bangqi contributed to polish and perfect their theories. In the matter of justic-profit relation, they adhered to the unity of the two, rejected the Buddhist and Taoist thought of inaction, and advocated practice and pragmatism. The most prolific author of Neo-Confuciansim works, Lv Nan suggested that the monarch and the subjects be of the same mind as the common people represent the mind of the heaven, and maintained that what matters most in one's cultivation be the cultivation of the heart and a conscientious self-restraint when alone. He also opined that the purpose of education be to motivate the scholars to devote themselves to the service of the country and the world. Wang Shu's *Opinion on Yi-ology* mainly reflects his interpretation, supplement and questioning of Yi Chuan and Zhu Xi's elucidation of Yi Ching. Ma Li held that the learning of great sages be taken with an appreciative attitude, and meanwhile his theories of principle, of vital energy, of moral cultivation and education significantly promoted the style of the School of Guang Zhou area. Yang Jue's theory of "solving confusion through debate" and his thought that "people are the foundation of a state" served all the more as an attack and condemnation against the corrupt, sordid social realities. The thoughts of these four reflect Guanzhong scholars' custom and practice of upholding moral integrity, as well as attaching importance to folk and academic traditions.

Key Words: The Middle of Ming Dynasty; Guanzhong; Lv Nan; Wang Shu; Ma Li ; Yang Jue; Yi-ology

目　录

Contents

绪　论

一　关中易学研究历史及现状

　　明正德、嘉靖年间，以吕柟、王恕、马理、韩邦奇、杨爵等为首的一批关中学者，或著书或开院讲学，对弘扬关学做出了贡献，被称为明代的"关中理学帮"。关中督学杨一清曾赞叹说："康生（武功康海）文辞，马生、吕生（高陵吕）的经学皆天下式也。"明一代，关学集大成者为冯从吾。在冯之前，"三原学派"功劳最高，其开创者和代表人物为三原人王恕、王承裕、马理和高陵人吕泾野等，这一学派的主要特点是"重气节、厚风土"，具有正直而淳朴的气质，他们建立和求学的三原宏道书院对明、清陕甘学子产生了深远影响。目前学术界对"三原学派"易学思想研究基本还是空白。黄宗羲在《三原学案》前言中说："关学大概宗薛氏，三原又其别派也。其门下多以气节著，风土之厚，而又加之学问者也。"

　　任何一个学术流派都不是孤立的，研究以"三原学派"为中心的明代关中易学，绝不能把它作为一个孤立对象进行探讨，而应把这一对象置于更为广阔的学术背景下加以考察。应该结合宋明清易学、中国易学发展史、经学发展史、理学史、思想史、学术发展史进行研究；还应该结合陕西地方志学、陕西区域历史文化发展史加以认识。只有如此才能正确评价吕柟、王恕、马理、杨爵四人的易学著作及其易学思想在中国易学发展史的历史地位。而历史上宋明时期，是易学学派最繁荣、思想最活跃的时期，无论是图书学派、义理学派、象数学派、气学、心学、实学都达到了较高水平。明初，胡广等奉敕编撰《周易大全》、董楷的《周易传义附录》、董真卿的《周易会通》、胡一桂的《周易本义附录纂疏》及胡炳文的《周易本义通释》等，大多是对程、朱二书的疏释。明代来知德的《周易集注》，被时人誉为"绝学"。其他明人言《易》之书，如黄道周的

《易象正》、何楷的《古周易订诂》及张次仲的《周易玩辞困学记》等，或绘《易》图，或借《易》说"理"。特别是万历以后，又将心学杂入，心学讲求发见本心致良知，而良知只是虚空的概念。虽然心学主张"知行合一"，但对社会现实却没有提出改变的和主张。而此时，关中地区继承张载关学思想的实学思想在发展壮大，实学主张躬行实践和经世致用，主张拯救社会，改革现实，实行明君圣贤之道。因而，明万历以后，关中地区曾形成心学与实学相对立的局面。

从易学史研究来看，海内外学者研究的重点多在汉易和宋易。《四库总目·易类序》说："汉儒言象数，去古未远也，一变而为京、焦，入于機祥，再变而为陈、邵，务穷造化，《易》遂不切于民用。王弼尽黜象数，说以老、庄，一变而胡瑗、程子，始阐明儒理，再变而李光、杨万里，又参证史事，《易》遂日启其论端。"当今学术界研究重点普遍在汉易、宋易上，元、明、清三代易学研究相对薄弱。廖名春等著《周易研究史》，从两方面对明代易学开展研究，如"明代的宋易义理学派"。书中主要类举了胡广等《周易传义大全》（明成祖永乐十三年）、崔铣《读易余言》、蔡清《易经蒙引》、林希元《易经存疑》、陈琛《易经浅说》、熊过《周易象旨诀录》、李贽《九正易因》、唐鹤征《周易象义》等重要著作。关于"象数派宋易"，《周易研究史》重点研究了来知德《周易集注》十六卷、黄道周、方以智等重要的易家易著。

除此之外，徐芹庭《易学源流：中国易经学史》、高怀民《宋元明易学史》、徐志锐《宋明易学概论》、林忠军《象数易学发展史》等，从不同角度对宋明义理易学家的思想和象数易学家的思想进行了深入剖析，这些学者的研究成果为研究明代陕西关中易学奠定了基础。至于论文方面，学者大多对明代具有重要地位的易学易著进行个案研究，如《周易研究》载林忠军《两汉易学的形成、源流及特征》、李祥俊《北宋诸儒易学观》、郭彧《北宋两刘牧再考》、金生杨《宋代君臣讲易考》等，这些研究成果皆集中在一些汉易和宋易，且集中在大家身上。从整个易学发展来看，大家研究固然颇有价值，但是从易学发源和流传来看，周文王起于西岐，陕西易学乃易学的源头，故研究易学史不可不关注陕西易家对易学史的贡献，研究陕西易学史关中易学则当在首位。

从易学哲学史研究来看，主要论著是朱伯崑的《易学哲学史》（第四编：元明清时期的易学）。该书系统而深入地阐述了历代易学家的象数、义理，尤其对义理学派和象数学派哲学研究用力颇深。该书对明代易学研究主要从以下几方面展开：明代义理学派的易学哲学、明代心学的易学哲学、明代象数之学的发展、方以智与《周易时论合编》。义理学派的易学哲学着重论述了薛瑄易说、蔡清《周易蒙引》、罗钦顺易学哲学、王廷相易学哲学；心学易学哲学如湛若水易说、王畿易说、禅宗易说，明代心学易学哲学是对宋代陆象山和杨简学说的发展，明中期以后，心学成为同程朱理学相抗衡的主要力量，并且代替了理学权威地位，而心学易学哲学则借易理阐发其心学思想，又受理学和气学影响，建立了独特的心学易学哲学。明代象数之学的发展着重研究了来知德《周易集注》、张介宾《医易义》等，该书从哲学的角度研究易学，表达其哲学观点。因此，在选择研究对象时，作者更倾向于在哲学思想史上有突出贡献的学者与《周易》论著。

《周易》作为六经之首，易学史的研究，不能脱离经学史的范围，经学史涉及儒家的典籍演变、流传及传授，其中包括各代易学家传授的世系、学派，不同时代各个学派解经阐易的倾向和方法，经典注疏的特点、概况、方式和成就，典籍辨伪和文字训诂的考证等。关于明代经学发展情况，皮锡瑞《中国经学史》把明代经学定位为"经学积衰时代"，现代学者杨东莼《中国学术史讲话》、马宗霍《中国经学史》、章权才《宋明经学史》等也附同皮锡瑞的观点。

海外关于明代经学研究的成果颇多，但比较系统而深入研究的当属台湾学者林庆彰的《明代考据学研究》《明代经学研究论集》等专著。日本学者安井小太郎等讲述，林庆彰、连清吉合译的《经学史：附录三种》；日本学者本田成之著，孙俍工译的《中国经学史》等在学界颇有较大影响。在论文方面，台湾学者林庆彰编辑整理的《经学研究论著目录（1912—1987）》《经学研究论著目录（1988—1992）》《经学研究论著目录（1993—1997）》《晚明经学的复兴运动》《近十五年来经学史的研究》《日本研究经学论著目录》《日本儒学研究书目》等，在明代经学研究方面做出了贡献，前人的研究成果为本书的深入研究开展提供了很大的帮助和借鉴。

关于明代易学的研究，不容忽视理学方面的问题。理学起源于北宋，奠基人是周敦颐和张载，张载在《易说》中提出了"气"为世界本源的思想，进而提出了"理一分殊"思想和"穷神知化"与"穷理尽性"的唯物认识论，建立了理学基本框架，成为程朱理学"格物致知"论的源头。而程颐《伊川易传》则完成了理学的完整体系，奠定了程朱理学的理论基础。元代理学出现南北两派，相互吸收、相互渗透，到明代则是理学的分化发展时代。王阳明主"良知"，唯心论风靡一时，罗钦顺、王廷相主张以"气"为本的唯物论哲学，而以吕柟、王恕、杨爵、马理为代表的三原学派则是对张载思想的继承和发展，主张躬行实践，经世济用的实学，弃除佛老空虚思想和学风。理学不是孤立发展的，而是在经学、道教与佛教相结合的基础上孕育发展起来的，理学家通过解释儒家经典阐明自己的思想，其中渗透了佛教和道教的思辨方法和认识方法。宋明时期一些易学家既是理学家、经学家同时又是文学家，易学"推天道以明人事"的思维方法，太极阴阳、形而上、形而下、理与气、心与性等认识方法，为宋明理学、文学、经学发展锦上添花，尤其开拓了学者们的哲学视野和哲学思维。

因此，研究明代易学不能忽视明代理学，尤其是研究关中地区的易家及其易著更不能忽视理学，因为张载既是关学的奠基者又是关学的发展者，他同时也是理学的奠基者。研究明中期易学，不能不关注明初、中期理学发展思潮，理学既是易学研究的思想背景，同时又是易学研究的重要内容。这方面的重要著作有侯外庐等主编的《宋明理学史》（下册）、蒙培元的《理学的演变：从朱熹到王夫之戴震》、陈来的《宋明理学》等。

易学史研究不能脱离学术史和思想史。研究明代中期易学史同样也必须结合明代中期的学术史和思想史进行研究。前人的研究成果有：黄宗羲的《明儒学案》是最重要的著作之一，张立文主编的《中国学术通史·宋元明卷》则是目前较为系统较为权威的参考书；李书增等著的《中国明代哲学》既有微观上对各个流派及其代表人物的哲学体系的具体剖析，又对以往很少论及的哲学家进行了深入挖掘。此外葛兆光主编的《中国思想史参考资料集·隋唐至清卷》为本书的研究提供了许多很有价值的文献资料。朱伯崑的《易学哲学史》为本书的研究提供了可以借鉴的研究方法和思维趋向。

在地方文献上，福建师范大学图书馆藏有《地方志人物传记资料丛刊汇编·陕西卷》，其中收录有《宣统重修泾阳县志·儒林·元明》《乾隆三原县志·明·理学》《光绪三原县新志·明·理学》《富平县志》《高陵县志》等，为查阅地方文献资料提供了极大方便。此外还有清朝署理陕西总督、吏部尚书刘於义等监修《陕西通志》一百卷（通行本）可供查阅。冯从吾《关学编》，赵吉惠、刘学智主编《张载关学与南冥学研究》，（清）吴怀清撰、陈俊民校编《关中三李年谱》（台北：允晨文化，1992）（明）周汝登《圣学宗传》（山东友谊出版社，1989，《孔子文化大全》），（明）冯少墟《少墟集》等都为本书的撰写提供了重要的参考资料。明朝以理学开国、治国，儒家书籍遍及天下，为关学振兴开辟了一条坦途。据有关史籍记载，在明代中后期，关中的理学家竟达百人之多。这些学者为弘扬关学做出了较大贡献。

目前对明代易学研究大多局限在重要的易家易著之上，专门做地方易学史的研究甚少，目前看到的有金生杨著《汉唐巴蜀易学》，由巴蜀出版社 2007 年 8 月出版。再就是笔者同门师兄肖满省的明代泉州易学研究，目前正在进行中。他们的研究方法和资料收集情况对本书有很大的启发和帮助。

目前海内外易学的研究成果丰硕，但也存在如下不足：其一，未能深入梳理出整个宋明易学发展演变的轨迹，及它与前代易学、尤其是汉代易学与魏晋易学的关联。其二，对于明清易家及其易著研究相对薄弱。其三，对于此一时期义理易学的研究较为充分，但是对于象数易学的研究颇显薄弱。其四，对于宋明象数易学哲理意蕴的开掘，有待进一步加强。而其突破难点是元明易学与佛学、元明易学与当时社会思潮和学风的关系。其五，目前从区域易学研究状况看，东部易学研究成果强于西部，尤其陕西易学研究偏弱，地域性易学研究较少，同样对陕西易家易著研究得偏少，对明代陕西易家易著研究就更少了。目前学术界对吕柟的研究仅从哲学角度或哲学和关学的角度切入，单纯研究其易学思想的成果几乎没有，对三原学派各位易家及其思想和著作开展研究也几乎为零。关于吕柟的学术思想研究颇多，近年来多以研究论文出现：

（1）萧无陂：《吕柟与关学》（《船山学刊》2007 年第 4 卷）。

（2）向旰：《中兴关学的吕柟》（《理论导刊》1987 年第 10 期）。

（3）肖平：《吕柟哲学思想研究》，硕士学位论文，2005 年。

（4）朱晓红：《吕柟与理学》（《西北大学学报》（哲学社会科学版）2000 年第 2 期）。

（5）吕瑞文：《论康海的关学品性——兼考康海与吕柟之交游》（《湖南工业职业技术学院学报》2008 年第 4 期）。

（6）台湾学者余安邦：《吕泾野思想研究》（《中山人文学报》2004年第2期）等。

以上诸文，多研究吕柟的哲学思想和理学思想及其交游情况，单从易学角度研究的没有。对于吕柟《周易说翼》易学著作做专书研究的几乎寥寥，但上述研究对本书吕柟易学思想研究奠定了基础，提供了资料和思想借鉴，为进一步对其易学思想深入系统研究有非常大的帮助。

因此，本书以具有鲜明地域特色的"三原学案"易学成就为切入口，涉及"河东学案"易学（黄宗羲在《明儒学案》里把吕柟归入"河东学案下"），进而研究其易学思想传承和流传，为进一步深入研究陕西易学史奠定基础。

二　本书的研究动机与目的

首先，随着国学的复兴，国内及海内外对易学的研究如雨后春笋般节节攀升，与"汉易""宋易"等研究情形相对比，元明清易学研究显得薄弱得多。大部分的易学史对明代易学研究都只选择个别重要的易家易著进行介绍，地方区域性易学史研究甚少。因此，本书选择具有地方区域特点的明代关中易学这一课题，一是为陕西易学史研究贡献自己绵薄的力量，二是间接地为明代易学乃至为易学史的研究尽一点力量。

其二，从明代学术史、哲学史、易学哲学史的研究看，学者大部分把重点集中在心学的崛起及其流派上，却较少关注程朱理学在明代流传、继承和发展的情况。尤其是对地域性的易学流传、发展情况研究得较少。陕西"关学"为理学的进一步发展和最终集大成奠定了坚实的逻辑基础，"关学"曾一度和"洛学""新学"百花齐放。明代关中学者冯从吾编的《关学编》收录关理学家33人，附录11人，在明代，关中的这些学者对关学的传承和发展，对明代陕西学术思想的发展做出了应有的贡献，对陕西易学史、理学史、经学史等的发展乃至对全国的易学史、理学史、经学史、学术史的继承发展都有重要意义。

其三，明代关中易学具备作为研究对象的所有条件。明正德、嘉靖年间，以吕柟、王恕、马理、韩邦奇、杨爵等为首的一批关中学者，或著书或开院讲学，四方学者接踵而至。他们著述颇多，吕柟有《四书因问》、《周易说翼》3卷、《尚书说要》《春秋说志》《泾野子内外篇》《泾野诗文集》《高陵志》《解州志》等，都收录在《四库全书》中。作为三原学派之首的王恕，著述有《历代名臣谏议录》124 卷、《王端毅公奏议》12 卷及《石渠意见》《三原县志》等。其《玩易意见》作于其 91 岁时，其说颇有新意。马理著有《四书注疏》《周易赞义》《尚书疏义》《诗经删义》《周礼注解》《春秋修义》《陕西通志》等。其《周易赞义》收录在《四库全书》中。马理文章天下名，朝鲜国王奏乞颁赐马理文章，遣使者抄录其《送康太史奉母还关中序》，作为范文在朝鲜传诵。杨爵曾受业于韩邦奇，备受韩氏器重，他在狱中著有《周易辨录》《中庸解》若干卷。黄宗羲在《明儒学案》中将吕柟归入《河东学案下》，而将王恕、马理、韩邦奇、杨爵皆归入《三原学案》，笔者研究理由如下：一是因为他们同为明代正德、嘉靖朝关中地区的著名学者；二是四人私交和学术交往甚密，且互相切磋学问和共同讲学于关中；三是四人皆性情耿直，以气节著称，或被罢官或被系狱，然讲学不辍；四是四人或为师生关系或为同门，生卒年月相差无几，其中吕柟和马理同在国学学习，同著《陕西通志》，王恕和马理乃师生关系，其思想成就皆在易学史上占有一定地位，因此对他们进行研究无论是对地方学术史或是对中国易学史皆有重要价值。

其四，"河东学派"和"三原学派"是明代学术中具有相当影响力的北方学术现象，素有关学余脉之称，也有"陕西理学帮"之称。关于地域性易学研究当今易学界关注甚少，本书或可弥补这一缺憾。易为大道之源，群经之首，历代学者孜孜以求形成了庞大的易学体系。陕西是中国易学发展的源头，又是关学的发祥地，陕西历代学人对易学的发展做出了自己的贡献，不能因为历史的变迁而抹杀了已经故去的先贤学人的丰功伟绩。笔者研究这些学人学术思想及其贡献，希望能为今天的学术发展尽微薄力量。

三 本书的主旨及研究方法

本书不是单纯地只考察明中期关中四家易学的思想特点，而是将其置于整个关学历史发展之中，置于明代易学、宋元易学，甚至中国易学史、中国学术史、中国经学史、中国儒学发展史等大环境中进行系统考察，在宏观学术环境之中把握其微观特点，只有如此才能对这四家易学思想进行深入而细致的把握和体认。

本书研究方法有：从文献史料入手，结合相关著作、地方文献、家谱等，比较分析资料，写出纲要，然后按这四个易家在易学发展史中历史地位撰写。

采取文献分析法、综合归纳法、微观比较法、历史与逻辑统一法、重视借助哲学诠释学和历史唯物主义辩证法，注意多种研究方法渗透和结合。

文献分析为本书的研究基础，笔者尽可能地全面收集与本书相关的文献资料，力求涵盖古今中外相关文献，以使本课题的研究由点入深，从这四家易学思想窥探明代陕西易学界的思想脉络和发展情况。收集文献资料大致可以归纳为两大方面：一类是直接与本书研究对象有关的；另一类虽然与本书无直接关联，却涉及基本理论、相关观点和目标课题背景，两方面资料都尽可能详尽并高度加以重视。

在材料收集过程中，不仅重视各大图书馆的馆藏资料；同时充分合理利用网络资源，资料收集尽量全面完整，做到地毯式搜寻查找和竭泽而捕捞的方法，充分利用学校图书馆与福建省图书馆的丰富馆藏资料，再利用假期到家乡休假的机会，充分挖掘当地的文献资源。因而该方案实施可行性较好。

坚持宏观和微观相结合的分析法，同时坚持逻辑与历史相统一的原则，将明代关中易学放到当时历史发展、社会生活与文化学术相互影响总体大背景下，把这四个易家还原到当时历史环境中进行整体把握和考察，在时代变迁中考察其思想，深入分析其思想脉络传承演变轨迹及思想内涵和外延。

第一章 明中期关学发展的历史概况

第一节 明中期理学发展概况

关学是北宋理学家张载首创的一个理学学派，与地域意义上"关中地区之学"有区别和相异之处。"关学"的兴起是北宋社会阶级、民族、思想等综合矛盾发展的必然结果。以周敦颐为代表的濂溪之学作为理学开创学派，濂学之后，以张载为代表的"关学"和以二程兄弟为代表的"洛学"在北方几乎同时出现，"关学"偏重"太虚"之学，洛学主导"天理"之学，虽说关注点不同，但"关学"和"洛学"在"心统性情"方面也有相通之处。北宋时期，主流理学学派以"濂学""关学""洛学"为主，此外还有非主流的理学学派，其中以司马光为代表的"涑学"素以史学称著于世；苏洵、苏轼、苏辙父子创建的"蜀学"，对道统和门户派别不太重视，却敢于面对实事和实际问题，关注事件成败得失，以此奠定了独特的学术风格；此外还有以王安石为代表的"新学"，关注天道五行、人道使命、君道皇极等思想，新学以《三经新义》而得名，它以义理解经，是对以《五经正义》为代表的汉唐章句训诂法解释儒家经典的革命。[①]

北宋是理学的奠基时期，南宋则是理学的发展成熟时期。南宋时期，理学得到了空前发展并渐趋成熟，出现了一大批著名的理学家，地域特征以南方为盛。如有以胡宏、张栻为代表的"湖湘学"，以朱熹为代表的"闽学"，以陈亮为代表的"永康学"，以叶适为代表的"永嘉学"，以吕

---

① 参见张立文主编《中国学术通史》，人民出版社2004年版。

祖谦为代表的"金华学"，以陆九渊为代表的"象山学"。这些学派经常集会，互访，切磋学术问题，交流思想，对理学的全面发展和成熟做出了自己的贡献。其中发展最好的要数以朱熹为代表的"闽学"，闽学继承了张载关学的"太虚即气"和"心统性情"思想。同时"闽学"又吸收了"洛学""天理""体用一源""理一分殊"思想，形成了自己理气、道器上下贯通的理学范畴体系，成为继孔孟以来中国古典学术的集大成者。观两宋时期理学的发展概况，北宋时以北方为盛，南宋时期以南方为盛。元朝时期，南北出现了大统一，理学也从南方兴盛之地北传。元代理学家许衡、吴澄在北方主要传播朱子学，朱子学在元代虽然取得了官学地位，但并没有成为取士的唯一标准。元代理学家的学说多附会南宋学者的观点，杰出的理学家很少，有自己的创见、形成独家学说的更是凤毛麟角。

明初，统治阶级为了维护自己的统治地位，认为发蒙于北宋的程朱理学比较适合封建统治的需要，其"存天理，灭人欲"的思想与封建统治阶级奴役民众的治国方略很合拍。于是明永乐年间，在朱棣御批之下以程朱思想为标准，由胡广等人召集全国鸿儒饱学之士，编出《五经大全》《四书大全》《性理大全》，号称"三部大全"诏颁天下，统一全国民众思想，时人称之"合众途于一轨，会万理于一原，使家不异政，国不殊俗"，从思想上为维护封建统治服务。明初"三部大全"的出现，标志着程朱理学成为国家统一的思想，也由此成为国家选拔人才的唯一标准。

明中期，正德至嘉靖年间，宦官专权，民间土地兼并问题严重。武宗正德年间，宦官谷大用侵占农田已达万顷；宦官刘瑾的气焰更是嚣张，搜刮民财和接受贿赂黄金二十四万锭零五万七千八百两，银五百万锭又一百五十八万三千六百两。① 而民间灾荒不断，农民流离失所，饥寒交迫，各地盗贼四起。关于这一时期民间的悲惨情状，《明史·武宗》记载很详细。如：

> 八月辛巳，立内厂，刘瑾领之。庚寅，下韩文锦衣卫狱，罚输米千石于大同。是月，山东盗起。九月癸卯，削致仕尚书雍泰、马文升、许进、刘大夏籍。辛酉，逮刘大夏下狱，戍肃州。癸亥，赈南京饥。冬十月辛未，南京工部侍郎毕亨赈湖广、河南饥。十一月乙未，

① （明）张萱撰：《西园闻见录》卷一○○《内臣》上，台北出版社1988年版。

赈凤阳诸府饥。……四年春正月丙午，大祀天地于南郊。二月丙戌，削刘健、谢迁籍。三月甲辰，赈浙江饥。…是年，两广、江西、湖广、陕西、四川并盗起。……是月，淮安盗起。六月，山西盗起。①

统治阶级日渐荒淫没落，不思朝政。《明史》对明武宗当政时评价说：

> 明自正统以来，国势浸弱。毅皇手除逆瑾，躬御边寇，奋然欲以武功自雄。然耽乐嬉游，昵近群小，至自署官号，冠履之分荡然矣。犹幸用人之柄躬自操持，而秉钧诸臣补苴匡救，是以朝纲紊乱，而不底于危亡。假使承孝宗之遗泽，制节谨度，有中主之操，则国泰而名完，岂至重后人之訾议哉！②

从史书评价可看出，明正德年间皇帝治理国政胡作非为，导致民不聊生。虽然自明成祖时起程朱理学作为官方哲学，为维护封建伦理纲常服务，由于其本身僵化的思想内容和体系，不能给衰败世风带来清新思想，不能给困惑迷乱的人们带来心灵安慰。尤其是明嘉靖时期，内忧外患十分严重。《明史·世宗一》对此有详细记载：

> 三年春正月丙寅朔，两畿、河南、山东、陕西同时地震。……是月，朵颜入寇。二月丙午，杨廷和致仕。庚戌，南京地震。三月壬申，振淮、扬饥。辛巳，振河南饥。……八月癸巳，大同兵变，杀巡抚都御史张文锦。③

国家灾害频繁发生，人民生活困顿，统治阶级却荒淫享乐。意识形态上的官学程朱理学空虚清谈之风已经不能满足社会发展需要，此时以陈献章为首的江门心学崇尚人纯真性情的自然流露，呼唤人间真情和关爱，对程朱理学所提倡的"存天理，灭人欲"的思想进行了冲击和反驳。程朱理

---

① （清）张廷玉等主编：《明史·武宗》，中华书局1974年版。
② 同上。
③ 同上。

学在明中期统治地位渐渐衰退，此时南方以王阳明为主的心学渐渐兴起，阳明"心学"直视人的道德良知，从人的内心世界透视"天理"内涵，重视人的内心世界而不关注积弊的社会现实；北方以罗钦顺、王廷相、吕柟、马理等为代表的经世济用之学也同步发展起来。"实学"以经邦济世为真实动机，主张改革社会现实，清除祸国殃民的奸臣，继承张载实体论、实践论和实修论；在义利关系问题上，坚持义利统一的观点；在佛老问题上，又入又出，最终摆脱佛老之学，对理学和心学的清谈学风持批判和扬弃态度，走向了实学实用之途。

第二节　明中期关学发展概况

关学，是北宋张载创立的一个理学学派。因为张载生活、讲学、著书的地域在陕西关中地区，故被称为关学，关学是关中地区理学的简称。有的学者认为"关学是理学思潮中世代以躬行礼教为宗旨，直接援自然科学创见入儒学，以气本论、气化论哲学为特点，具有实学学风，中和性格的独立学派。它本身也有一个独立发展的历史"①。关学自北宋建立之后，历经元明清，最后沉寂，历经七百余年，涌现了一大批有创见的关中理学学者。其中以张载为首倡者，后继者源源不断。他们通过著书立言，讲学授徒，弘道于关中，致使关中道脉学统相传不绝。关学的学术特征主要是躬身实践，重视礼教，力排佛老，尊崇儒家的兴邦济世思想。全祖望在《横渠学案序录》中说："横渠先生勇于造道，其门户虽微有殊于伊洛，而大本则一也。其言天人之故，间有未尝者，洲稍疏证焉，亦横渠之忠臣哉！"② 这段话就表明了张载创立关学目的在于"造道"，且说明了"关学"是有别于"洛学"的理学学派，宗旨在"言天人之故"。张载创立关学之后，响应张载有其弟张戬，弟子蓝田吕大防、吕大忠、吕大钧和吕大临兄弟，陕西武功弟子苏昞、游世雄，彬州范育、张舜民，长安李复等，这些弟子对关学流传和发展都做出了自己的贡献。自张载去世之后，蓝田

①　陈俊民：《张载哲学思想及关学学派》，人民出版社1986年版，第31页。
②　黄宗羲、全祖望撰：《宋元学案·横渠学案上》，中华书局1986年版。

吕氏兄弟改投二程门下，但他们并没有丢弃张载关学"躬行实践之学"，而是在吸取洛学的基础上发展关学。南宋时期，关学渐渐步入低潮，进入"百年不闻学统"的式微时期，没有出现突出的理学家。元朝时期，南北统一，南宋时期偏安于东南的理学因为国家的统一而向北流传，此时关中理学渐趋复蒙，至明朝中期得到了中兴，出现了一批比较有影响力的理学大家，比较著名的有吕柟及三原学派为代表，他们著书讲学，兴办书院，推动了关学的复兴和发展。明中期关学学派的风格特征，《明儒学案·三原学案》对此给予了简要概括：

> 关学大概宗薛氏，三原又其别派也。其门下多以气节著，风土之厚，而又加之学问者也。①

这句话简要地概括了明中期关学的主要特征，尚气节，厚民风，重学问的传承。关学为什么会在明朝中期得到中兴？陈俊民在《张载哲学思想及其关学学派》一书中分析了其中的原因。他说：直接促使关学"中兴"的主要是如下两种力量。首先是始于宣德之世的讲学之风。自明成祖之后的仁宗、宣宗、英宗皆好玩，疏于朝政，皆不通儒学。理学家不为君心所悦，学者们只好隐居各方，用讲学授徒的方式，表示对皇权的一点小小的抗争。而上自公卿，下至士庶，确实深知理学对维护封建统治的真正价值，便甘愿受教于这些"竖儒"门下，于是讲学之风大兴。其次是明正、弘之世的思想变革。元明以来，关学虽然一方面要受朱、王思想的支配，而另一方面却自有师承学统，绵延不绝。其中最著名的吕柟就是河东学派薛瑄的学生薛敬之的门生，同时又受教于三原马江、本邑周尚礼门下；②马理就是三原学派创始人王恕之子王承裕的门生，杨爵就是韩邦奇的门生。同时吕柟、马理、杨爵都是互相讲学的好友。其中马理和韩邦奇皆死于嘉靖三十四年（1556年）十二月陕西大地震。

明中期关学中兴，吕柟集大成，王恕、马理、杨爵、韩邦奇等推波助澜。其中吕柟的理学著作最多，主要有《四书因问》《宋四子抄释》《泾野子内篇》《五经说》《泾野先生文集》等；王恕有《玩易意见》《石渠意

① （清）黄宗羲：《明儒学案·三原学案》，沈芝盈点校，中华书局2008年版，第158页。
② 转引自陈俊民《张载哲学思想及关学学派》，人民出版社1986年版，第45—46页。

见》《王端毅（谥号）文集》等；马理有《溪田文集》《周易赞义》；杨爵著有《周易辨录》《中庸解》《杨忠介文集》等若干卷。这些著作说明了关中学者既崇圣尊儒，更精研《周易》，他们把关学推入了全盛时期。

小　结

综上所述，研究明中期关中四家易学，即研究吕柟、王恕、马理、杨爵及其易学思想，不应脱离关学及其宋明理学的发展历史而孤立地进行研究，而是应该结合关学和宋明理学的发展概况在历史的回顾和关照中进行。关中素有"理学之邦"之称，且历史文蕴深厚，是周文王、周武王、周公等韬光养晦之地。十三朝故都文脉昌盛，尤以大汉、大唐时期文化鼎盛，虽到明朝时期关中首都地位已被转移，但历史遗留的丰厚文化底蕴依然存在，而关中历史上的大部分学者既是理学家，同时又是经学家、易学家、政治家，由于他们兴办书院聚同道者弘道讲学，同时也兼备了教育家的身份。故研究明代中期关中四家易学思想，也就是研究他们立言著书、兴邦济世的为国为民情怀。

第二章　吕柟及其《周易说翼》
"经邦济世"之学

第一节　笃志求道　圣学不辍

一　少年立志，青年苦学

吕柟（1479—1542 年），字仲木，因为世代居住在泾水之北，自号泾野，当时学者都把他称为泾野先生，明代著名理学家，西安府高陵（今陕西省高陵县）人。历官翰林院修撰，解州判官，南京吏部考功司郎中，南京尚宝司卿，南京太常寺少卿，国子监祭酒，南京礼部右侍郎致仕。[①] 吕柟父亲名溥，号渭阳，有隐德，吕柟著有《渭阳公集》。母亲宋氏，宋氏死后，吕柟父亲又续娶。吕氏家族本太公望后，世居高陵，故称高陵人。

吕柟少年笃志好学，立志遵循圣贤之道。他垂髫时入学读书就从小学和《尚书》起步，教授他的高郎中见到吕柟时就断定他日后必成大人君子般的人物。吕柟求学不畏酷暑严寒。炎热夏季衣正襟危坐在低矮的房间里端庄读书，即使房间闷热得能把金子熔化，他也足不出户；冬季家贫没有御寒的棉鞋和棉袜，特别当脚冻得麻木时，他就用稻草把脚裹住继续苦读。14 岁时，吕柟到临潼应童子试，参加考试时因家贫没有住旅馆的钱，吕柟就寄宿在新丰荒郊的一间废弃的空庙里，夜里他梦见一个老者从骊山下经过，对他说："尔勉学，后当魁天下。"果不其然，第二天考试，吕柟

---

① （明）吕柟撰：《泾野自内篇·通议大夫南京礼部右侍郎泾野吕公柟行状》，赵瑞民点校，中华书局 1992 年版，第 326 页。

"获超补廪膳生"。正德三年（1508 年）殿试，吕柟以策对仁孝得到武宗嘉奖，进士第一，即中状元，后被明朝庭授修撰。①《明史·武宗》记载："三年春正月丁未，大祀天地于南郊。辛亥，大计外吏，中旨罢翰林学士吴俨、御史杨南金。二月己巳，令京官告假违限及病满一年者皆致仕。三月乙卯，赐吕柟等进士及第、出身有差。"②

吕柟笃实好古，学问渊深，重视教育，学行为四方学者所宗。他初入太学时，有的同窗看他学习圣贤之书循规蹈矩，嘲笑他迂腐，而吕柟不以为然，笃定心志，以圣贤君子的品行严格规范自己的言行。马理为吕柟写的《南京礼部右侍郎泾野吕先生墓志铭》中说："乡举后，入太学……日以进修为事。时众以为迂，哗，而弗恤。更历五祀，践履笃实，光辉外著，而哗者益亲。"③吕柟以自己的言行改变了时人对他的错误看法，并以自己的"诚敬自持，言必由衷，行必由道"影响他人也走圣贤君子之路。吕柟十七八岁的时候，梦中受到程子、蓝田吕氏兄弟的点拨，于是学业猛进。又受到当时陕西督学杨邃菴等提拔被选入正学书院，后又在开元寺讲学。后其父病，吕柟徒步回家侍奉父亲，在家乡构建云槐精舍，为家乡后进讲授义理之学，传授儒家修身齐家治国平天下的正统之道，其讲学内容被其门人编为《云槐精舍语》广为传播。吕柟为官之后，热衷于启发民智，开展教育，兴建书院，教化民众，开平民受教育之风。吕柟被贬谪山西解州判官时，刺史把废弃的寺院改建为解梁书院，让他为当地群众教授太祖皇帝教文、蓝田吕氏乡约、文公家礼（文公指北宋文彦博）及小学之道，四方学者接踵而至，受教的士民也各安其业，有古新民之遗风，门人辑录其讲学语录为《解梁书院语》。吕柟升任南京吏部考功司郎中、南京礼部右侍郎后，他与湛若水、邹守益、欧阳德聚讲于新泉书院，佣工、樵夫、陶匠等都来从学，平民教育如火如荼。他讲道于柳湾，吴、楚、越、闽士大夫跟随他学习的学者百余人，门人辑录其讲学语录为《柳湾精舍语》；于鹫峰东所，门人辑录其讲学语录为《鹫峰东所语》；他培养了不少

---

① 《新唐书·百官志二》《清文献通考·职官七》中说，修撰，官名。唐代史馆有修撰，掌修国史，宋代有集英殿、右文殿等修撰。至元时，翰林院始设修撰。明清因袭之，一般于殿试揭晓后，一甲第一名进士（状元）即授翰林院修撰。

② （清）张廷玉撰：《明史·武宗》，中华书局 1974 年版。

③ （明）吕柟撰：《泾野子内篇·南京礼部右侍郎泾野吕先生墓志铭》，赵瑞民点校，中华书局 1992 年版，第 321 页。

有名气的学者，被时人尊称为"海内硕士""当代师表"。正德末年，吕柟归乡后，筑屋于东门外，取名为东郭别墅，并在此处讲学，四方学者云集而来，因为学习者太多，东郭别墅容纳不下，另外又建筑了东林书屋居住、讲学，其门人把他在此讲学的语录整理为《东林书院语》。

二　为官刚直，克己奉公

吕柟性情耿直，秉公执法，不徇私情。《明史》记载，宦官刘瑾以同乡名义拉拢他与其同流合污，吕柟鄙夷其为人，不堪与其为伍，遭致其陷害。"刘瑾以柟同乡欲致之，谢不往。"当时"又因西夏事，疏请帝入宫亲政事，潜消祸本。瑾恶其直，欲杀之，引疾去"。① 明武宗临政，荒淫无度，政纲松弛，各地饥荒不断。《明史·武宗》又载，明武宗正德三年（1508 年）"九月癸亥，振南京饥。冬十月辛未，南京工部侍郎毕亨振湖广、河南饥。十一月乙未，振凤阳诸府饥"。而武宗荒淫昏庸，置朝政人事和民生于不顾，耽于玩乐享受，重用宦官刘瑾、马永成内臣，致使政治腐败，国库匮乏，财政紧张。外族乘机入侵，各地反抗朝廷暴政掠民的农民起义此起彼伏。《明史·武宗》又载，明武宗正德四年（1509 年）秋八月"义州军变。闰九月，小王子犯延绥，围总兵官吴江于陇州城。冬十一月甲子，犯花马池，总制尚书才宽战死。十二月庚戌，夺刘健、谢迁等六百七十五人诰敕。是年，两广、江西、湖广、陕西、四川并盗起"，而此时西夏又屡次侵扰边境，国家处在内忧外患之中。吕柟目睹国家动荡不安的现状，痛心疾首，屡次上书武宗入宫亲政国家大事，革除奸佞小人，消除误国害国的奸臣贼子，刘瑾遂对吕柟正直不识时务怀恨在心，联合其党羽要杀吕柟，以排异己。吕柟觉察刘瑾的险恶用心后愤然称病辞职回乡，设堂授学。明武宗正德五年（1510 年），刘瑾案发被处死后，朝廷名臣王廷相等纷纷上书武宗，要求起用吕柟，吕柟官复原职。他仍仗义执言，规劝皇帝纳谏勤学，得到武宗赞赏和采纳。正德九年（1514 年），乾清宫遭火灾，吕柟陈言六事，指出武宗之荒政。他在谏言中，要求武宗"逐日临朝亲政""还处宫寝，预图储贰""郊社禘尝，祗肃钦承""日朝两宫，承颜顺志""遣去义子、番僧、边军，令各宁业""各处镇守中官贪婪，取

① （清）张廷玉撰：《明史·列传第一百七十儒林一》，中华书局 1974 年版。

回别用"等条，吕柟对武宗荒废朝政举直错枉，言其他官不敢言，为国家社稷置自身安危不顾。1522年，明世宗继位，改元嘉靖。吕柟被明世宗召见，令其参与修撰《武宗实录》，此时吕柟上疏世宗，劝他"温寻圣学"，实行新政，说："学贵知要而力行，故慎独克己，上对天心，亲贤远谗，下通民志。伏望圣上寻温体验。"① 嘉靖三年（1524年），吕柟又以《十三事自陈》上疏世宗，这次上疏违背皇帝意愿，惹怒了世宗皇帝，借口他所陈"十三事"是宰相的职责，以越权罪被下狱。不久，贬谪为解州（今山西运城县南）判官。吕柟主政期间，体贴民间疾苦，抚恤鳏寡孤独，减免丁役杂税、劝农人栽桑养蚕、兴修水利、筑堤护盐池，造福当地百姓。吕柟在解州三年后，御史卢焕等屡次对世宗皇帝举荐吕柟，陈述他的政绩功劳，世宗皇帝心有所动，吕柟遂升南京宗人府经历，历官尚宝司卿。吕柟离开解州时，解州士民依依难舍，千余人哭送到黄河边，自发立碑刻记他的政绩。

吕柟为人正直廉洁，直言敢谏，生活勤俭，德高望重。他为官三十余年，官至三品，家中什物除过图书，"家无长物，室无媵妾"。嘉靖二十一年（1542年），吕柟离开人世时，高陵家乡人停业罢市三日，解州及四方学者听说吕柟去世的消息，"皆设位，持心丧"。明世宗皇帝嘉靖也为他停止朝事一天，并赐祭葬，表示对吕柟的敬重。

三　积学为乐，学渊广博

目前学术界对吕柟开展研究的首要问题，也是争议颇大的问题，就是有关吕柟的学术渊源问题。有的学者认为吕柟应属于河东学派，有的认为吕柟是关中人，应该归于张载所创的关学学派。吕柟到底应该归于哪个学派，这关系到对吕柟师承和学术思想内涵的深切把握和体认。王爱红、杨景岗在《吕柟的学派归属问题》一文中，认为"从师承及其学术思想内涵来看，吕柟学术思想实质上是河东一派传承下来的程朱理学，不符合张载关学的特质，虽有关学学派的学风，但实属于河东学派。同时又受关中地区传统学术的影响，在关中地区倡导理学，为关中地区的学术发展做出了

---

① （明）吕柟撰：《泾野子内篇·通议大夫南京礼部右侍郎泾野吕公柟行状》，赵瑞民点校，中华书局1992年版，第328页。

较大贡献。……在其讲学活动的一定时期内，可以说吕柟从属于关学一派，或者说与关学一派甚为融合，吕柟也确实继承并发挥了关学的立学特色和学风。但摒弃吕柟于河东学派，进一步说把吕柟去除于理学之外，而完全划分到关学学派的做法，是偏执的"①。笔者认为任何一学派都不是孤立存在的，学术思想或多或少都有某些影响和联系。黄宗羲在《明儒学案·河东学案下》中说："柟受业渭南薛敬之，接河东薛瑄之传，学以穷理实践为主。"指出了吕柟的直接老师是渭南薛敬之，而薛敬之的老师又为周蕙，周蕙的老师为山西河津人薛瑄，薛瑄犹喜濂、洛之学，但他又吸取了张载关学的"太虚即气"的世界本体论与"气化论"的宇宙生成论。薛瑄接受和发挥张载关学的理论，他认为"气无涯而形有限，故天大地小。……理在气中，决不可分先后，如太极动而生阳，动前便是静，静便是气，岂可说理先而气后也"②。但是吕柟同时又受教于三原马江、本县周尚礼门下，因此单纯从受教于薛敬之，就把吕柟归属于河东学派，显然有些偏颇。然而从学术思想体系考察，简单把吕柟归属于河东学派又不妥，因为吕柟的祖师爷薛瑄的思想也受到张载关学的熏陶和影响。再从吕柟的出生地考察，他出生于关中高陵县，其师傅薛敬之又为关中渭南人，关学提倡礼制，崇尚古礼、民风厚朴的社会观和利民求实、关注现实的经世致用学风对吕柟的学术思想有潜移默化的作用，要说吕柟和关学没有关系当属无稽之谈。

因此黄宗羲在《明儒学案》中把吕柟归入河东学派，只是认定吕柟是薛瑄的再传弟子，从这一师门传承上说吕柟当归属于河东学派，而忽略了吕柟还在关中接受过教育。从学术思想脉络来分析，吕柟思想受关学影响的成分大于河东学派。因此黄宗羲在《明儒学案》中把吕柟归入河东学派仍有值得商榷和研究之处。黄宗羲在《明儒学案·黄梨洲先生原序》中说："羲为《明儒学案》，上下诸先生，深浅各得，醇疵互见，要皆功力所至，竭其心之万殊者，而后成家，未尝以懵懂精神冒人糟粕。于是为之分源别派，使其宗旨历然，由是而之焉，因圣人之耳目也。间有发明，一本之先师，非敢有所增损其间。此犹中衢之罇，后人但持瓦瓯棓杓，随意取

① 王爱红、杨景岗：《吕柟学派归属问题》，《太原大学学报》2009 年 6 月第 10 卷第 2 期。
② （清）黄宗羲撰：《明儒学案·河东学案上》，沈芝盈点校，中华书局 1985 年版，第 121 页。

之，无有不满腹者矣。"① 黄宗羲自己也承认各学者的学派归属问题是出于自己一人之见，"深浅各得，醇疵互见"，后辈学者如有不同观点或独到的真知灼见，可各抒己见。因此简单认为吕柟属于河东学派有偏颇之处，有部分学者说吕柟"既是薛氏后学、河东学派的重要学者，又是关学中兴的著名人物"，笔者比较认同这一观点。

四 终身为学，勤恳著述

吕柟一生除做官外，就是著述讲学。他留下的著作，《明儒学案·河东学案下》《明史·吕柟传》《关学编泾野吕先生传》、马理《南京礼部右侍郎泾野吕先生墓志铭》《通议大夫南京礼部右侍郎泾野吕公柟行状》等所记载详略有很大差别。公家刻本、私家刻本著录也有区别。目前较常见的著作有：《四书因问》《周易说翼》《尚书说要》《诗说序》《春秋说志》《礼问内外篇》《史约》《小学释》《寒暑经图解》《史馆献纳》《宋四子抄释》《南省奏稿》《泾野诗文集》《诗乐图谱》《高陵志》《解州志》《泾野文集》等。

关于吕柟《周易说翼》版本目前所见的四库提要入存目为三卷本；传是楼书目著录二卷；雍正陕西通志经籍著录四卷。山东图书馆藏有《惜阴轩丛书》清咸丰八年（1858 年）刻本，收有《泾野先生周易说翼》三卷；《丛书集成初编》民国二十五年（1936 年）上海商务印书馆据惜阴轩丛书本铅印《泾野先生周易说翼》三卷；《无求备斋易经集成》1978 年台北成文出版社据咸丰八年（1858 年）刻《惜阴轩丛书本》影印的《泾野先生周易说翼》三卷。西安文史研究馆藏有明嘉靖刻本《周易说翼》三卷本。

五 《周易说翼》，以"翼"说《易》

吕柟解易遵循了北宋胡瑗、程颐以儒学经典解《易》的方略，同时又参照了南宋李光、杨万里援引历代历史事件、历史史实和六十四卦、三百八十四爻中蕴含的易理互相参证，以历史时间的兴衰成败、经验得失揭示六十四卦的卦义，三百八十四爻爻义。吕柟解《易》吸取了单纯以儒理解

---

① （清）黄宗羲撰：《明儒学案·河东学案上》，沈芝盈点校，中华书局 1985 年版，第 10 页。

《易》或只以史证《易》的弊端，注重融合归纳，把儒理解《易》和以史证《易》二者结合起来，故取其解《易》之书名为《周易说翼》。"翼"，鸟翅膀。《周易说翼》之名蕴含两层意思：一是阐述他解易的方法，即以儒家经典阐释易理，以儒理证明易理；同时以历史事件和历史史实证明易理。"儒理和史实"犹如鸟的"双翼"展开腾飞，支撑着吕柟的易学思想留名青史。二是隐含了周易思想博大精深的内蕴，吕柟解释《周易》经传不是按部就班地从释卦名、卦辞、卦爻逐层展开，而是以门生问、他答的方式展开，"说"字就隐含了《周易说翼》这本书阐释易理的随意性和言论开放性，其中也浸透了吕柟深邃的哲学思想。《明夷·初九》："明夷于飞，垂其翼。君子于行，三日不食。"黄寿祺、张善文撰《周易译注》解释说："初九，光明殒伤时向外飞翔，低垂掩抑着翅膀；君子仓皇远走遨行，三日不顾充填饥肠。"① "翼"乃鸟起飞的动力，鸟没有"翼"则不能翱翔天空。《周易》本身为一部忧患之书。即《周易》讲的是君子如何应对人生忧患？如何在面对人生凶险、灾难、咎害时转危为安？这里吕柟把《周易》这部典籍比作鸟飞翔之"翼"，也是人克服人生忧患之"翼"，是人应对人生困苦险恶的智慧宝典，是人生奋进的精神动力和支撑。正如《周易·系辞下》中说：

> 作《易》者，其有忧患乎？是故《履》，德之基也，《谦》，德之柄也，《复》，德之本也，《恒》，德之固也，《损》，德之修也，《益》，德之裕也，《困》，德之辨也，《井》，德之地也，《巽》，德之制也。②

《系辞下》言明了《履》卦讲"立德"之基，《谦》卦讲"把握"道德，《复》卦讲"进德"的根本，《恒》卦讲"稳固"道德，《损》卦讲"修美"道德，《益》卦讲"增益"道德，《困》卦讲"分辨"道德，《井》卦讲"涵养"道德，《巽》卦讲"规范"道德。张载说"易为君子谋，不为小人谋"③。这里吕柟以鸟"翼"之"象"寓示人生应该像鸟一样有"翼"，有应对忧患和坎坷的动力和力量。《周易》这部经典就是告

---

① 黄寿祺、张善文撰：《周易译注》，上海古籍出版社2004年版，第275页。
② 同上书，第550页。
③ 《张载集·大易十四》，章锡琛点校，中华书局1978年版，第48页。

诉人们如何去保养、维护和展示自己的"双翼"。"说翼"其实是吕柟借鸟"翼"之"象"揭示《周易》深刻的人生哲理。启发门生学《易》之理并用于生活实践当中，做有益于国家社稷人民之事，这也是吕柟作为关中学者切身躬行经国治世思想，实践人生理想的核心体现。《周易说翼》说的是《周易》忧患之理，但实践的是经邦济世之事。"观物取象"是易学的"易象"范畴。易理学派代表三国魏国易学家王弼提出了"得意忘象"论，他吸收了老庄思想，是老庄解《易》的代表。他的易学著作《周易注》和《周易略例》，开创了以义理解易的新风气，同时又为《周易》"意象"研究开拓了新视野。王弼在《周易略例·明象》中说：

> 夫象者，出意者也。言者，明象者也。尽意莫若象，尽象莫若言。言生于象，故可寻言以观象；象生于意，故可寻象以观意。意以象尽，象以言著。故言者所以明象，得象而忘言；象者所以存意，得意而忘象。犹蹄者所以在兔，得兔而忘蹄；筌者所以在鱼，得鱼而忘筌也。

这里王弼指出"言""象""意"三者的联系和区别。"言"对应的即是《周易》的卦辞、爻辞；"象"即是"卦象"；"意"即是"易理"。"言"是阐述表明"象"的语言工具，动作表现即是吕柟认为的"说"，形式表现即是文字，就是易学著作；"象"是彰显、表现"意"的具体形式，就是物体的形状，画出来就是"卦画"，物体形状有各种形式，没有固定模式，"象"也就多种多样，而"意"则相对不变，是根本的恒定的。《周易》八卦取象，从阴阳二爻推演到广泛的事物，演变为自然界八种基本物质的具体特征，八卦即天、地、雷、风、水、火、山、泽，后人根据《周易》蕴含的深刻易理不断推演，同时和《周易》占筮的具体应用相结合，形成了易学哲学体系。《周易》以卦辞、卦爻言"意"是最终目的，"言"和"象"只是表现"意"的媒介和桥梁，以"卦象"表"意"是以具体的简单符号"会通"深刻无限的大道至理，把握未知的或未尽的世间万象。"立象尽意"在于穷尽万物之理，在于寻求通达无穷世界的途径。因此，吕柟易学著作取名《周易说翼》就是从"言""象""意"三者关系引申展开，以易理阐述物理、事理和人生经验教训。《周易说翼》中，"翼"即是儒家经典中的"儒理"，历史事件是活的"历史史料"，

"儒理"是理论，"历史史料"则是经验和教训。吕柟从理论和实践两方面解说《周易》六十四卦易理，"说"字表明他不墨守成规，继承先贤的优秀思想而又有自己的独到见解，以漫谈和答疑解惑的形式展开，这就是吕柟《周易说翼》书名的由来。

第二节　以儒家经典体认《易》理

吕柟《周易说翼》解易的方法和其他易家的不同之处在于他以门生问答的方法解说《周易》经传。他的门生很多，如有官、诏、颙、保之、潮、书林、世宁、九仪、挺、撸、问、增、文学等，这些门生根据自己对《周易》卦画或经传文本的理解，如有的问卦画的含义，有的问经传文本的含义等，要求吕柟答疑解惑，然后门生把问答内容记载下来。《四库全书总目提要》说："是编乃柟平时讲授，其门人马书林、韦鸾、满朝等录其问答之语而成。每卦皆有论数条，专主义理，不及象数。"①

一　以《诗经》解《易》

吕柟解《易》思路和方法和马理既有差异也有相似之处，就是以儒家其他经典解释易理。在《周易说翼》中吕柟大量引用《诗经》诗句解释卦辞、爻辞或易传中的易理，言简意赅。而六十四卦中运用《诗经》解释的卦名有乾、坤、屯、蒙、讼、师、否、大有、复、大畜、大过、恒、遁、大壮、晋、明夷、蹇、解、损、夬、姤、井、鼎、艮、归妹、未济等二十六卦，甚至在解释同一个卦易理时多次运用《诗经》不同篇章的不同诗句，如《大有》卦，说明吕柟对儒家经典的通熟和娴熟的运用技巧。在引用《诗经》解《易》方面，吕柟多用《诗经·雅》中的诗句。

（1）吕柟引用《诗经·雅》解释《周易》经传的卦有：

解释《乾》卦"或以其酒，不以其浆。鞙鞙佩璲，不以其长"，出自《诗经·小雅·谷风之什》。

---

① 《钦定四库全书总目》，中华书局1997年版，第79页。

《蒙》卦"取彼谮人，投畀豺虎。豺虎不食，投畀有北。有北不受，投畀有昊"，"或以其酒，不以其浆"，出自《诗经·小雅·巷伯》。

《师》卦"如彼筑室于道路谋，是用不溃于成"出自《诗·小雅·小旻》；"方叔元老，克壮其犹。显允方叔，蛮荆来威"，出自《诗·小雅·采芑》。

《否》卦"率土之滨，莫非王臣"，出自《诗经·小雅·北山》。

《大有》卦"谁生历阶，至今为梗"，出自《诗经·大雅·桑柔》；"终踰绝险，曾是不意"，出自《诗·小雅·正月》；"我友敬矣，谗言其兴"，出自《小雅·鸿雁之什·沔水》。

《大过》卦"有扁斯石，履之卑兮"，出自《诗经·小雅·鱼藻之什·白华》。"颠沛之揭，枝叶未有害，本实先拨"，出自《诗经·大雅·荡》。

《恒》卦"禾易长亩，终善且有"，出自《诗经·小雅·甫田》。

《遯》卦"我友敬矣，谗言其兴"，出自《诗·小雅·鸿雁之什·沔水》。

《晋》卦"择有车马，以居徂向"，出自《诗·小雅·十月之交》。

《明夷》卦"为鬼为蜮，则不可得"，出自《诗·小雅·节南山之什·何人斯》。

《蹇》卦"靖共尔位，正直是与，神之听之，式穀以女"，出自《诗·小雅·谷风之什·小明》。

《解》卦"雨雪瀌瀌，见晛曰消"，出自《诗·小雅·角弓》。

《损》卦"无将大车，祇自尘兮"，出自《诗经·小雅·北山之什·无将大车》。

《夬》卦"君子所履，小人所视"，出自《诗经·小雅·大东》；"人知其一，莫知其他"出自《诗经·小雅·小旻》。

《姤》卦"谁生历阶，至今为梗"，出自《诗经·大雅·桑柔》。

《井》卦"池之竭矣，不云自中若"，出自《诗经·大雅·荡之什·召旻》。

吕柟引用《诗经·雅》解《易》是从维护封建等级制度的立场出发，也是对商周时期"雅正"思想的认同和接受。《诗经》中雅诗分为大雅和小雅，"言王政之所由废兴"的作品，大雅大部分写在西周时期，一小部分写在东周初期。小雅大部分产生于西周后期和东周初期。而《周易》一书大概成书于西周时期，雅诗大部分是为祭祀祖先而歌唱的，歌颂周人祖先业绩与不凡成就，表现对祖先的崇敬、仰慕之情，吕柟大量运用《诗经》中雅诗，以雅诗的"雅正"之意阐发《周易》"为君子谋，不为小人谋"的思想。《周易》起初被用于占筮，用于占断吉凶祸福，《左传》《国语》记载古筮例证就说明了《周易》在春秋战国时期所起的作用。但《周易》的本质内涵和深邃思想则在于它的"天人合一"思想和阴阳辩证的哲学体系。吕柟引用《诗经·雅》在于讽谏君主，指斥群小，表明他解《易》的目的在于抒发忧国忧民的伟大情怀，希望通过阐述《易》理实现他经国治世的理想。《诗经》中这些雅诗的作者基本上都是统治阶级内部成员，或为王亲贵戚，或在朝为官，或为朝中望臣，或一般官吏，身份地位不同，但他们都怀着深深的忧患意识，怀着忧国哀民，为生民立命之心。西周末年，纲纪不兴，昏君亲奸臣远贤臣，情形和明中期武宗执政时情势相似，一些忠厚耿直恻怛的卿士大夫目睹国家的衰落破败，人民生活悲惨疾苦，他们忧心忡忡，以诗为谏，以诗为言，针贬时政。《诗经·雅诗》其实就是诗人胸怀天下，忧国忧民精神的体现，更是他们向君主陈述自己救国济世的谏章。吕柟解《易》大量引述这些雅诗也是陈述自己兴邦济民的入世思想，希望当时的明王朝吸取前朝的经验教训，励精图治，振兴国家，也表现了他刚正不阿、不与谗佞小人为伍的大无畏精神。

（2）吕柟引用《诗经·风》解释《周易》经传的卦有：

《乾》卦"胡然而天也，胡然而帝也"，出自《诗经·鄘风·君子偕老》。

《坤》卦"我闻有命，不敢以告人"，出自《诗经·唐风·扬之水》。

《屯》卦"招招舟子，人涉卬否，卬须我友"，出自《诗经·邶风·匏有苦叶》。

《讼》卦"我心匪鉴，不可以茹。亦有兄弟，不可以据"出自《诗·北风·柏舟》；"我心匪石，不可转也"出自《诗经·邶风·柏舟》。

《复》卦"莫赤匪狐，莫黑匪乌，惠而好我，携手同车"，出自《诗经·邶风·北风》。

《遯》卦"衣锦褧衣，裳锦褧裳"，出自《诗·郑风·丰》。

《大壮》卦"渔网之设，鸿则惟之"，出自《诗经·邶风·新台》。

《晋》卦"谓子不信，有如皦日"，出自《诗经·国风·王风·大车》。

《归妹》卦"诗云：招招舟子，人涉卬否，卬须我友"，出自《诗经·邶风·瓠有苦叶》。

（3）吕柟引用《诗经·颂》诗解释《周易》经传，但不像运用雅诗和风诗那样多，仅仅有艮卦和未济卦，如：

《艮》卦"肇允彼桃虫，拼飞维鸟"，出自《诗·周颂·小毖》。

《未济》卦"苞有三蘗，莫遂莫达，九有有截。韦顾既伐，昆吾夏桀"，出自《诗·商颂·长发》。

《周易说翼》引《诗经》风、雅解《易》较多，而引用颂诗相比就少些。《诗·大序》是"一国之事，系一人之本"的作品。"风"大多采集于民间，是人民群众在很大程度上对当时社会政治生活的反映，表露人民心声的作品，"风"的内容含教化民风，讽刺政风，赞美德风的目的。吕柟引用这些"风诗"很大程度上也是利用了《诗经·风》的"美刺"作用，达到他"说易"趋利避害的目的。《诗经·颂》大都是统治阶级的作品，通过敬神祭祖以达到赞美王的"盛德"，内容大多空洞、乏味，因此吕柟引用得很少，只在《艮》卦、《未济》卦中出现。

二　以《尚书》解《易》

吕柟在《周易说翼》中也大量引用《尚书》中的经典言论解释易理，这些言论大多是《尚书》中的明言警句，用以解释易理，起到振聋发聩的警示作用。如：

《乾》卦"虑善以动，动惟厥时"，出自《尚书·商书·说命》。

《大有》卦"满招损，谦受益"，出自《尚书·大禹谟》。

《噬嗑》卦"除恶务本"，出自《尚书·泰誓下》。

《离》卦"辟四门，明四目，达四聪，其大人乎?"，出自《尚书·虞书·尧典第二》。

《恒》卦"为山九仞，功亏一篑，其振恒乎"，出自《尚书·旅獒》。

《大壮》卦"不刚不柔，厥德允修"，出自《尚书·周书·毕命第二十六》。

《家人》卦"制治于未乱，保邦于未危"，出自《周书·周官第二十二》。

《损》卦"任贤勿贰"，出自《尚书·大禹谟》。

《困》卦"臣作朕股肱耳"，出自《尚书·夏书》。

《革》卦"乃圣乃神,乃武乃文",出自《尚书·大禹谟》。

《震》卦"惟精惟一,允执厥中",出自《尚书·大禹谟》。

《丰》卦"德威惟畏,德明惟明",出自《尚书·吕刑》。

《既济》卦"舞干羽于两阶,七旬,有苗格",出自《尚书·虞书·大禹谟第三》。

吕柟引用《尚书》中这些带有哲理性的警句表明自己的"贞正"思想,也就是儒家内圣外王的政治抱负和高尚人格魅力的体现。《周易》也本是君子之书,君子的精神人格就是除恶务本,保邦固民,除暴安良。因之以《尚书》中的经典言论"说"《易》之理既令人信服,同时更容易被门生或为时人所接受。

三　以《论语》《孟子》《中庸》解《易》

吕柟在《周易说翼》中也引用了《论语》《孟子》《中庸》的语句解释易理,不过相比起《诗经》《尚书》则显得单薄。

如引用《论语》的卦有:

《讼》卦"夫子曰:听讼,吾犹人也。必也,使无讼乎"?出自《论语·颜渊》。《离》卦"夫子曰:朝闻道,夕死可矣",出自《论语·里仁》。

引用《孟子》的卦有:

《家人》卦"孟子曰:无仁贤,则国空虚",出自《孟子·尽心下》。《蹇》卦"孟子曰:至诚而不动者,未之有也",出自《孟子·离娄上》。

引用《中庸》的卦有:

《升》卦"君子无入而不自得焉",出自《中庸·素位章》。

第三节　《周易说翼》"经邦济世"思想

一　宇宙观

1. 理气观

从师承关系上说吕柟是河东学派薛瑄的再传门人。薛瑄首开"河东之

学"，被称为是"朱学传宗"，"明初理学之冠"，"开明代道学之基"。① 薛
瑄的理学思想尊崇程、朱，提倡"以复性为主"。关于理、气关系的阐述，
二程、朱熹皆提出了"理在气先"的理论。二程认为"理"是第一性、第
一位的，而"气"是第二性、第二位的，而薛瑄认为：

> 理气无先后，无无气之理，亦无无理之气。……气有聚散，理无
> 聚散。理只在气中，决不可分先后，如太极动而生阳，动前便是静，
> 静便是气，岂可说理先而气后也。……②

可看出薛瑄是不同意朱熹"理在气先"观点的，但他认为"理不离
气""理不分先后"的观点却是含糊的。如他解说太极动前的静便是气，
那么理是不是动呢？那么"气岂不是在理前吗"？

而要研究吕柟的理、气观，首先必须搞明白吕柟的老师薛敬之的理、
气观。而薛敬之为薛瑄的学生周小泉的学生，薛敬之③即薛瑄的再传弟子，
他认为"气在理先"。他说：

> 《太极图》虽说理，亦不曾离了气。先儒解"太极"二字最好，
> 谓"象数未形，而其理已具之称，形器已具，而其理无朕之目"。"象
> 数未形"一句，是说了理，"形器已具"一句，却是说了气，恁看气
> 理何曾断隔了。④

薛敬之首先承认了理、气不分离的理论，即"气理何曾断隔"。但他
言"理、气"是在先儒"太极"基础上，"太极"寓含阴阳二气，显然
"气在理先"。薛敬之并不同意薛瑄的"理、气"无论先后的问题，而是
明确认为"气在理先"，即"气是第一性，理是第二性的"。这观点显然

---

① 林金树：《中国古代思想史·明清卷》，广西人民出版社2006年版，第260页。
② （清）黄宗羲撰：《明儒学案·河东学案上》，沈芝盈点校，中华书局1985年版，第111页。
③ 《明儒学案·河东学案上》说：薛敬之（1434—1508年），字显思，号思菴，陕西渭南人。生
而姿容秀美，左胳膊有文字，黑入肤内。师从周小泉，而周小泉是薛瑄的学生。成化年间
（1466年）贡入太学，同陈献章并有盛名。陈献章是陆、王心学的中间环节，而薛敬之则是明
代程朱理学传入关中的重要人物。转引自陈俊民《张载哲学思想及关学学派》，中华书局1985
年版，第21页。
④ （清）黄宗羲撰：《明儒学案·河东学案上》，沈芝盈点校，中华书局1985年版，第134页。

和张载"气"论相似，可说是对张载关学"气"唯物论思想的继承和发展。张载认为：

> 太虚无形，气之本体，其聚其散，变化之客形尔；至静无感，性之渊源，有识有知，物交之客感尔。客感客形与无感无形，惟尽性者一之。天地之气，虽聚散、攻取百涂，然其为理也顺而不妄。气之为物，散入无形，适得吾体；聚为有象，不失吾常。太虚不能无气，气不能不聚而为万物，万物不能不散而为太虚。循是出入，是皆不得已而然也。然则圣人尽道其间，兼体而不累者，存神其至矣。彼语寂灭者往而不反，徇生执有者物而不化，二者虽有间矣，以言乎失道则均焉。聚亦吾体，散亦吾体，知死之不亡者，可与言性矣。知虚空即气，则有无、隐显、神化、性命通一无二，顾聚散、出入、形不形，能推本所从来，则深于易者也。若谓虚能生气，则虚无穷，气有限，体用殊绝，……气之聚散于太虚，犹冰凝释于水，如太虚即气，则无无。故圣人语性与天道之极，尽于参伍之神变易而已。诸子浅妄，有有无之分，非穷理之学也。[①]

张载提出了"太虚即气"的观点，即认为"太虚"是"气"的本来状态，是"气"的来源，"气"和"太虚"的关系犹如"冰"和"水"的关系一般。而"气"又为万物的来源。故"气不能不聚而为万物，万物不能不散而为太虚"。张载谈"气"不单纯认为"气"是万物的根源，更是把"气"论观点和"神变"联系在一起。即他认为世界是由"气"构成的，而"气"又是运动变化的，"气"的运动变化，不是由于外在因素，而是由于"气"本身存在着"阴阳"对立的矛盾因素，矛盾对立面互相作用，促使着"气"不断运动变化，由此世界万物也处在不断变化中。张载这种唯物辩证法观点代表了当时中国古代哲学发展的新思维，但张载并不是阴阳辩证法的首创者，他是吸取了《易传》"阴阳不测之谓神，神也者，妙万物而为言者也"。这里"神"是万物变化发展的根本原因，是变化发展的主动力，是有别于宗教信仰的神灵，或是人类的精神意志或心志。张载开创的关中理学学派在关中得到了广泛传扬。张载弟子蓝田三吕

---

① 《张载集·正蒙·太和》，中华书局1978年版，第7—8页。

（吕大防、吕大忠、吕大钧）后又拜师二程门下，他们对张载关学和洛学多有融会，吕大钧对张载"天地一体""民胞物与"和"穷理灭欲"的理论做了发挥，他在"理"和"行"的基础上得到"知"的见解，他这一观点区别于张载和二程，但是和辩证唯物主义认识观有相同之处。南宋、元时期关学发展陷入低潮，明朝中期，关学得到了复兴，代表人物有吕柟、冯从吾等。故吕柟思想既有程朱影子，同时更多地是对张载关学思想的继承和发展。

2. 天德与物为敌说

吕柟在张载"天人一气"论的基础上提出了"天德"说。关于"德"的命题，《周易·系辞下》阐明了关于"德"的九个方面，即"德之基"要遵循《履》卦小心行走，"德之柄"要立行《谦》卦谦虚谨慎，"德之本"遵守《复》卦归复阳刚正道，"德之固"要坚持《恒》卦守持正道，"德之修"能恪守《损》卦自损抑，"德之裕"要坚持《益》卦施益于人，"德之辨"坚持《困》卦处困不乱，"德之地"遵循《井》卦井养不穷，"德之制"坚持《巽》卦顺从之理。关于这九卦，《周易正义》说："明九卦各与德相为用也。"《重定费氏学》云：《履》《谦》《复》三者进德之大端也，《恒》《损》《益》三卦申言持身之道，《困》《井》《巽》三卦申言涉世之方。① 关于"德性"，程氏有一段精彩的话：

> 德性，广大高明皆至德；问学，精微中庸皆至道。惟至德所以凝至道也。虽有问学，不尊吾自德之性，则问学失其道矣。虽有精微之理，不致广大以自求，则精微不足以自信矣。虽有中庸之道，不极高明以行之，则同污合俗矣。②

程氏强调了"至德"和"至道"的关系，"至德"是"至道"的前提，"至道"是"至德"的目的。"至德"境界就是达到像天地那样的广大高明，"至道"就是把握好精微之理和中庸之道。

《左传》昭公十八年（前524年）记载："天道远，人道迩，非所及也。"提出天道和人道的命题，天道指自然现象，客体；人道指人事现象，

---

① 黄寿祺、张善文撰：《周易译注》，上海古籍出版社2004年版，第552页。
② 《中庸解》引自《河南程氏经说》卷八。

主体。《易》之有忧患，故有进德、持身、涉世之良方。吕柟从天道、人道两方面提出了"天德为首则与物为敌"说。他在解释《乾·用九》时说：

> 天德为首则与物为敌矣。是亦一物也。故君子大刚不刚而天下畏，大用不用而天下服，大善不善而天下慕。诗云：或以其酒，不以其浆。鞙鞙佩璲，不以其长。若王辅嗣谓：以刚健而居人之首，则物之所不与者，是以利言也。①

何谓天德？天德指天的阳刚之德，生生不息精神。"天德"从自然现象来说，即"天道"，是天的刚健不息精神；从人事现象即"人道"来看，则是人的自强不息。因此"天德为首则与物为敌矣"。吕柟阐明了精神追求与物质欲望则是处于敌对状态的。这里吕柟隐含了精神与物质究竟哪个更重要的问题。随后他以君子的人格精神回答了精神高于物质，即精神第一性，物质第二性的问题。君子要想使"天下畏""天下服""天下慕"，则惟有塑造"大刚"之精神、"大用"之思想、"大善"之心肠，这样才能始终以"刚健"居"人之首"。吕柟以《诗经·小雅·谷风之什》的诗句说明了物质分配不均的弊端。正如引用《诗经》诗句所说的意思一样，"有的人有成串的佩玉，有的人却连玉渣都捡不到。劳逸不等、物质利益分配不均，是人们之间矛盾日益加剧的主要因素"。

《程氏易传》中说：

> 用九，天德也。天德阳刚，复用刚而好先，则过矣。②

程氏认为"天德"阳刚之性，不宜重复，重复则刚性增强，增强则"好先"，如此则容易导致"过"，过而容易达到"不及"。由此可看出程氏强调刚柔兼济的思想，过刚则容易折，过柔则陷于孱弱，只有刚柔适中，则能长久。程氏"天德"理论隐含了"中庸""中和"思想。

---

① 《续修四库全书·周易说翼》，此本是据北京图书馆藏明嘉靖三十二年谢少南刻《泾野先生五经说本》影印，第640页，以下凡注《周易说翼》皆依此本。
② （宋）程颢、程颐：《二程集》，中华书局2004年版，第699页。

张载在《横渠易说》中说：

> 位天德，大人成性也。九三、九四大体相似，此二时处危难之
> 大，圣人则事天爱民，不恤其他，縺先登于岸。九五大人造也，造，
> 成就也，或谓造为至义亦可。大人成性则圣也化，化则纯是天德也。
> 圣犹天也，故不可阶而升。圣人之教，未尝以性化责人，若大人则学
> 可至也。位天德则神，神则天也，故不可以神属人而言。庄子言神
> 人，不识义理也。又谓至人真人，其词险窄，皆无可取。孟子六等，
> 至于神则不可言人也。上九亢龙，缘卦画而言，须分初终，终则自是
> 亢极。言君位则易有极之理，圣人之分则安有过亢。……然则必九五
> 言"乃位乎天德"，盖是成圣实到也；不言"首出"，所性不存焉，其
> 实天地也，不曰"天地"而曰"天德"，言德则德位皆造，故曰"大
> 人造也"，至此乃是大人之事毕矣。五，乾之极盛处，故以此当圣人
> 之成德；言"乃位"即是实到为已有也。若由思虑勉勉而至者，止可
> 言知，不可言位也，"乃位"则实在其所矣。大抵语勉勉者则是大人
> 之分也，勉勉则犹或有退，少不勉勉斯退矣，所以须学问。进德修
> 业，欲以成性也，成性则心皆天也。所以成性则谓之圣者，如夷之
> 清，惠之和，不必勉勉。彼一节而成性，若圣人则于大以成性。[①]

张载认为"天德"则"大人成性也"。"大人成性"则接近"圣化"，
"圣化"则近于"神"，"神"则"天也"。显然张载对"天德"的解释从
"天道"引申到"人道"，"天道"之"至德"则是"天神"，"人道"之
"至德"则是"圣化"。张载认为不说"天地"而说"天德"，而是因为
"德位"皆是"大人造也"。这里"造"字实隐含了张载哲学思想中的
"人"的作用。"天"是自然规律的主宰，那么"人"则是社会规律的主
力军。"天地之性"遵循自然规律，有"极限之理"，"终则自是亢极"。
"至人真人"则能认识自然发展变化的规律，然后顺应自然规律则成"圣
人之性"。张载认为"进德修业"就是"欲以成性"的前提，"成性则心
皆天"，即天地人成为一体，天地人和谐相处，自然发展。

从吕柟、程氏、张载对"天德"的不同解释可知，吕柟着重于精神和

---

① 《张载集》，章锡琛点校，中华书局1978年版，第76页。

物质的阐述，程氏则着重于刚柔中和思想的发挥，张载则注重于"性""圣化"，自然规律和社会规律和谐自然发展的延伸。三人着重点不同，但都离不开"天道"和"人道"的相互作用和互惠互利。

"天德为首则与物为敌矣"，吕柟认为精神与物质不相融合，君子从"人道"角度讲，则应该遵守"天时"才能从"天道"，即遵守自然规律。吕柟在回答门生书林问：

> 随，元、亨、利、贞，何以天下随时？曰：君子以从道也。天下莫大于时，时不外于道，道不外于元、亨、利、贞。穆姜之言，其知此乎？故易非谓卜筮。①

"时"是《周易》思想中很重要的命题。它贯穿着六十四卦，三百八十四爻，"易"变，就是因为"时"在变，故卦变时时在发生。"君子以从道"，君子要顺应自然规律，适应变化，变是永恒的、绝对的。"天时"即是大自然四季更替和风雨霜雪晴和日丽等变化规律。所以吕柟说"天下莫大于时，时不外于道，道不外于元、亨、利、贞"。吕柟所云寓含了春夏秋冬的更替变化乃大自然亘古不变的规律，这个规律不以人的意志而转移，人认识规律，顺应规律，适应自然的变化，才能不违背"天时"。吕柟引用了"穆姜之言，其知此乎？故易非谓卜筮"。用历史上的真实人物的话，说明《周易》讲的是"变化"规律，而不是单纯的卜筮之书。

3. 天地之心惟是生物

吕柟故在阐释《剥》《复》卦"天行何口能？"和"天地之心者何？"他说：

> 尚消息盈虚顺时而止。虽不行犹行耳。是故不冬不春，不夜不昼，天道也；不语不默，不出不处，人道也。天人之理，其究一也。……天地之大德曰："生"。剥之时，岂无此心至动之端，而始见也。……复则乾坤之道息也。故话尽即生，更无先后之次地。需见天地之心者，天地之心惟是生物也。②

---

① （明）吕柟：《周易说翼》，第 650 页。
② 同上书，第 654 页。

　　吕柟在此提出了"天道"和"人道"的命题。他认为"天道"就是"不行犹行"，消亡和生长、盈满和亏虚就是"顺时而止"，就好像大自然的运行规律一样，不以人的意志为转移。人行天地之间，依天地为参照物，以天地宇宙境界体悟人在天地立身境域，天地大而无穷，天地变而不尽，体悟"人道"应依"天道"行事，顺应时势，须要度量时机而变化，随物而动，同时还要"不语不默，不出不处"，刚柔适可，体用得当，即掌握"中庸之道"以应"天道"无穷、"人道"不止的发展变化。

> 　　道大行者何？曰：上九积久而盈畜，极而通，可谓万物皆备于我矣。当是时也，承云而往，鞭风而行，轮日月以周游，鼓雷霆而历览，真在天之衢也。其诸旁蹊曲径，皆不足道矣。①

　　吕柟解释《大畜》卦上九"畜德"大通之象表明了他纳"天道"和"人道"于一体的胸怀。《大畜》"天在山中"，畜德，畜贤，畜健，然后直达"天之衢"，四面畅通，天生"万物皆备于我"，此时"承云而往，鞭风而行，轮日月以周游，鼓雷霆而历览"，"天道"畅通无碍的运行规律在吕柟视野内，犹如天地生物之心层出不穷，即使有旁蹊曲径的邪说，也不足为道。之所以"极而通"，是因为善于"畜德"的缘故，天地畜德，万物备出；人能畜德，则好事近；君主畜德，则贤臣亲。这里体现了吕柟对"道"的全面认识，也标志着他的天地宇宙观向人与自然、人与社会和谐化迈进。

　　天、地、人三才之道，是中国古代哲学的核心命题。南宋理学家陆九渊曾说过，人生于天地之间，比万物聪慧，比万物尊贵，人和天、地并称三极，天有天道，地有地道，人当有人道，人如果不能认识人道，那么就不能和天地并立。人怎么在天地之间立极呢？那么只有认识"天道和地道"的规律，顺承天之刚健不息精神，地之厚德载物胸怀，才能与天地立极。认识"天道"是为"人道"积累经验，"天道"不可改变，但"人道"则可改变，依"天道"之理行"人道"之事，认识"天道"和"人道"变化之道，掌握变化之道，顺应消、长、盈、虚之间转化之理，就能

---

① （明）吕柟：《周易说翼》，第 656 页。

趋利避害。故他认为"天人之理,其究一也"。"天地之大德"就是"生",只有"生"才是永恒之理。"生"是新事物的诞生,旧事物的消亡。"天地之心惟是生物。"程颐《程子之说》云:"生生之谓易,此天之所以为道也。天只是以生为道,继此生理者,只是善,便有一个元的意思。元者善之长,万物皆有春意便是。继之者善也,成之者性也。却待他万物自成其性须得。"①

这里程子认为天之道就是"生生",万物自成得自于"天之性"。吕柟在程子的"天生"理论上提出了"天地生物"的思想,他这一思想是对张载"乾坤生物"思想的继承和发展。张载在《西铭》中说:

> 乾称父,坤称母。予兹藐焉,乃混然中处。故天地之塞,吾其体;天地之帅,吾其性。民吾同胞,物吾与也。②

故吕柟的"天地生物说"继承了张载的"乾父坤母生物"的唯物主义自然观,对明中期关中理学思想中的辩证唯物主义产生了积极的影响。但是他对张载的"气"本论思想却继承不多。

4. 命就是天理

"天理"是中国哲学家普遍关注的哲学命题。"天理"与"人欲"是对立统一的关系。二程提出了"存天理,窒人欲"的思想,朱熹在二程的基础上提出了"存天理,灭人欲"。张载则提出了"灭理穷欲"思想。关于什么是"天理"?张载在《正蒙·诚明篇》中说:

> 所谓天理也者,能悦诸心,能通天下之志之理也。能使天下悦且通,则天下必归焉;不归焉者,所乘所遇之不同,如仲尼与继世之君也。"舜禹有天下而不与焉"者,正谓天理驯致,非气禀当然,非志意所与也;必曰"舜禹"云者,余非乘势则求焉者也。……"在帝左右",察天理而左右也,天理者时义而已。君子教人,举天理以示之而已;其行己也,述天理而时措之也。……天下之理无穷,立天理乃各有区处,穷理尽性,言性已是近人言也。既穷物理,又尽人性,然

---

① (宋)程颢、程颐:《二程全书》卷二,中华书局1987年版。
② 《张载集》,章锡琛点校,中华书局1978年版,第62页。

后能至于命，命则又就己而言之也。①

张载对"天理"的认识分别是从内容、属性、变化、数量四个方面展开论述的。从内容方面说，天理就是天下普遍的公理，"能悦诸心"，"能通天下之志之理"，得到天下有识见之士的承认，能涵盖天下至理的就是天理。从属性方面说，天理隐含了人们的共用意志和心愿，同时又包含了不以人的意志为转移的客观道理。如孔圣人之所以被天下效仿，是因为他顺"天理"立身行事。就是像舜、禹那样的圣君，正是因为他们顺应"天理"治理国家，人民满意而称颂，并不是因为他们的气质和志向而使他们流芳百世。天理不是永恒不变的，而是随时代和人们对事物的认识不断发展变化，即"天理者时义而已"，君子以"天理"教育人，教育人遵循事物的道理，行善性。从数量来说，"天理"不能"穷尽"，"天理"表现于物，则是物之理，是事物普遍规律的反映；"天理"体现在人身上，则是人性的体现。孟子说"人性善"，则人之"天理"是性善。惟有善的德性才能贯通和反映天下的愿望和志向，这才是"天理"。

二程认为"天理"是自然法则，普遍道理。不管是事物之理还是人性之理，二程认为都是可以通过后天学习、实践而得以认识的。二程的观点和张载的"天理"发展变化观有相同之处，张载认为天理是随时代发展和人们认识而提高，要认识天理的发展变化，惟有通过学习、实践才能达到贯通天下普遍的道理，即是"天理"。

吕柟解释《姤·九五·象》卦"志不舍命"时说：

命者，天理也，即中正耳，舍之在己，天其焉往。故曰：有陨自天也，该以杞包瓜而含章以处之，即不言之天也。子夏曰：作杞苞瓜。朱子曰：以阳刚中正防始生，必溃之阴，然阴阳迭运，乃理之常，若含晦章美，静以制之，则可以回造化矣。②

吕柟认为"命者，天理也，即中正耳"，这里"中正"既是"天理"的秉性又是其内容。在吕柟看来，什么是命？命就是"天理"。什么是

---

① 《张载集·横渠易说正蒙·说卦》，章锡琛点校，中华书局1978年版，第235页。
② （明）吕柟：《周易说翼》，第669页。

"天理"？"天理"就是中正。"中正"是儒家思想的核心观念。吕柟显然就是为维护儒家的正统思想服务的。他所认为的"命"就是继承儒家圣贤正统儒道观，即儒家认为的"死生有命，富贵在天"思想。"天"是自然至高无上的人格神，享有无上的意志，能主宰世间一切，创造万物。这里"天理"中的"天"，吕柟已不单纯地认为只是天空之天、自然之天、天地之天，而是隐含了"天"之刚健精神，也就是浩大无边，生生不灭的精神。"天"是中国哲学最古老的哲学命题，在古代"天"是最高统治者，至高无上的神，对中华民族心理的形成占有重要地位、具有重要影响。古人认为"天命"难违，故皇帝设坛祭"天"，祈求"天"护佑天下苍生。故也把君主、皇帝作为"天子"，象征了君权、皇权的绝对权威和尊严，"挟天子以令诸侯"就是对这种权力的极好诠释。吕柟引用子夏"作杞匏瓜"①说明居于九五之尊地位的明君如果能屈己谦下渴慕贤才帮佐自己，君王就具有"天理"佑护下民的尊贤之德。这里吕柟以象征的说法，把君主比作高大的杞树，而贤才就是甜瓜，"以杞匏瓜"寓含君主只要怀有求才若渴之心，才是顺应天理。国家就会像"天"之刚健一样生生不息，繁荣昌盛。

关于"天理"和"人欲"，吕柟从刚柔角度进行了阐释。他说：

天下莫刚于天理，莫柔于人欲，杖也，欲焉，得刚。②

吕柟从"性"的角度阐述了"天理"乃天下之至刚，"人欲"乃天下

---

① 正义曰："以杞匏瓜"者，杞之为物，生于肥地；匏瓜为物，系而不食，九五处得尊位而不遇，其应是得地而不食，故曰"以杞匏瓜"也。"含章，有陨自天"者，不遇其应，命未流行，无物发起其美，故曰"含章"。然体刚居中，虽复当位，命未流行，而不能改其操，无能倾陨之者，故曰："有陨自天"，盖言惟天能陨之耳。注"杞之为物，生于肥地者也"。正义曰："杞之为物，生于肥地者也"，先儒说杞，亦有不同。马云："杞，大木也。"《左传》云："杞梓皮革自楚注，则为杞梓之杞。"子夏《传》曰："作杞匏瓜。"薛虞《记》云："杞，杞柳也。杞性柔刃，宜屈桡，似匏瓜。"又为杞柳之杞。案：王氏云"生于肥地"，盖以杞为今之枸杞也。《程传》："夫上下之遇，由相求也。杞，高人而叫大；处高体大而可以包物者，杞也。美实之在下者，瓜也；美而居下者，侧微之贤之象也。九五尊居君位，而下求贤才，以至高而求至下，犹以杞叶而包瓜，能自降屈如此。"转引自业师黄寿祺、张善文撰《周易译注》，上海古籍出版社2004年7月版，第342页。
② （明）吕柟：《周易说翼》，据北京图书馆藏明嘉靖三十二年谢少年刻泾野先生五经说本影印，第662页。

之至柔，阳刚阴柔相持对立的范畴，对立不能协和就是矛盾。用杖止欲，就能"得刚"。这里吕柟继承了二程"存天理，窒人欲"的观点。他这种观点在他的《泾野子内篇》中阐述得很透彻。

> 楷问："涵养省察如何？"先生曰："只是一件事，无两个工夫。终省察是天理，便要扩充；是人欲，便要遏塞。戒惧是人己不交，耳不闻声，目不见形时候，于念虑之萌处著工，便是慎独工夫，亦无两样。……"先生曰："省察自何处为先？……如好酒从酒上克，如好货从货上克，久之自有效。其格物致知，又在省察前。"①
> 忘私而顺理，将天下之志可通矣。②

吕柟认为"终省察是天理，便要扩充；是人欲，便要遏塞"。扩充天理，就是要弘扬刚性的省察之道，遏止堵塞柔性的"人欲"之想法，即使在"独"处的时候也要依循"天理"，即他说的"忘私而顺理"，省察己过工夫，克己之"私欲"，于念虑萌发之时"耳不闻声，目不见形"，如克好酒、好货一般，时间长了自然效果就显现了。他提出"忘私"的命题，和"格物致知"修身相一致，也就是革除"私欲"，进入"通"天下之志的境界，达到像天地一样更加广阔宽厚的氛围。由此看出吕柟在二程、张载的"天理、人欲"思想基础上向"格物致知"思想迈进，即穷究事物原理，从而获得知识，体现了他实学思想的实学实用实践观。而"格物致知"的态度则要"中正而诚"，如此才能"格物"穷理。如何才能"中正而诚"？

吕柟在回答门生"诏问神道云何？"和"省方观民设教云何？"之问时说：

> 中正而诚耳，天与圣人一也。是故中正而有孚，颙若，即神可格矣。天下有不服乎？圣人以尽神也。是故观盥而不荐者，圣人之体；省方观民者，圣人之用。③

---

① （明）吕柟撰：《泾野子内篇》，赵瑞民点校，中华书局1992年版，第226页。
② （明）吕柟：《周易说翼》，第660页。
③ 同上书，第652页。

在此吕柟把天和圣人放在同等的地位，因为二者都具有中正和诚信的美德。中正而有诚信，就能产生严正之貌，祭祀之神也能生发诚敬肃穆情绪，天下民众怎能不信服呢？因为圣人的修为已经达到了人们心目中人格神境界，故"圣人之体"就是"观盥礼盛则休而止，是观其大而不观其细"。"圣人之用"就是"省天下而无不至，示民以教"，使百姓有所观仰而顺从教化。吕柟从天、圣人、神三者关系阐述了"圣人"观"天之神道"，体用神妙的自然规律设教观民，才能如"风行地上"无所不至，天下万民才能心悦诚服，纷纷顺从。圣人也只有顺应"天理"才能产生万民心敬，"有孚颙若"之状。

> 命者，天之数也。出于无为志者，我之道也。根于有生，故命不致则诬天，志不遂则诬己，故君子致命以遂志，遂志以立命。①

吕柟认为人之命乃"天之数"，即人的命运好坏是有定数的，是受"天"操纵的，这里含有一种"宿命论"和"唯天论"的观点。认为万物都受"天"控制，受"天"主宰，唯"天"意志是从。他认为人的志向能否实现，关键要遵循天赋予的"我之道"。"命不致则诬天，志不遂则诬己"是"根于有生"。他认为命受天控制，志向则掌握在自己手里，所以君子处于困境之时宁可舍弃生命也要实现崇高志向，通过实现崇高志向体现生命之价值，即"立命"。吕柟说：

> 知命者不惊宠辱，见义者不轻喜怒，小人不知命，故忘其身进退。非所专也，不见义，故丧其心，好恶无所定也。②

吕柟认为命虽被"天"控制，但"知命者"宠辱不惊，视义为重，而喜怒无常的小人则"不知命"，不知进退，好恶不定，丧失其本心。

> 变而安于正，又何失之有乎？不然是阿谀之臣耳。命，非正理

---

① （明）吕柟：《周易说翼》，第671页。
② 同上书，第681页。

乎？曰：命，君命也。若谓正理，则重贞字矣。①

君子止乎人之所不见，则皆天理矣。是以不获其身，我且忘也，况于人乎？内忘我则智深，外忘人则仁周，仁且智，故时措之宜也，是故止。止也，行亦止也，故无咎。何以不言吉？曰：君子之止，有杀身以成仁者。②

吕柟认为"安于正"是君子立命的信条，也是遵循"正理"的规则，"贞"是君子维护"正理"标准，是正人君子立身行事的表现。他们言行"止乎人之所不见"，秉承天理中正诚信和刚健气质，"内忘我则智深，外忘人则仁周"，"时措之宜"则"仁且智"，故"行亦止"。君子之止，依"天理"刚健气质，有"杀身以成仁"感天动地之气魄。

天下无一事非理，无一物非道，如《诗》云："洒扫庭内，惟民之章。"夫洒是播水于地，扫是运帚于地，至微细的事，而可为民之章。故虽执御之微，一贯之道便在是也。③
天理不在人事之外，外人事而求天理，空焉亦矣。④

吕柟认为万事万物都蕴含着"天理"和"道"，"天理"和"人事"是密切相关不可分离的，"天理"涵盖了人们日常生活的方方面面，乃至极细微之处，极细微之事，如"洒扫"平常之事也蕴含着高深的生活之理，在处理人事之中认识天理，而认识天理是为了更好地应对人事。所以吕柟说：

古人制物，无不寓一个道理。如制冠，则有冠的道理；制衣服，则有衣服的道理；制鞋履，则有鞋履的道理。人服此而思其理，则邪僻之心无自而入。⑤

---

① （明）吕柟：《周易说翼》，第645页。
② 同上书，第674页。
③ （明）吕柟撰：《泾野子内篇》，赵瑞民点校，中华书局1992年版，第149页。
④ 同上书，第226页。
⑤ 同上书，第121页。

吕柟通过日常"制物"之事体认到形而上的"天理"和"形而下"的人事乃万物普遍联系的规律，把握天理与具体事物贯通为一的内部规律，即凡物皆"思其理"，从而认识事物本质和现象的统一。

　　《泾野子内篇》有一门生问学与天理的关系，吕柟回答说：

　　　　唐音问："学只是存天理？"先生曰："不知如何存也，存天理亦有几样。"应德问："如何？"曰："如彼此相对时说好话，固是天理，若心下又想别个道理，亦是天理。又如在官尽官事是天理，又却想家中事，亦是天理。惟不能致一，连所说所尽天理皆坏矣。如此，亦谓之存天理乎？"①

　　由此看出，吕柟的命即天理观，是以"天道"体悟"人道"过程，以"天道"之"天理"观照"人道"之"理"，人得天地刚柔之理，就能参合"大地"变化规律调整自己所宜居的地位，以"仁且智"安身立命。而人心中的"天理"却是不能"致一"的，"天理"是随心中意念变化的，是随心所动的思维运动变化过程。

二　政治思想

　　吕柟一生都在践行儒家积极入世之道，被重用时就为官一任，造福一方；不被重用时，就设堂讲学，传授儒家修身、齐家、治国、平天下的士人理想。吕柟在世，做官时间长达三十多年，足迹遍及陕西、山西、江苏等省份，官至三品。其刚直敢谏的品性深得同朝清廉官员所钦佩，也使逆臣贼子咬牙痛恨；其廉洁耿直的操守更是深得百姓爱戴，这从他去世时，高陵百姓停业罢市三天怀念他，明世宗皇帝罢朝事一天为他哀悼，可看出其品德节操堪与日月齐光。他为官政治思想《周易说翼》里可窥见一斑，他崇高的君子风范也是他一生躬行实践儒家思想的真实体现。

　　1. 君臣同心

　　吕柟作为明朝高级官僚，他清楚君臣关系对国家社稷安危的重要性。《易》本也是一部忧患之书，既是一部占卜之书，更是一部经邦济世的深

① （明）吕柟撰：《泾野子内篇》，赵瑞民点校，中华书局1992年版，第63页。

奥哲学智慧之书。吕柟《周易说翼》之名就隐含了他对这部中国古老智慧之书的人生体验。他为官经历坎坷，也深刻体悟了《周易》忧患之理，因而阐述君臣之道更能深谙《周易》精髓。如他说：

> 臣之就君以行学也，君之养臣以治世也。二五之利，以德相遇也。夫君臣以德相遇而民不康者，鲜矣！其利孰大焉。①
>
> 君臣同心，小人难容奸矣。
>
> 近君之臣而发有逸，口誉之不得而咎，且至矣。可不慎乎！②
>
> 在上者以德行政，斯远欺；在下者以德处身，斯远争，有孚而见窒，能惕而终凶，知讼之无益也。③
>
> 君比小人，祸及社稷；臣比污君，灾及宗族；士比燕朋，辱及身心，匪人之伤，自取之也。④
>
> 君虽明矣而犹继之以明，臣则穷岩蔀屋之下，鳏寡孤独之辈举无所遗矣。⑤
>
> 苟于道未诚，诚而未明，虽随有获，人不信矣。何功之有？程子曰：为臣之道，当使恩威一出于上，众心皆随于君，唯孚诚积于中，动而合于道，古人有行之者，伊尹周公孔明是也。是以下信而上不疑，位极而无逼上之嫌，势重而无专强之祸。⑥
>
> 故干禄之人不可以为臣，好利之徒不可以为友，德之所由败，国之所由丧也，可不慎乎！⑦
>
> 争小忿则丧大和，忘远虑则有近忧，见细恶则废大善，泥小利则破大义，四者家之所以不齐，国之所以不治也。包其蒙，如妇人之暗且纳焉。其刚柔交际以处之者至矣。此忠臣孝子之心也。⑧
>
> 义之所至，利莫大焉。忠之所极，顺莫过焉。终无尤者，夫子之

---

① （明）吕柟：《周易说翼》，第639—640页。
② 同上书，第642页。
③ 同上书，第644页。
④ 同上书，第646页。
⑤ 同上书，第658页。
⑥ 同上书，第651页。
⑦ 同上书，第643页。
⑧ 同上书，第643页。

进忠臣也。①

上合志者何？曰：变昏暗之气，革柔溺之资，愤卑下之污，憎狭小之见，起赤子之心，巽刚明之贤，上将怜而与之同德矣。②

泰极之时，矜盛治则忘备务，远功则忽近，见乱而后救，故贞吝。子夏曰：隍城下池也，城之体，由基土培扶，乃得为城，不然必损坏崩倒，犹君子赖臣之辅翼云。③

从上面引文可看出，吕柟关于君臣关系的论述，可分为以下几个方面：一是君臣以"德"相遇，相交，则国家稳固，民众安康，对国家社稷有利。如历史上成汤遇伊尹；周文王遇姜尚；齐桓公遇管仲；刘邦遇萧何；刘备遇诸葛亮等，皆是有道有德明君遇到贤德之才，并得到他们鼎力支持和辅佐成就霸业。正如吕柟所言"臣就君以行学，君养臣以治世"，如此国家社稷获得建立和稳固。二是君臣同心，小人不容易篡权危害江山社稷。历史上有忠臣，就有奸臣，有君子，就必有小人。忠臣和奸臣、君子和小人是不可调和的矛盾。吕柟在这里提出君臣同心，那么小人就不能作奸犯科。正如《易·系辞》所说："二人同心，其利断金。"历史上著名的奸臣害忠良的例子很多，最著名的要数南宋奸臣秦桧以"莫须有"罪名谋害岳飞之事，就是典型的君臣不同心，最后导致国家处于危亡之中。因此吕柟说"君比小人，祸及社稷；臣比污君，灾及宗族"。三是关于君道和臣道的阐述。吕柟认为臣道就是"君子量而后出，不出而后量"，就应该像伊尹周公孔明那样对君诚而有信，忠心耿耿；君道"臣其所受教而不臣其所教"。即臣道就是"出与不出"的问题；君道则是"所教与受教"的问题。四是君臣如何相处的问题。吕柟认为为君者应"以德行政"，而为臣子当"以德处身"，这样就避免了祸端和争讼，同时近君之臣还应该注意"口誉"，如此才能免除咎害。五是君主如何辨识忠臣贤将。吕柟认为"干禄之人不可以为臣"，因为他们德性不好，国家会因为他们而灭亡。他认为忠臣良将应该具有"大和""大善""大义""远虑近忧"的素养，如此刚柔、忠义达到极致，具备这五种素质则家可齐，国可安矣。

---

① （明）吕柟：《周易说翼》，第 665 页。
② 同上书，第 670 页。
③ 同上书，第 648 页。

关于君臣关系论述，历代大儒都有不同的说法，但都离不开臣效忠于君，君纳谏于臣的惯例。先秦法家代表《韩非子》中说：

> 夫非其行而诛其身，君之于臣也。①
> 人主虽不肖，臣不敢侵也。②
> 治官职以戴其君者也。③

《韩非子》从臣子职责权限方面阐述了君臣关系，耿直忠厚之臣为了君王社稷江山，常从国家安危、礼仪道德、法制规范等方面制约无道君王的肆意胡作，赋予臣子一定的权利；但如果臣子有过错或没有履行自己的职责，君可"诛其身"，而君做错了，则臣"不敢侵"，说明君和臣有严格的等级界限。臣是为君服务的，君权高高在上，不可侵犯，而臣子做官也是为了拥戴君主地位，服务于君主而已。

儒家代表荀子在《荀子·君道》中认为：

> 道者何也？曰：君道也。君者何也？曰：能群也。能群也者何也？曰：善生养人者也，善班治人者也，善显设人者也，善藩饰人者也。善生养人者人亲之，善班治人者人安之，善显设人者人乐之，善藩饰人者人荣之。四统者具而天下归之，夫是之谓能群。……人主不可以独也。卿相辅佐，人主之基、杖也，不可不早具也。故人主必将有卿相辅佐足任者然后可，其德音足以填抚百姓、其知虑足以应待万变然后可，夫是之谓国具。④

这里荀子认为为君者当遵守"君道"，君道就是能领导群众。如何才能领导群众呢？就是要树立君的权威。即"善生养人""善班治人""善显设人""善藩饰人"，具备了这四种素养，天下民众就会归顺而敬仰。为君主不可成为孤家寡人，卿相臣子的辅佐是君主治国安邦的基石，是君主行走的拐杖。荀子把臣子比作"基石""拐杖""国具"，可见忠良之臣子

---

① 《韩非子》卷第十五《难一第三十六》，《二十二子》本。
② 《韩非子》卷第二十《忠孝第五十》。
③ 同上。
④ 《荀子·君道》，中华书局1983年版。

对君主社稷的安危有至关重要的作用,是国家兴衰存亡的"德音""福音"。吕柟和荀子的"君道"观点的不同在于,他认为:

> 君道贵明也。①
> 故君子量而后出,不出而后量,臣道也;臣其所受教而不臣其所教,君道也。②

吕柟所处的时代正处于明王朝内忧外患之时,各地农民起义不断,因此他提出"君臣同心说""近贤臣说""君道贵明说"等,都是从国家人民切身利益出发对为"君"者君臣之道提出谏诤,也对为"君"者个体行为、日常行事、内心修养提出了要求,即使君主犯了过失,臣子也只有进谏的权利,督促君主改过,严格遵守三纲五常之道,而不可违逆君主之意。但吕柟的"忠君"并不是"愚忠",而是讲究不卑不亢,坚持自己的正确主见而又不违逆君主的权威尊严。他说:

> 君子之事君也,不戆而不谄,如玉然。故其德斯成,其政斯行,其社稷之臣乎?③

吕柟认为君子事君"不戆""不谄",以"玉"温润而又不过硬的"德""行"处事,对国家政治和社稷有利而无害。吕柟的这种"如玉然"的事君观和孟子的"易君"思想有很大的不同,显然孟子的"君道"思想具有叛逆的精神。《孟子·万章章句下》说:

> 君有大过则谏,反复之而不听,则易位。……君有过则谏,反复之而不听,则去。④

朱熹对此解释说,君主如果犯了大的过错,这种过错足以让国家灭亡,而臣子反复劝诫君主,而君主又不听臣子劝诫,一意孤行,那么臣子

---

① (明)吕柟:《周易说翼》,第655页。
② 同上书,第676页。
③ 同上书,第674页。
④ (宋)朱熹撰:《四书章句集注》,中华书局1983年版,第324页。

就要思考是否还要继续拥戴这位君主坐在君主之位上，为了国家社稷着想，要考虑更换君主。如果君主犯了过错，不听臣子劝谏，那么臣子就离开君主，另寻明主投靠，犹如鸟择良木而栖的道理一样。显然孟子的君臣观不是把君主放在第一位置上，而是以国家社稷、以民为第一，臣子有更换和选择君主的权利，不以君主唯上。而吕柟则认为臣子不能违背君主的命令，要敬畏君主权威，甚至在君主面前因为言行不慎也可能招致祸患，所以要防"口誉"而保身。这显然是由于孟子和吕柟所处时代政治环境不同所致。吕柟的这种"忠君"思想和明初的思想家、政治家刘基君道观接近一致。刘基认为即使当君主的行为和言行有违背君臣纲常规范之礼时，臣子也应当敬奉君主如平常。君主即使失掉礼仪，臣子也不可以不对君主敬重。他认为君主和臣子是相互统一的整体，君为臣纲，有高低尊卑之分，如果君臣同列，便丢失了礼仪传统。

2. 民者天之心

"民乃邦之本""保民而王"的政治观念，随着国家的建立，历代统治阶级都深谙其道。我国最早的一部历史文献汇编《尚书·康诰》对"民"的概念反复阐述，如《康诰》中提出的"余民""四方民""显民""邦民""今民""义民""保民""殷民""新民""惟民""裕民""民情""民宁"等，可见"民"在国家政权建立和稳固中的基础性作用。《论语》里也多次提到了君和民的关系问题：如何让四方之民归顺？孔子说君主一要好礼；二要好信。

> 子曰："上好礼，则民莫敢不敬；上好义，则民莫敢不服；上好信，则民莫敢不用情。夫如是，则四方之民襁负其子而至矣，焉用稼？"[1]

君主如何取得民的信任，民不背叛，就要让民有充足的粮食，国家有强大的武装力量，这样民就会从四方群集而来归顺他。所以孔子说：

> 足食，足兵，民信之矣。[2]

---

① （宋）朱熹撰：《四书章句集注·论语·子路第十三》，中华书局1983年版，第142页。
② 同上书，第134页。

逸民，天下之民归心焉。……因民之所利而利之，斯不亦惠而不费乎？择可劳而劳之，又谁怨？欲仁而得仁，又焉贪？君子无众寡，无小大，无敢慢，斯不亦泰而不骄乎？君子正其衣冠，尊其瞻视，俨然人望而畏之，斯不亦威而不猛乎？①

孔子提出"仁政"思想让天下的民信服和归顺，进而达到统治的目的。至孟子之时，他提出了"与民同乐"才能王天下的治国理念。《孟子·梁惠王章句下》和《孟子·离娄章句上》中说：

为民上而不与民同乐者，亦非也。乐民之乐者，民亦乐其乐；忧民之忧者，民亦忧其忧。乐以天下，忧以天下，然而不王者，未之有也。②
桀纣之失天下也，失其民也。失其民者，失其心也。得天下有道：得其民，斯得天下矣。得其民有道：得其心，斯得民矣。得其心有道：所欲与之聚之，所恶勿施尔也。民之归仁也，犹水之就下、兽之走圹也。③

如果说孔子从民"足食""足兵"的角度解决了安民和服民的问题，这可看作是从民的物质需求和人身安危保障出发满足民的需要，那么孟子的思想则比孔子前进了一步，他从满足民的精神需求出发，即"与民同乐""与民同忧"以达到安民的目的。孔子和孟子安民的共同点都没有离开对民"以仁""以礼""以义""以信"，可见"仁""礼""义""信"是儒家的核心思想，同时也是儒家民本思想中的至关重要内容。对儒家民本思想继承、发展和创新是吕柟政治思想的闪光之处，同时也是他发挥儒家"仁""礼""义""信"思想的深刻独特之道。

吕柟在孔孟民本思想的基础上，把"民心"上升到了"天心"的角度。天在万物之上，高于一切，就连君主、国王、皇帝也要依"天意"行事，设坛祭"天"以求江山社稷安宁，可见"天意"不可违。而"天心"

---

① （宋）朱熹撰：《四书章句集注·论语·尧曰第二十》，中华书局1983年版，第194页。
② （宋）朱熹撰：《四书章句集注》，中华书局1983年版，第216页。
③ 同上书，第280页。

则指导着"天意","天意"是"天心"的体现和展示。而天的意志和力量具有绝对性和不可违抗性，是一种自然力。他说：

> 民者天之心也，应乎民即所以顺天也。……即刚中柔外耳，刚中顺天，柔外应人。①

这里吕柟认为"民者"就是"天心"，"应民"就是"顺天"，这隐含了"民意"指导着"天意"，违背"民意"就是违背"天意"。吕柟把"民"的力量上升到了与"天"等齐的高度，赋予"民"不可违抗的自然力。治理国家就是顺应民心，民心顺则国家稳固和安宁。他把民众比作水，水可以载舟，同样也可以覆舟，可以溺人。"民"与"天"一样含有不可违抗的自然力，那么国家民众的力量汇聚起来，他们的力量就可以克敌制胜，可以抵御强寇侵略，就像水的力量一样可以载舟也可以覆舟。民众对国家发展起着至关重要的作用，所以要慎重制定有益于人民生存发展的政策。要养民如父母，同时还要教给人民"孝悌忠信"之道，注重培养他们的道德修养，更重要的是要关心人民的物质生活。他说：

> 天下莫险乎水，可以覆舟，可以溺人，惟地则能含之矣。天下莫险于众，可以克敌，可以殄寇，惟容则能聚之矣。故君子养民于畎浍沟洫如父母，教民以孝弟忠信如师保。此省刑罚，薄税敛，制梃以挞甲兵者也。②

这里吕柟吸取了孔孟儒家思想的精华，认识到"民"既有物质需求，同时也有精神需求，所以他从关心人民的物质生活和精神需要出发，认为应从"省刑罚，薄税敛"入手满足人民的需要。"省刑罚"，人民精神上就获得更大的自由；"薄税敛"，人民经济上更加宽松，生活富裕。他认为在生活安泰的时候，更要有忧患之心。他把人民比作筑城的基土，基土夯实，则城就坚固。人民经济充实富裕，国家就兴旺发达。因此他说：

---

① （明）吕柟：《周易说翼》，第679页。
② 同上书，第645页。

泰极之时，矜盛治则忘备务，远功则忽近，见乱而后救，故贞吝。子夏曰：隍城下池也，城之体，由基土培扶，乃得为城，不然必损坏崩倒，犹君子赖臣之辅翼云。①

为了实现其"民为天心"思想，吕柟认为重要的是统治者要懂得经纶国家的思想。国家混乱凋敝，是因为人民的心志不稳定，为了稳定民心，他提出了"四项"经纶政治的理想主张。他说：

何以君子经纶？曰：时难而民志未定，故可创制度以一之也，苟且而取具焉，后世则难改矣。是故井田不立，兼并之难制也；肉刑不立，狱讼之滋烦也。乡举里选，不立贤才之秩昌也，中世之主更之则众骇，袭之则民困。自汉止元未之能行也。故屯曰："经纶。"经纶曰：君子夫经纶者，治丝之事，纵横有法。君子者，成德之人，体用咸备。②

这"四项"主张分别为：一是建立制度；二是实行井田制；三是设立肉刑；四是设乡举里选。明朝中期，社会矛盾尖锐，危机四伏，国家制度松弛荒废，因此吕柟提出，建立严格的制度及法制规范，有绳矩则有方圆，制度一旦建立则后世不能更改。土地是人民赖以生存的基础保障，土地集中必然带来阶级矛盾激化，人民贫富不均，必然使社会混乱，动荡不堪。吕柟主张实行井田制，就是为了遏制土地兼并的严重现象。他认为实行井田制，农民各有分工，男耕女织，日出而作，日落而息，这种土地分配制度可以使民老有所养，死有所葬，社会井然有序，人民安详和睦。针对狱讼事件既多又烦琐，他认为应该设立"肉刑"，这样就能对凶狠邪恶之徒起到震慑和威吓作用，减少恶性事件发生。他在注解《蒙》卦时说："政法者正教也"，为了培养更多的贤人，他主张设"乡举里选"，这样就能让一些贫寒子弟脱颖而出，不致因为贿赂之风而埋没人才。所以他说经纶之事，好比织丝，纵横要有法度，而通晓经纶之道的，大都是有高尚品德的人，是"体用咸备"的正人君子，国家繁荣昌盛也正存在于君臣同心

① （明）吕柟：《周易说翼》，第648页。
② 同上书，第642页。

同德细致经纶之中。

三　道德修养思想

1. 修身重在修"心"

修身之学是儒家君子出仕之前的必学科目，是儒家重视立身行事的重要信条。修身当从言行和心性方面着手。《易·系辞上》更是对君子修身言行做出了至关重要的定论。"言行，君子之枢机。枢机之发，荣辱之主也。言行，君子之所以动天地也，可不慎乎！"人的言行是人心扉的直接展示，心性的表现方式就是通过言和行来体现。《易·系辞上》把人言行比作弓箭弩牙发出的利箭，箭发出则不能回收，言行即出则会产生反响，也不可回收。修身之学讲究言要顺人之耳，行为则要合乎正道。言为心声，行为心体，故言行正则要心正。《易·文言》说："修辞立其诚，所以居业也。"意思是说言辞修饰的动听悦耳，要出于真挚的感情，如此才能感动人，才可以有利于建功立业。吕柟对"修辞立诚"的解释立足言和行，涉及进德、修业两方面内涵。他说：

> 程子所谓修省言辞也。如所说的言语，见得都是实理所当行，不为势所扰，不为物所累，断然言之，就是立诚处。如行不得的，言之即是伪也。……进德、修业，学者只是这两件事。德是心上的，业自言行上做的。德是个至极的，知德为至，则忠信以至之，而忠信之存否则己所独知，故曰：可与几也。业是成终的，知业所当终，而修辞立诚以终之，则义已具。故曰：可与存义也。①

吕柟所说的"修辞立诚"以"实理"为据，不为"势"和"物"所累，归根即要从正心开始，心正端方，无有私念、邪念，则言行就合乎进德修业的标准，而修辞立诚的最终目的就是终于"义"，与"义"并存。关于如何"正心"？吕柟说：

> 君子敬其身以直，心则暴慢远而无淫思；君子义其心以方，事则

---

① （明）吕柟撰：《泾野子内篇》，赵瑞民点校，中华书局1992年版，第103页。

权衡审而外无妄举,有不为为斯顺,有不动动斯化,何孤之有乎?①

　　吕柟认为君子身要直,则"心以方",方者正,这样权衡事物则不轻举妄动,冷静灵活应变事故,可以达到不为而为、不动而动的自然效果。"正"是儒家核心道德修养观,贯穿了儒家学统的始终。《大学》中说修身重要在正心,身体有愤怒、恐惧、好乐、忧患症状,都不能达到心正,而要使心归在正处,就要达到"视而不见,听而不闻,食而不知其味",进入到"心不在焉"的境地,可见孔圣人讲的修身则在"正其心"。吕柟继承了圣人的观点,他强调正心则在去掉"淫思"和"暴贪"之念,给心注入"义"念,如此才能"义其心以方"。可见在吕柟看来,"义"是"正心"的先决条件,"义"是衡量君子的人格尺度,"义"是儒家道德范畴。孔子最早提出关于"义"的命题。《论语·里仁》中说:"君子喻于义,小人喻于利。"孟子在孔子的基础上进一步拓展了"义"的内涵,他把"义"和"生"对比而言,宁愿要"义"而舍其"生",可见"义"在儒家的道德修养中是比生命重要的。《孟子·告子上》中说:"生,亦我所欲也,义,亦我所欲也,二者不可得兼,舍生而取义者也。"《孟子·离娄下》中说:"大人者,言不必信,行不必果,惟义所在。"孟子认为"大人"成其为"大人"的必要条件,"信""果"可以不遵守,但不能缺少"义","义"是儒家道德行为必不可少的立身基础。吕柟吸收了孔孟关于"义"的观点,他把"义"和"知命"联系在一起,分辨了君子、小人在宠辱面前的不同态度。他解释《中孚》卦时说:

　　　　知命者不惊宠辱,见义者不轻喜怒。小人不知命,故忘其身进退,非所专也。不见义,故丧其心,好恶无所定也。…小信破义,曲行害道,故非所信而信之,君子以为伪也。非所进而进之,君子以为退也。②

　　吕柟认为"知命"与"义"密不可分,更是分辨君子小人的标准,君子"心"上见"义",而小人则"不知命",不专一,丧心失义,好恶无

---

① (明)吕柟:《周易说翼》,第641页。
② 同上书,第681页。

所定。吕柟提倡修身当从心上修养，立心见义，知命而不惊。从细微之处、细小事情上着手，不曲行，如此才能不"破义"，不"害道"。作为一介儒生，吕柟和孔孟一样是尚"义"的，这彰显了吕柟作为关中学者"重节气、尚义"的关学特色。关于"义"，吕柟提出了大义、待时之义、仁义等不同命题。他说：

> 君子尚义而俟命，相持而后动。……争小忿则丧大和，忘远虑则有近忧，见细恶则废大善，泥小利则破大义。①
>
> 反身而修德，克己之仁，待时之义，处难之智，固穷之信，兼之矣。②
>
> 人情历久则玩心生，玩心生则傲慢长，傲慢长则寇戎兴，折首匪丑，可谓仁义并用。民安而邦泰，此师之所以嘉也。然非明以察，为恶之大，小刚以里，行师之威，爱者不能也。③

由此可看出吕柟修身注重反身自省，修德固穷。他尚义的具体表现就是不争小忿，有远虑意识，不因为恶事细小而忽略不计，讲大和、大善、大义，并把孔孟"仁义"思想推及到安邦治国上。这里吕柟尚义观点提到了"俟命"，并且他认为"知命"是君子和小人对待荣辱的根本区别。他提出的"命"，指客观存在的不可抗拒的自然规律，如春夏秋冬四季更替，风雨雷电自然变化一样，不依人的意志行事。自然规律不可改变，但可以认识它，即吕柟所说的"相持而后动"，"明以察"。吕柟修心注重"义"外，还讲究"大心、心容"的内涵。他认为有容人之心的人德性高，德行大。他说：

> 人心要广大，如天之无不覆，如地之无不载可。……心大则万物皆通。……谦虚则宽绰而有余，矜夸则狭迫而不足。④
>
> 书不云：必有忍，乃克有济。有容，德乃大。故君子宁使我容

---

① （明）吕柟：《周易说翼》，第642—643页。

② 同上书，第665页。

③ （明）吕柟撰，赵瑞民点校：《泾野子内篇》，中华书局1992年版，第54页。

④ 同上书，第167页。

人，毋宁使人容我。①

吕柟心性修养"心大""心容"说是在孔孟"仁义"说基础上拓展和创新的，他把"心"比作天和地，纳宇宙于胸怀，体现了他作为哲学家、思想家的广阔视野和真知灼见。同时他的"心大"也是对张载关学思想的继承和发扬。张载在《正蒙·大心》篇中说：

> 大其心则能体天下之物，物有未体，则心为有外。世人之心，止于闻见之狭。圣人尽性，不以见闻桔其心，其视天下无一物非我，孟子谓尽心则知性知天以此。天大无外，故有外之心不足以合天心。见闻之知，乃物交而知，非德性所知；德性所知，不萌于见闻。由象识心，徇象丧心。知象者心，存象之心，亦象而已，谓之心可乎？②

张载提出了"世人之心""圣人之心""天心"三个命题，并且把三者进行了对比，指出"世人之心"狭，"圣人之心""知性知天"，"天心"则广大无边，"圣人之心"有见闻之知，但也"不足以合天心"。吕柟继承了张载的"大心"观点，张载认为"大心能体天下之物"，体物则在于"知"，提出了"知象""存象"和"心"的关系问题，而吕柟则认为"心大则万物皆通"，"体物"和"万物通"两者比较，吕柟的大心观点更进一步，"体物"只是感知事物之理，并没有达到认识的地步，而"万物皆通"表明对万物之理已经了解，并已经达到了通晓明畅的程度。吕柟在张载"大心"说的基础上引入了"谦虚"和"矜夸"的命题，使"大心"的内涵更加丰富和充实。关于如何"大其心"？吕柟和门生有一段精彩的对话：

> 韶问："程子尝言，学者须大其心。辟如为九层之台，须大做脚方得。先生于抄释曰：'人须思如何能大其心。'韶以为欲大其心，莫先于克己。"先生问："如何为克己？"韶曰："人之心本自广大，但为私意蔽之，则狭小矣。故学者之心一有偏私，即务克去，庶以复其广

---

① （明）吕柟撰，赵瑞民点校：《泾野子内篇》，中华书局1992年版，第167页。
② （宋）张载著：《张载集》，章锡琛点校，中华书局1978年版，第24页。

大之体，如何？"先生曰："固是。必如曾子之'弘毅'，西铭所谓'民胞物与'始得。且如'尊高年，所以长其长；慈孤弱，所以幼其幼'，人虽或力量不逮，却不可无是心。如张子见皇子生则喜，见饿殍则戚的心方好。然此心安从生？"韶未及对。他日又问，曰："只是预养仁心，自无己之可克矣。"①

可见吕柟所说的"大心"即就是"弘毅"和"民胞物与"的思想，是对张载和曾子思想的继承和发扬。同时他还把"大心"观点延伸到了"忍"和"容"的范畴，阐述能"忍"则做任何事情都能"济"，都能成功。而"容"更是君子修身的至关因素，提出君子人格境界是"我容人"而不是"人容我"，把张载的"大心"说提升到了更高的人生境界。吕柟在《泾野子内篇》中认为如果人心不大，虽一家兄弟长幼，宗族邻里，也分个彼此，天下众多的家庭和百姓怎么办呢？只有大其心，则圣贤与鳏寡皆吾兄弟，何有一毫之间？故曰："仁者以天地万物为一体。"吕柟还提出了"心志"说的观点。他说：

> 志在内者何？曰：其心之所存者，深乎非人之所能知也。古之人有行之者，陈寔之处张让，管宁之居辽东是也。②

古代儒家提倡穷则独善其身，达则兼善天下之志，衡量士人的标志是看其是否具有宏伟的志向。《论语·子罕》里孔子也曾说过"三军可夺帅也，匹夫不可夺志也"，说明志向对人立身行事的重要性。志犹如人生的旗帜，指引着在人生道路上开拓进取。志在何处？吕柟认为志当存在内心深处，"深乎非人之所能知也"，也就是说一个人的志应该深藏在自己内心深处，不要夸张炫耀，而是要为实现自己的志向付出实际行动。要向古代管宁一样专心致志，默然自守，而不是见异思迁。关于如何练"志"，吕柟提出自己的独特办法。他说：

> 汝取平日古人的好言行朗诵一番，志气自精爽，亦可知昏惰根本

---

① （明）吕柟撰：《泾野子内篇》，赵瑞民点校，中华书局1992年版，第92页。
② 同上书，第652页。

所在，便斩断也。……妨功，夺志，无甚相远。诸士读尧、舜、周、孔之书，将尧、舜、周、孔心事措诸躬行，临题历历写出，作为文章，出仕时即将此言措诸政事上，何妨功、夺志之有！若作两项看，岂惟妨夺者哉！……温情定省即是立身扬名，但其志在亲，何事非孝！①

在吕柟看来，志气是可以培养的，人的志气不是与生俱来的，而是通过后天学习或是社会环境习染而成的。但是吕柟更强调的是通过读书，尤其是读古圣先贤的书，如尧、舜、周、孔圣贤的书籍，效仿古人的好言行，通过古人的好言行砥砺自己的言行，领会先贤的心性和志向，然后躬身实践。通过读书学习、积累、实践，心中志气便可养成，立身扬名的时机就不甚相远了。君子立身扬名，除了大心、存义、历练志气外，吕柟还强调修身应该加强对"诚"的重视。他说：

> 君子一念不诚不仁而不可为也。一时不诚不天而不可为也。故君子知德为至也，而忠信以至之，则独知之，几无人能与矣。知业为终也，修辞立诚以终之，则事理之宜，无入不得矣！夫反复道者犹天运之不已乎？②
> 君子存诚则邪自闲，舍诚而逐邪耶。③

吕柟显然认为君子人格就是讲"诚"，"一念不诚"或"一时不诚"都不可为。关于"诚"的命题，儒家经典《中庸》对其做了大量的阐述。如至诚之道，可以前知；至诚无息；至诚如神；天下至诚，为能经纶天下之大经，立天下之大本，知天地之化育。这些命题皆阐明了"诚"在天道、地道、人道中至关重要的作用。儒家的核心命题天道地道的"至诚"就是经纶天下事物，知天地生生不息之道。吕柟继承了前贤"诚"的命题，把"诚"的范畴局限在"人道"方面，即人道至诚极点就是至德，至德极点就是忠信。天道和人道相似之处就是"至诚不息"，故天覆地载，

---

① （明）吕柟撰：《泾野子内篇》，赵瑞民点校，中华书局1992年版，第102页。
② （明）吕柟：《周易说翼》，第640页。
③ 同上书，第655页。

人"修辞立诚"遵循事物之理而能与天地相得。同时他还认为"诚"有"闭邪"和"驱邪"的功用,心存"诚"念,则邪念无处可存。

2. 修身重在虚静谦善

关于虚静谦善,是儒家和道家大力提倡的修身养性之道。《礼记·乐记》中说:"人生而静,天之性也。感于物而动,性之欲也。言性不见物则无欲。"《老子》中说:"致虚极,守静笃。万物并作,吾以观其复。夫物芸芸,各复归其根。归根曰静,静曰复命,复命曰常,知常曰明。"① 儒家认为人初生,未萌发情欲,自然给予其静,静是其天性。本心虽是静的,但感于外物,贪欲引起心遂动,如果自然性,贪欲就是情,人的本性就有情和性的区别了。道家修身注重空虚无欲,清净笃定,以自然的状态进入无为无不为的境界。认为万物循环复生的根本就在于"静","静"能复命,复命能"常"和"明",把握好"常"和"明",就可修养身心,全身远害。道家修身还主张谦下不争之道,像水一样柔静温和,滋养万物而不争夺,甘于卑下而能顺万物,水的谦和之道与天道"不自生"而"生人"之道吻合。因此道家认为修身最好的方式就是像水一样为人处世,处下,顺万物而又不失刚性原则。故《老子》第八章说:"上善若水。水善利万物,又不争。处众人之所恶,故几于道。居善地,心善渊,与善人,言善信,政善治,事善能,动善时。夫唯不争,故无尤。"② 吕柟继承了道家虚静谦下的修身之道,他在以儒经解《易》思想的基础上又杂糅了老庄的思想,拓展了解《易》的思路,他的易学思想相比马理来说更加宽泛和深邃,马理解《易》注重以儒经阐释义理,排除佛老之学。吕柟则吸收了佛老虚静谦下的思想,他的易学思想更加丰富充实。他在解释《需》卦时说:

> 君子之需时也,安静自守,恬然若将终身焉,乃能用常也。
> 其德安静而坚确,其思虑明审,不俟终日而见几,事而几也。③

吕柟论述的"安静自守"之道,强调"虚时"。何谓"虚时"?也就

---

① 《老子》,饶尚宽译注,中华书局 2006 年版,第 40 页。
② 同上书,第 20 页。
③ (明)吕柟:《周易说翼》,第 644 页。

是需要之时，关键时刻，强调一种恰当的时机，此时恬然、安静、自守，则终身无害而"用常"。这是吕柟从心性修养上讲的"静守"观，他还强调在德性操守上坚持"安静而坚"的思想，只有这样才能"思虑明审"，能分辨清楚事之好坏，人之忠奸，对君子小人言行心知肚明，对荣辱利害审慎抉择，遇到事情则可趋利避害。关于如何守"静"？吕柟和门生的一段对话体现了他的思想。

> 吴佑问："思虑纷扰，何以除之？"夫心不妄动之谓静。若思虑纷扰，是妄动也。只当先知所止，则心自定静矣。李宗本曰："是亦由于不能安贫中来耶？"先生曰："亦是。若能安贫，则杂念自除。"韶曰："亦当先安于义命，则能安贫，而思虑自除。"先生曰："然，安贫即是安义命。"①

吕柟所认为的安静自守，即就是"心不妄动"而"安贫"，如此则"杂念自除"。显然吕柟安静自守思想来自老庄的道家修身养性之说，道家提倡安贫乐道，顺应自然。吕柟吸取了道家的安贫思想，同时他又汲取了儒家的"安义命"的"仁义"思想。作为一名关中学者，吕柟对张载的思想多有继承和发展。张载说：

> 敦厚虚静，仁之原，忠恕者与仁俱生，礼仪者仁之用。……静者善之本，虚者静之本。静犹对动，虚则至一。②

张载认为虚静是"仁"和"善"的本原，他的观点是对孔孟儒学和老庄道家学说的融合和吸收，张载的思想中既有儒家的"仁善"观，又有道家"虚静至一"的自然观。大凡后代的思想家大多对前代的思想既有排斥又有吸收，在前代思想基础上有所创新，从而形成自己的思想。张载就是这样的例子，他的"虚静"观把儒家和道家思想合而为一，形成自己独特的"仁善虚静"思想。吕柟对张载思想吸收中也有继承和发展，他在张载"静者善之本"的基础上，把人的本性之"善"推广到"交友"和"事王

---

① （明）吕柟撰：《泾野子内篇》，赵瑞民点校，中华书局1992年版，第97—98页。
② 《张载集》，章锡琛点校，中华书局1978年版，第325页。

朝"之事上，认为"至善"是君子的品行，君子至善而后"安多""后富""后益"，是国家发展的可用之才。他说：

> 故君子止于至善而后安多，识前言往行而后富，获交贤友而后益，虽旅事王朝可用也。……
>
> 君子怀才抱德，必赖位而后行，心斯快矣。①
>
> 故君子之于善人也，乐之，如其有功也，则又赏之；其于恶人也，诲之，如其伤善也，则斯罚之。故赏一善而天下为之善者众，罚一恶而天下为恶者孤。物其有不载乎？物其有不载乎？②
>
> 山上有木，其阴以渐而长，居贤能德行之人于高位，则其俗以渐而善，盖君子之善，俗非家至而户晓之也，渐磨之而已矣。③

吕柟提倡"至善"，认为君子的人格境界应该是"怀才抱德"，这样"心斯快"。在此基础上，吕柟认为在提升自己人格精神境界的同时，还要推己及人，对"善人"和"恶人"应有不同的方法和态度。他认为君子对待"善人"，应该以喜欢的态度对待，如果有功，就要犒赏；对待"恶人"，就要教诲他，如果他伤害别人，就要惩罚。吕柟认为这样做的话，犒赏一个善人，那么天下的行善之人就会成倍增长，惩罚一个恶人，天下的恶人就会陷入孤立无援的地步。吕柟所言的"善"是渐渐积累的过程，不是一蹴而就的，也不是家喻户晓的事情，而是"渐磨"形成的。吕柟所言的"善"和孟子"人生而善"有区别，这是他不墨守前贤的独到之处。关于"静"的论述，吕柟的老师薛瑄说："常沉静，则含蓄义理，而应事有力。""厚重、静定，宽缓，进德之基。""静坐中觉有杂念者，不诚之本也。惟圣人之心，自然真一虚静，无一毫之虚念。""学问实自静中有得，不静则心既杂乱，何由有得！""涵养省察，虽是动静交致其力，然必静中涵养之功多，则动时省察之功易也。"④ 薛瑄的道德修养论偏重于"动静交致其力"，薛瑄的观点有别于周敦颐"主静""主诚"和程颢、朱熹"主敬"，他更强调动静互相作用，主"静"的成分多于主"动"。吕柟在

---

① （明）吕柟：《周易说翼》，第 678 页。

② 同上书，第 640 页。

③ 同上书，第 75 页。

④ （清）黄宗羲撰：《明儒学案·河东学案下》，中华书局 1985 年版，第 148 页。

老师薛瑄"动静交致其力"的基础上，主"静"也不排斥"动"的作用，他说："只是一个功夫，静所以主动，动所以合静，不睹不闻静矣，而戒慎恐惧便惺惺，此便属动了。"①

吕柟的道德修养中非常重视"谦"，他说：

> 言有君子之德，斯能谦而有亨，不然则虽谦也，卑而不光，卑而可逾矣。……此夫子惧人之谦而不知变也。故宜谦而不谦者为寡，宜谦而谦者为多，岂平施之谓乎？观此可以知一贯矣。……君子以谦事上，则上不以为侵也；以谦处下，则下不以为陵也。无不利，撝谦上下之心，皆尔安矣，其知则乎？……已私去而志可谦，不必鸣而人自信矣。②

吕柟认为"谦"为君子的品德，谦而能"有亨"，谦而能"知变"。以谦虚的态度侍奉上级，则上级不会感觉有侵犯之意，以谦虚的态度对待下级，则下级也不会感觉到欺凌。对待上下都以谦虚的态度处之，"皆尔安"。"谦"的极致就是"不鸣"而"自信"已经在心中形成。吕柟强调的道德标准就是谦谦君子的人格风范。

3. 修身重在"慎"

儒学经典《中庸》中说："是故君子戒慎乎其所不睹，恐惧乎其所不闻。莫见乎隐，莫显乎微，故君子慎其独也。"慎独，是儒家提倡的道德修养方法。朱熹对"独"的解释说："独者，人所不知而己所独知之地也。言幽暗之中，细微之事，迹虽未形而几则已动，人虽不知而己独知之，则是天下之事无有著见明显而过于此者。是以君子既常戒惧，而于此尤加谨焉，所以遏人欲于将萌，而不使其滋长于隐微之中，以至离道之远也。"③朱熹讲的"慎独"就是讲在"人所不知而己所独知之地"时，也要"戒惧""加谨"，"遏人欲于将萌"，慎独的目的就是"离道不远"。吕柟也讲究慎独，不过他的"慎独"和朱熹诠释的却有区别。他说：

---

① （清）黄宗羲撰：《明儒学案·河东学案下》，中华书局 1985 年版，第 113—115 页。
② （明）吕柟：《周易说翼》，第 650 页。
③ （宋）朱熹撰：《四书章句集注》，中华书局 1983 年版，第 18 页。

如尚义者在位，则所用皆义，人所行皆义，政天下无不治矣。尚利者在位，其弊可胜言哉！然其初要在谨独，但于一言之发，一事之动，一财之临，就当审处，不可有一毫适己自便之心，久之自然纯熟，可以造于无所为而为矣。①

吕柟不是说"慎独"，而是"谨独"，谨慎于一言一事一财，朱熹慎独于人欲，比较宽泛和笼统，吕柟把人欲具体化为"一言一事一财"，从最细微之处修习，从一毫发欲望之处克制，"久之自然纯熟"，达到无所为而为的地步。尤其在言上，吕柟特别注重言语的谨慎。他说：

言语慎则有以正天下之令而民性复，饮食节则不至耗天下之财而民生，遂此君子养正之为大也。……然必养正然后可养，正则得中，是以亨也。是故中可以兼正，正可以至中。②

君子口无择言，非欲其人之悦也，而人莫敢或议焉。身无择行，非欲其人之感也，而人莫敢或违焉。③

明道为人，盎然阳春之可掬，故虽安石辈，亦闻其言而叹服。……凡于人言，贵春温而贱秋杀。春温多，则人见之而必敬，爱之而必亲，故其言也，感人易而入人深，不求其信，自无不信也。秋杀多，则人闻之而必畏，畏之而必恶，畏恶生则言之入人也难，将欲取信而反不信也。④ 言诚能协上，以济事也。不然挟小人之术以畜人，欲去血而出惕，亦以难矣。故诚者动物，安身之本也。⑤

吕柟认为"言语慎"则能"正天下之令"，使人民淳朴厚实的本性得到复萌，这个和"饮食节"不乱耗财物使人民能够更好生活的道理是一样的。而"口无择言"和"身无择行"则会令旁人害怕和恐惧。吕柟推崇程颢的为人，认为程颢为人如"阳春可掬"，有亲和力，人见人敬和爱戴，这样的人，说话感人至深，人人信服；而言语如"秋杀"，则人见人畏，

① （明）吕柟撰：《泾野子内篇》，赵瑞民点校，中华书局1992年版，第111页。
② （明）吕柟：《周易说翼》，第657页。
③ 同上书，第655页。
④ （清）黄宗羲：《明儒学案·河东学案下》，中华书局1985年版，第151页。
⑤ （明）吕柟：《周易说翼》，第656页。

人也不会信服他。可见，吕柟认为的"慎言"，一是讲究言要少而精，也就是说话说到关键处，不拖泥带水。二是说话态度要和气，如阳春般温暖，而不是如秋杀般生冷。三是言语要诚恳，言诚能"济事"。吕柟除了言语要慎外，还注重"慎交"，也就是人际交往要慎重。他说：

> 燕朋逆其亲，燕辟丧其志，故君子慎所交也。夫良马相逐，则其进无疆。日闲与卫，则积中不败而器械严明。①
>
> 养高者忘势，得道者忘利，知人者择交，见几者远害，此四者人君屈己以求，且不能至，况己上乎？②

吕柟认为人所好者无非"势"和"利"，君子交友时应慎重和有所选择。这里吕柟以"良马相逐"比喻君子之交。他认为"良马"其所以"其进无疆"，就是因为"良马和良马相交往"，君子交友也应如此。君子交友"择交"，就是要"忘势"和"忘利"，只有这样才能"远害"。他认为君子交友应该分清"君子和小人"的区别，应结交"君子"，而远离"小人"。

> 荣者辱之对也，利者害之地也，小人见荣则忘辱，辱至而不可辞，见利则忘害，害至而不可逃，是故郊不能需则沙，沙不能需则泥，泥不能需则血矣。血由乎人哉！泥由乎人哉！③ 故干禄之人不可以为臣，好利之徒，不可以为友，德之所由败，国之所由丧也。可不慎乎！④

在吕柟看来，小人就是"荣和利"的化身，小人心中和眼中所想所看无非就是"荣"和"利"，而"荣"往往和"辱"相对，"利"往往也和"害"相连。而小人目光浅陋，只看见"荣"，却看不到"辱"，看到"利"却看不到"害"，小人得势也是一时之势，得利也是一己之利。故吕柟告诫君子择交，也就是告诫君子不要结交小人为友，否则就

---

① （明）吕柟：《周易说翼》，第646—645页。
② 同上书，第682页。
③ 同上书，第644页。
④ 同上书，第643页。

是招辱上身，引害入门。在吕柟看来，君子的言行往往是符合天理和正道的。

在吕柟看来，君子即使在无人监督的情况下也是止乎所止，不越雷池的，这就是君子的人格风范。君子通常也是"仁且智"的人，他们的言、行往往没有过错。而且他们认为"仁"比生命更重要，有"杀身以成仁"的信条，因此他们往往有远大宏伟的理想抱负。吕柟说：

> 故君子舍小而谋大，去下而就上，几望之月可以辅日矣。①
> 君子之道使万物各得其所。直不苟于进退耳。②
> 道大行者何？曰：上九积久而盈畜，极而通，可谓万物皆备于我矣。当是时也，承云而往，鞭风而行，轮日月以周游，鼓雷霆而历览，真在天之衢也。其诸旁蹊曲径，皆不足道矣。③

在吕柟眼中，君子就是"舍小而谋大"的人，是有"辅日"理想的人，这里的"日"指君子心目中的圣贤君主。君子就是追求"大道"之人，君子的"大道"能使"万物各得其所"，"万物皆备于我"。君子的心胸容纳宇宙，他们"承云而往，鞭风而行，轮日月以周游，鼓雷霆而历览"，"天之衢"就是他们心中的"大道"，则"旁蹊曲径"与如此大的胸怀和心情相比是不"足道"的。吕柟的"大道"论述可看出他吸取了庄子浪漫主义的思想。"云、风、日、月、雷霆"等皆被他驱使，是对庄子"逍遥游"思想的继承和发展，即他完全掌握了宇宙的自然规律，获得了精神和物质上的绝对自由，不为"万物"所累，而"万物皆备于我"的状态，也就是庄子思想里的"无所待，以游于无穷"的"逍遥游"。这也是吕柟所追求的君子人格修养的最高要求和最高境界。吕柟吸取了庄子的浪漫主义的不为物所累的思想，但他又超越了庄子的"无功""无名"的归于自然无为的消极观念，吕柟主张积极进取的人生态度。他追求"大道"的目的是要匡扶天下正义，是要救民于水火的，因此他的思想中尽管有老庄道家思想的影子，但其思想主流还是儒家兼济天下的宏伟志向。这从吕

---

① （明）吕柟：《周易说翼》，第681页。
② 同上书，第651页。
③ 同上书，第656页。

柟的交友观就可看出儒家思想对他影响有多深。他说：

> 第一要择交。交际之间，将《论语》活活的见在躬行上总亲切，总见得有至有未至处。若只是叙寒暄，说俗话便了，视圣人之道反相耻一般。这五日之聚，只是空谈了。盖圣人之道，极平易近人情，只在日用行事间见得。凡谈奥妙，念高远，俱是异端。今人胡乱说话者，号曰不拘小节，又有循礼，号曰道学。然于作用处却有欠，故二者皆非道。……凡学者谨独不至，未有不入于淫荡者，再牵以无益之朋，其引之去不难矣。须择交好友。不要说我是秀才，他也是秀才，我是举人，他也是举人，如此比将下去，终无进步处。须是要以圣贤为期。①

从这段可看出，吕柟在日常生活中交友非常谨慎。他告诫门生的也是要"择交"，交往之际也要以"圣人之道"相处，注重"躬行"。他认为不良的朋友有可能把"谨独不至"的学者引向"淫荡"之处，故告诫交友要慎重，交往以"圣贤为期"的友人。这里就可以看出在吕柟的思想深处儒家思想占有重要的地位，但道家的浪漫主义宇宙观在他思想深处中也占有一定地位。

四　学习教育思想

吕柟一生大部分时间除了做官外，就是设学堂讲学。他在乡举之后，就同马理等讲学于"成均"。做官之后，每到一地就在当地设学堂讲学，促进当地教育事业的发展。他讲学内容不离"圣贤之学，诸士皆欣然向道，以为圣贤复出也"。因此吕柟的教育思想重在"救世"，即他说："苟知举业圣学为一，则干禄念轻，救世意重。"②《周易说翼》就是他和门生关于《周易》经传的问答内容，采用的方式是门生询问《周易》经传疑惑或不懂之处，吕柟解答，门生把他们的问答内容记述下来，就是《周易说翼》这部解《易》之书，这部书的体例和《论语》体例十分相似，如出

---

① （明）吕柟撰：《泾野子内篇》，赵瑞民点校，中华书局1992年版，第190—191页。
② 同上书，第336页。

一辙。《周易说翼》既是他的解《易》阐《易》著作，同时也是他教学思想的结晶。

1. 学习天地"自强和厚德"风范

《周易说翼》吸取了张载的"易为君子谋"的思想，故吕柟回答门生的提问多用君子观点阐释《周易》思想。张载在《正蒙·大易篇第十四》中说：

> 易为君子谋，不为小人谋，故撰德于卦，虽爻有小大，及系辞其爻，必谕之以君子之义。一本大作又，无其爻二字。一物而两体，其太极之谓与！阴阳天道，象之成也；刚柔地道，法之效也；仁义人道，性之立也。三才两之，莫不有乾坤之道。阴阳、刚柔、仁义之本立，而后知趋时应变，故"乾坤毁则无以见易"。①

吕柟在张载"易为君子谋"观点的基础上，多从君子的立身行事阐发《周易》思想，目的在于教育和引导他的门生学习《周易》中君子的精神和风范，效仿君子的言行，以君子言行标准规范自己的行为。《周易》六十四卦每一卦都涉及"君子之义"，故吕柟也以阐解"君子之义"寄托他的教育思想，希望他的门生成为具有君子人格的栋梁之才。乾坤两卦乃《易》之门户，正如张载所言"乾坤毁则无以见易"，而吕柟对乾坤两卦"君子之义"的阐释也较其他六十二卦更为翔实。如门生官问："乾何以自强不息也？潜龙勿用，何以阳在下也？"吕柟回答说：

> 君子不动而敬以存性也，不见是啻以知几也，不赖乎力以尚志也，不违乎时以尽神也，不易乎道以历变也。知斯五者则天矣。故曰：乾：元、亨、利、贞。……君子大其学而后试，相其时而后动，得其位而后行，察其几而后谏，是故小学而大用，其用匪，违时而妄动，其动蹶，位卑而举，重则不胜，失几而强，言则不信。②

从这可看出吕柟所认为的"自强不息"精神就是向"天"学习，学习

---

① 《张载集·大易篇第十四》，中华书局1978年版，第49页。
② （明）吕柟：《周易说翼》，第639页。

"天"的"不动而敬""不见是晷""不赖乎力""不违乎时""不易乎道"的精神。同时"天""存性""知儿""尚志""尽神""历变"思想,成为君子心中效仿的榜样。吕柟认为君子行事比较谨慎,"相时而后动""得位而后行""察儿而后谏",因而其学也有"大用",因为不妄动,故往往言而有信。君子学"天",吕柟则要求其门生学习君子"相时"不"妄动"的精神,体现了吕柟批评程朱尚虚空思想,追求实学的趋势。他的门生颛问:"坤,何以厚德载物也?"吕柟回答说:

> 麟凤虎兕虽异性矣,然而并产于山林,松桂荆棘虽异用矣,然而并生于林麓,故君子之于善人也,乐之;如其有功也,则又赏之;其于恶人也,诲之;如其伤善也,则斯罚之,故赏一善而天下之为善者,罚一恶而天下为之恶者,孤物其有不载乎?物其有不载乎?①

唐孔颖达《周易正义》疏曰:"君子用此地之厚德容载万物。言'君子'者,亦包公卿诸侯之等,但'厚德载物',随分多少,非如至圣载物之极也。"吕柟显然不同意孔颖达的观点,他认为"厚德载物"就是讲事物的包容性,而不单纯是讲地的载物精神。同时以"物"的包容性扩充到"人"的包容性,"物"有"异"性和"异"用,那么人则有"善人"和"恶人"之分,赏善罚恶是相处之道,也是天下求和平的方略。此处吕柟通过阐述《坤》卦"厚德载物"的含义给他的门生讲解包容和相处之道。关于"仁和义"命题,已成为儒家核心命题,吕柟对此也推崇备至。在回答门生官就《泰》卦"光大者何?"他阐述了自己关于"仁和义"的看法。他说:

> 包荒而不遐遗者,仁之容也;冯河而朋亡者,义之决也;仁且义,中行之道也。非其心之光明广大,能如是乎?然必先仁而后义,故曰:包荒得尚于中行。②

可见,吕柟认为人要心思光明广大,就要心存"仁和义",有"仁"

---

① （明）吕柟:《周易说翼》,第641页。
② 同上书,第647页。

才能"容",有"义"方能"决",既"仁"且"义",就能坚持"中行之道",也就是"正道"。

2. 学习先贤"礼能盛德"思想

关中学者素习礼,这一传统自北宋张载而起。张载倡导"以礼为本","尊礼贵德",主张"复三代之礼"。张载的"复礼"思想对明代关中学者影响深远。吕柟更是秉承了张载的"尊礼"思想,并把这种思想传教给了他的门生。《关学编泾野吕先生传》说:

> 盖先生之学,以立志为先,慎独为要,忠信为本,格致为功,而一准之以礼。重躬行,不事口耳。平居端严恪毅,接人则和易可亲,至义理所执,则铿然兢烈,置死生利害弗顾也。①

这是冯从吾对吕柟学术、志向、修为、处事、性格的总结和概括,也是对吕柟一生的总体评价。这里就提到了吕柟"而一准之以礼",说明"礼"在吕柟学术思想和教育思想中的重要地位。

"礼"曾经被孔子认为是君子行为的准则。《论语·颜渊第十二》中记载:颜渊问仁。子曰:"克己复礼为仁。一日克己复礼,天下归仁焉。为仁由己,而由人乎哉?"颜渊曰:"请问其目?"子曰:"非礼勿视,非礼勿听,非礼勿言,非礼勿动。"②

孔子之后,孟子和荀子都曾做过关于"礼"的论述。《孟子·离娄上》说:

> 淳於髡曰:"男女授受不亲,礼与?"孟子曰:"礼也。"曰:"嫂溺,则援之以手乎?"曰:"嫂溺不援,是豺狼也。男女授受不亲,礼也。嫂溺,援之以手者,权也。"曰:"今天下溺矣,夫子之不援,何也?"曰:"天下溺,援之以道。嫂溺,援之以手。子欲手援天下乎?"……孟子曰:"仁之实,事亲是也;义之实,从兄是也;智之实,知斯二者弗去是也;礼之实,节文斯二者是也。"③

---

① (明)吕柟撰:《泾野子内篇》,赵瑞民点校,中华书局1992年版,第338页。
② (宋)朱熹撰:《四书章句集注·论语·颜渊第十二》,中华书局1983年版,第131页。
③ (宋)朱熹撰:《四书章句集注·孟子·离娄上》,中华书局1983年版,第131页。

《孟子》这里阐述的"礼"是从社会伦理道德方面讲的,男女授受不亲,是因为受"礼"的约束,但"礼"也要根据情况而变化,也就是"权"。如孟子所说:"嫂溺不援,是豺狼也。"可见,孟子所论述的"礼"是和"仁义智"联系在一起的,是和儒学中的"人道"内涵相关联的。《荀子》也说:

> 仁、义、礼、乐,其致一也。君子处仁以义,然后仁也;行义以礼,然后义也;制礼反本成末,然后礼也。三者皆通,然后道也。……礼以顺人心为本,故亡于《礼经》而顺人心者,皆礼也。[①]

荀子在孟子基础上把"礼"从"仁义"的角度向"乐"进行了延伸。他认为"仁义礼""三者皆通",而且"仁、义、礼、乐"的功能具有一致性,即就是最后达到"道"。孔子、孟子关于"礼"的说法皆是为封建政权服务的,而荀子则从"人心"角度谈"礼"的本质特征,具有以"人"为本的思想,是一大进步。《礼记·乐记》说:"礼以道其志,乐以和其声,政以一其行,刑以防其奸,礼乐刑政,其极一也。"这是在荀子"礼乐"的基础上又把"刑政"结合在一起,使"礼"成为连接道德和刑政的桥梁。随着时代的变化,不同时代学者对"礼"都有不同的认识。北宋张载突破了荀子关于"仁义礼"三者皆通的观点,从理学的角度重新对"礼"进行了界定。他从"天地生物"的哲学角度谈"礼",把"礼"与"性""理"结合在一起,认为"礼"出于"天地自然,人顺之而已"。

> 礼所以持性,盖本出于性,持性,反本也。凡未成性,须礼以持之,能守礼已不畔道矣。礼即天地之德也,如颜子者,方勉勉于非礼勿言,非礼勿动。勉勉者,勉勉以成性也。……礼不必皆出于人,至如无人,天地之礼自然而有,何假于人?天之生物便有尊卑大小之象,人顺之而已,此所以为礼也。[②]

张载认为"礼"不是专对于人言的,而是"天地之德",是一种自然

---

① 《荀子·大略第二十七》,中华书局1983年版。
② 《张载集·大易篇第十四》,章锡琛点校,中华书局1978年版,第49页。

本性。所以他也认为"礼"就是"理","制礼"就是要认识天道运行的规律。由于张载把"礼"界定在自然天地德性上，人人遵守"礼"就是不可更改的自然法则，这就为维护封建统治披上了合法外衣。吕枏出身于关中地区，他受张载思想深刻影响，虽然也严守礼教，但对孔孟"礼教"思想和张载"自然礼论"思想还是有批判之处。吕枏认为：

> 履者，礼也。君子以礼理上，则上不潜，如天之威而尊矣；以礼理下，则下不凌，如泽之喜而卑矣。及其至也，日月星辰序焉。草木鸟兽若焉，民志尚有不定者乎。①

吕枏认为"礼"是一种人伦关系，是一种有秩序的社会关系，同时也是和谐的人际交往关系，就是对上对下都要以"礼"相待，他的观点是对荀子"顺人心"观点的继承和发展。吕枏认为"礼以盛德"，故他从辩证角度解释《渐》卦"不可乱者"的道理。他说：

> 笃近所以致远，自卑所以登高，故洒扫应对以穷神也。周旋中，礼以盛德也。夫鸿渐于逵，其所积者厚矣。风雷不能乱其行，雨雪不能变其色，斯羽也，不可法乎。②

由此可看出吕枏虽然也追崇孔、孟、荀的思想，但他并不泥古，他吸取了张载思想精华之处，更重要的是他能从唯物辩证观点体认。他认为"礼"是一种实际行为规范，而不是空虚说辞，故他教育他的门生要把"礼"落到实处，也是他实学思想的体现。他说：

> 夫忠信之行有三：一曰寂然不动，感而遂通；二曰知礼必为；三曰朴实无闻。一焉者，圣也；二焉者，贤也；三焉者，愚也。不愚不圣又弗贤焉，某不知之矣。……礼乎？曰：礼不可以莫之实也。夫莫，其实哭乎！……诸生习礼。先生曰：上东阶则先右足，上西阶则

---

① （明）吕枏：《周易说翼》，第 647 页。
② 同上书，第 676 页。

先左足。虽抄手出言，总是存心处。①

在吕柟看来，圣贤之人"知礼必为"。"为"是一种实际作为，正如祭奠，是"实哭"而不是做出悲伤的样子，正如他教育门生，习"礼"正如上阶梯，左右足落在实处，礼放"存心处"，而不是"存心外"。这也体现了吕柟教育门生要以圣贤为楷模，学习圣贤的"仁义理智信"道德修养，躬身实践，疏离程朱理学"虚空"说教。他经常鼓励门生多读有关论述"礼"的书籍，加强理论修养。他说：

> 为学需要与直谅多闻的朋友讲明道理，文字就有得有进。经书之外，看一部礼书最好。礼绝得妄交，无妄交则静定，足以进学。凡学者谨独不至，未有不入于淫荡者，再牵以无益之朋，其引之去不难矣。须择交好友。②

吕柟这种"以礼为贵"的教育思想，为维护明朝封建统治奠定了基础。他的这种思想也被清初关中学者李颙所接受和传承。

3. 积学贵在有志于天下国家

吕柟教育思想继承了儒家"学而优则仕"的思想，他设馆教学及为官都以天下国家忧患为人生事业。目的都在于引导后生好学之士上进，以圣贤为伍，做有益于人民国家的事。他说：

> 君子积学于躬，待时而动，有志于天下国家者也。非拔茅连茹，则不能以共济，故程子曰：上进也。③

他认为君子学习首先目的要明确，要树立远大理想和志向，积学目的是"有志于天下国家"。其次他还认为积学在于躬身实践，不应只停留于理论，应把理论和实践结合起来，主张实干、实做和实理，反对空虚和清谈。关于如何树立远大志向？他认为为学重在"忠信立诚，进德修业"。

---

① （明）吕柟撰：《泾野子内篇》，赵瑞民点校，中华书局1992年版，第17页。
② 同上书，第191页。
③ （明）吕柟：《周易说翼》，第647页。

他说：

> 须是忠信立诚，以进德修业。存得诚了，则发一言是一个事业，行一事是一个事业，至于接物，无非此意。若无事时，或博考经典，或与良朋善友切磋琢磨，自不患不日进于高明矣。……观圣贤书，须要躬行践履。如论语十九篇纪圣人之言，乡党一篇纪圣人之行。万世之法，必拟之而后言，议之而后动，真宗师也。如以为我是个秀才，何敢效孔子，便是自家小了。若能厉志孔子，总为善读书。……心体本明，或为物欲遮蔽，如镜被尘垢掩也，可用药物擦摩。若原体或杂以铅、锡，虽药物擦之不明，须从新铸过一番，故曰"学要变化气质。"①

在吕柟看来，为学重在"诚"，有"诚"，则"不患不日进于高明"。同时，他还强调读书重在"躬行践履"，"善读书"者则在于"拟之而后言，议之而后动"，强调读书的目的在于实用，在于"变化气质"。吕柟关于"变化气质"之说乃继承张载的观点。张载认为：

> 人之气质美恶与贵贱夭寿之理，皆是所受定分。如气质恶者学即能移，今人所以多为气所使而不得为贤者，盖为不知学。古之人，在乡闾之中，其师长朋友日相教训，则自然贤者多。但学至于成性，则气无由胜，孟子谓"气壹则动志"，动犹言移易，若志壹亦能动气，必学至于如天则能成性。②

这里张载就强调了"学"对于改变"气质"的重要性，即使"气质恶者学即能移"。可见吕柟和张载的观点是一致的，也就是吕柟继承了张载的学能改变气质的说法。所不同的是，吕柟更强调向圣贤学习，注重"躬行践履"，而张载则强调"学至于成性"。吕柟认为向圣人学习重在领会圣人的意思，不是模仿圣人的言行，而是对照圣人的言行，"猛省"自己的言行。他说：

---

① （明）吕柟撰：《泾野子内篇》，赵瑞民点校，中华书局1992年版，第186页。
② 《张载集·经学理窟·气质》，中华书局1978年版，第266页。

学须见得意思常新乃乐，学如能时习乃说也。且学圣人，须师其意，不必泥其迹。且如平日做短右袂之衣，如何使得！纵是"不得其酱不食"，亦视所处之地如何，若当疏食饮水之时，虽酱亦无矣。故乡党记夫子威仪、饮食、衣服，皆天理之发见处，必先学此而后达道，但不必泥尔。九经、三重，皆由此出。①

从这句话可看出吕柟的教育思想重在学问和知识的更新，重在教育门生领会其意思，即"师其意"，而不是"泥其迹"。从深层里说，吕柟的教育思想重在"悟"，也就是对学生启发教育，而不是灌输式教育。同时他还教育门生要"时习"，要先学"天理"，然后才能"达道"。但他更强调领会其"理"和"道"的深刻内涵，而不是泥其外表。在吕柟的教育思想中，他更注重引导门生树立志向，这是他教育思想的独到之处。他和他的门生的一段对话就道出了他的这种思想。

何坚始见于先生，问学。曰："立志。"又问："看书心未定，如何？"曰："凡心有扰乱，且掩卷静坐，熟思古人作用处，乃可言定耳。他日闻邻有椽吏为弦管者，始听之甚恶，已而渐喜。既闻教后，听之复大惧其非，如何？"先生曰："也还是此心未定。凡学，即于纷华杂乱中求得静定方好。且如禅僧，在深山野外谷修行，此心亦能收敛；或至城市，见纷华即能移其念，遇杂扰即乱其中，盖由不能于动处求静也。吾辈做工，止要识得此意。"②

在吕柟看来，"立志"就是让"心静下来"。"心"不定，"做工"就深入不进去。为了说明如何让"心"定下来，吕柟用一个例子和一个方法加以说明。他讲授如何让"心"定下来的方法就是："掩卷静坐"和"熟思古人作用处"，这里他讲的"静坐"和"默思"，其实和老子道家所讲的"虚静"和"坐忘"有联系，不过吕柟认为这种"静坐"修身为学是为了"有志于家国"，而老子的"虚静"则是为了回归自然，是消极的避

① （明）吕柟撰：《泾野子内篇》，赵瑞民点校，中华书局1992年版，第187页。
② 同上书，第139页。

世思想。吕柟主张在"纷华杂乱"中求"静定",这样才能遇杂不"乱其中"。他举了禅僧修行的例子,在"深山野谷"和"城市"修行,心都能收敛、静定,就是达到了"立志"的境界。因此吕柟教导他的门生要有"定守"的志向。他说:

> 学者必是有定守,然后不好的事不能来就我。易曰:"鼎有实,我仇有疾,不我能即,吉。"若我无实,则这不好的事皆可以来即我也。①

可见吕柟教育门生也以《周易》易理灌输渗透。他引用《鼎》卦九二爻辞以"鼎有实"比喻学者心有"定守"的重要性,"鼎中装满物品,即使配偶身有疾患,也暂不能加重我的负担"。同样的道理,学者心有"定守",即使不好的事情上身也能化险为夷。

五 以史解《易》思想

《周易说翼》以大量的历史事件说《易》之理,同时又以《易》理反证历史事件的得失成败,这种以史解《易》观既具有历史事件的真实性和客观性,同时又丰富了《易》理的内涵和外延,以《易》理哲学内蕴"说"历史事件的经验和教训,达到以史证《易》、解《易》的目的。这种解《易》方法,是吕柟对南宋李光、杨万里派以史证《易》方法的继承和发展。

在《周易说翼》中以历史事件说"变化之道"的有:《坤》卦,"程子曰:臣居尊位,羿莽是也,犹可言也;妇居尊位,女娲氏、武氏是也。"阐述"非常之变,不可言也。故有黄裳之戒而不尽言者,其意深哉!"《革》卦以"当观斯变于唐尧孔子"解释"文炳"昭彰。

吕柟还多次用历史上君臣事例解释国家政权盛衰更替的道理,警示后人从历史事件中吸取教训,防止重蹈覆辙。如《恒》卦"故夏之忠不可以治商朝之民,商之质不可以治周之民,循是损益,皆不得已而然也。……古之忠臣节士不事二君者,可谓妇人贞吉矣。从妇凶者何?曰:唐玄宗之

---

① (明)吕柟撰:《泾野子内篇》,赵瑞民点校,中华书局1992年版,第131页。

于李林甫，宋神宗之于王安石，可谓夫子之凶矣。曰：太甲成王之于伊尹，周公何以不凶？曰：是从其贤也，非从其妇也。从其贤犹从一而终也"。《明夷》卦"羑里之囚，伤其明也。……文王箕子，有安勉之异。……叔孙豹初生，其父得臣，……穆叔见之不早可也"。《家人》卦"有禹文则有涂山太姒，有桀纣则有妹喜妲己。……虽富如李氏，谋如安石，皆非顺也"。《解》卦"其周成王之诛奄，汉高帝之伐陈，希乎？"《坤》卦"此刘昫所谓频复不已，至于迷复，春秋昼翠，帅师会伐，郑庆父伐余丘之意也"。《师》卦"丈人积德厚而能服众，长子历事熟而能用众也。赵去廉颇用赵括，是以败绩于长平"。《复》卦"夕桀纣而朝尧舜美，足以盖其愆也。……昔郑游吉聘楚而归，谓公孙舍之曰：楚子将亡矣。不修其政，德而贪昧干诸侯以逞其愿"。《丰》卦"故窥户而无人，盖文外饰内者也。昔王子伯廖言郑公子，曼满无德而贪，卿以当此爻而曼满，卒被杀。然犹不如商辛，王安石之似此也"。《睽》卦"颖考叔则为之履蛹之价，非君子所宜识也。宴平仲则言之崇孝而省刑，义何失道之有乎？"《蛊》卦"子干母蛊，其因时制宜而巽以行，权乎？左师触龙为似之若肆，刚直于暗，祗见其尤耳，恶能有济哉"。《咸》卦"卫鞅以景监车裂，孔光以董贤招尤"。《困》卦"昔者崔杼取棠公之妻，筮得此爻，而陈子独曰：不可。后棠姜通于庄公杼，因弑君而自戮"。《豫》卦"口体肥而中心乱者，死症也。体弱而中心存者，虽有疾，恒不死矣。滋之以正疾且瘳焉，又何外寇之惧侵。程子曰：柔弱不能自立之君，受制于专权之臣，六居尊位，权虽失而位未亡，言贞而有疾，常疾而不死，如汉魏末世之君也。……上六无实承虚筐者何？曰：以阴之极，处嫁之终，有何实心之有？所承者非虚筐而何？岂不败乃国事哉！苏秦张仪是也，然亦由士刲羊无血耳，可不严乎？昔晋献公嫁伯姬于秦筮得此爻"。这些历史事件都是真实发生的活生生的故事，对直接解释《易》理的更替兴衰之道具有真实性和典型性，对警醒后人更具有说服力和信服力。

吕柟还喜欢以历史上的"贤人仁义"故事阐释《周易》中的君子之道，更进一步说明了"易为君子谋，不为小人谋"的思想。如《泰》卦"冯河而朋亡者，义之决也。仁且义，中行之道也。非其心之光明广大，能如是乎？然必先仁而后义"。《鼎》"其君子之仁义礼智，根于心，其生色也。……故执中之尧而得玄德之舜，温恭之舜而遇执法之皋陶，宜四方之风动也"。《归妹》"故仲尼或许叔山无趾以德充也，征吉者何？曰：班婕好为近之。……故未变者，犹以恒也，柳下惠、宁武子为近之丘，可曰跛能履则无潜上之疑而嫡妾之分明，眇能视则无反目之嫌而夫妇之伦正"。《小过》"君子有不言之言，言之反以取尤也，有不行之行，行之反以速悔也。故孝子回辕于毋之里，义士忍渴于贪泉之水，昔王拱辰问见南子于尹子，尹子曰：若炖则不敢见，盖未能磨，不磷涅不缁也，其知勿用，永贞之义乎？孟光之年逾三十，吕望之年逾八十，皆抱道愆期之志者也"。

从上面所列历史事件可看出吕柟以史解《易》思想，体现了他的易学历史观。丰厚的历史学识丰富了他的易学思想。《易》重在变，故他认为国家更替兴衰变化之道重在君主和臣子的良好关系，君主应该亲贤臣，远小人，臣子理当效忠君主。君主应当依靠忠臣良将来辅佐，这样国家才能长治久安。吕柟反对臣子篡位和女人掌权，故他对王莽和武则天登上帝位持批评和反对态度。他称赞周公、伊尹等贤臣，赞扬尧、舜等明君，体现了他易学思想历史观点的政治清明意识。

小　结

从上面的分析来看，《周易说翼》作为一部解《易》阐《易》的易学著作，代表了吕柟的易学成就，其易学思想以儒学为宗，还杂糅了道家思想。他解《易》吸取了程朱思想的某些观点，同时也继承和发展了张载关学重礼教、注重躬行实践的实学思想，对王阳明"心性之学"也有吸取和拓展。他的君臣同心、"以民为天"、"顺民"、"民者天之心"等民本思想，为维护封建统治起到了积极作用。他的学习教育思想和以史解《易》思想对当时空疏学风有所纠正和扭转。在此基础上，吕柟又提出了学天学地学圣人为学之路，要求学者"慎独""静守""静定"等修身之道，体现了他严以律教的治学思想。此外还有他的易学史学思想等，他思想中的真知灼见成为明代关中之学的璀璨光华，吕柟也因此成为明代关学的集大成者。他的学术思想对后来的关中学者影响极大，也为冯从吾、李颙等人所继承和发展。

第三章　王恕及《玩易意见》"阙疑"之学

第一节　刚正清严　治学终老

一　为官清廉，不徇私情

王恕（1416—1508 年），字宗贯，号介，又号石渠。明三原（今陕西咸阳）人。英宗正统十三年（1448 年）进士，选庶吉士①。后为大理寺左评事，迁左寺副，又历任扬州知府、江西布政使、河南巡抚、南京刑部左侍郎、左副都御史、南京兵部尚书兼左副都御史、吏部尚书加太子太保，官至少傅兼太子太傅等。据史书记载，其在官场供职四十余年，经历了四位皇帝，"劳效弥积"，勤恳政事，明宪宗皇帝"恩典宜加"并赐之诰命，

---

① 官名，亦称庶常，名称源自《书经·立政》篇中"庶常吉士"之意。明洪武初年，选进士于六部诸司及翰林院之下观政。翰林院之下者称庶吉士，六部之下者称观政进士。永乐二年（1404 年）始专隶于翰林院，选进士之长于文学及书法者充任，是中国明、清两朝时翰林院内的短期职位。由科举进士中选择有潜质者担任，目的是让他们可以先在翰林院内学习，之后再授各种官职。犹如今天的见习生或研究生。明代英宗以后惯例，科举进士一甲者授予翰林修撰、编修。另外从二甲、三甲中，选择年轻而才华出众者入翰林院任庶吉士，称为"选馆"。清雍正以后，选馆更为严格，由皇帝主持之朝考决定。庶吉士一般为期三年，其间由翰林内经验丰富者为教习，授以各种知识。三年后，在下次会试前进行考核，称"散馆"。成绩优异者留任翰林，授编修或检讨，正式成为翰林，称"留馆"。其他则被派往六部任主事、御史；亦有派到各地方任官。明代的翰林为政府储材之地。英宗后有惯例：非进士不入翰林，非翰林不入内阁。故此庶吉士号称"储相"，能成为庶吉士的都有机会平步青云。清朝时汉人大臣中，亦多出于翰林庶吉士。

"以示褒嘉"。王恕告老还乡的时候，官至吏部尚书加太子太保，是陕西历史上一名官位较高且极有名气的官员。

王恕为官耿直廉洁，不徇私情。每遇到朝廷有不应该办的事，惟王恕敢直言谏诤。《明儒学案》记载：王恕"改南京户部，复改左副都御史，巡抚云南。而中人钱能横甚，使其麾下指挥郭景，私通安南为奸利。先生遣人道执景，景迫投井死。尽发能贪暴诸状，上遂撤能。还，安置南京。进右都御史，召掌留台。迁南京兵部尚书，参赞守备。寻以部衔兼左副都御史，巡抚南畿，兴利除害。三吴自设巡抚以来，独周忱与先生耳。中人王敬，挟其千户王臣，以妖术取中旨，收市图籍珍玩，张皇声势。先生列其罪状，敬下锦衣狱，臣论死"①。他巡抚云南时，弹劾"生事边陲，扰害夷方"的镇守太监钱能，获得同行赞扬；任职南京时期，王恕反对给皇帝贡献珍奇玩物，千方百计维护地方百姓的切身利益，为促进当地经济、社会发展竭尽全力；他执掌吏部期间，极力劝阻皇帝滥施刑罚，并倡导建立健全监察制度和政治制度，竭力使封建法制建设步入正轨化道路。王恕曾经在云南任职九个月，十二次上疏朝廷，要求惩贪治暴，打击邪恶势力，为维护云南老百姓的利益不受侵害尽心尽力。他为了不让安南（今越南）暴徒骚扰侵害云南边境百姓的安定生活，增设官员加强云南边备防护。他清刚正直的作风，赢得了家乡和为官之地百姓的信任和爱戴，王恕威名由此名扬全国。

二　体恤民情，不辞辛劳

王恕为官期间对当地经济发展很重视。他"擢知扬州府"时，当地遭受饥荒请求赈济灾情，他不等上级批示就给灾民发放救济的米粟，使灾民免除了冷冻饥饿之苦。成化七年（1471 年），他被改迁刑部右侍郎职务，负责运河河道工程建设。他带领当地百姓，疏通高邮、邵伯等湖泊，并修筑了雷公、上下句城、陈公四塘水闸，为当地百姓造福。成化初年至成化十一年（1475 年），北京、江浙、山东、陕西、两广、云南等地相继遭水灾或旱灾，民不聊生，王恕向朝廷提出救灾、免税等良策，这些积极建议和良策均被朝廷采纳，使许多老百姓保住了生命。

---

① （清）黄宗羲：《明儒学案·三原学案》，沈芝盈点校，中华书局 1985 年版，第 158—159 页。

秉公办事，提拔后进。孝宗弘治元年（1488 年），朝廷起用王恕为吏部尚书，不久，王恕加官至太子太保。王恕先后向朝廷推荐耿裕、何乔新、倪岳、李敏、张悦、刘大夏等英俊才干，这些人后来都成了朝廷栋梁之才。为了力荐有识之士，王恕和明孝宗曾有一段争执的佳话。据记载当时陕西巡抚人选没有确定，王恕极力推荐河南布政使萧祯任职陕西巡抚一职。孝宗不同意王恕的建议，王恕据理力争，说："陛下不以我无能，命我执掌吏部。倘若我推荐的人不称职，是我的罪。陛下怎知萧祯不能用？定必是左右近臣另有推举，陛下既以为萧祯无才能，那就是我不可用，愿告老还乡。"① 后孝宗听从王恕建议，终于任命萧祯为陕西巡抚一职。时人赞之说："两京十二部，独有一王恕"，称赞在两京（北京、南京）的官员中，唯有王恕敢于仗义直言。

弘治六年，王恕晚年回归三原故里，立德、立功之际致力于理学研究，创立了"三原学派"，成为"三原学派"的带头者和首倡者，培养了诸如马理等一批理学、易学名士；支持幼子王承裕首创宏道书院，为西北各省培养了众多人才。其中"三原学派"中出名的有马理、杨爵、韩邦奇、杨继盛等理学、易学名家。

三 晚年著述，勤学不止

王恕一生著述不辍，他主持并编集《历代名臣谏议录》一百二十四卷。他为经书做传注，凡是有所疑滞不懂者，再三体认推敲，对不能通晓的地方，他就以自己理解的意思推导，于是给此书起名为《石渠意见》。"意见者，乃意度之见耳，未敢自以为是也。"他著作《石渠意见》时八十四岁，八十六岁时著《拾遗》，八十八岁时著《补缺》，他耄耋之年仍然好学不辍，勤苦钻研学问。九十一岁著作《玩易意见》，阐述自己对《周易》的理解。《钦定四库全书总目》中说：

> 恕于弘治壬戌养疴家居，因构一轩名玩易，于程、朱之说有所未惬于心者，札记以成此书。前有自序，作于正德丙寅，时年已九十一矣。其说颇自出新意，然于文义有不可通者，辄疑经文有讹，殊不可

① 陕西省地方志编纂委员会：《陕西地方志·人物志》，陕西人民出版社 2002 年版。

训。凡上经一卷，下经合《系辞》为一卷，而不及其余。盖意有所见乃笔之，故不尽解全经云。①

　　王恕到了耄耋之年仍能好学不辍，他的学术之路，大抵以推究事由为际，为的是获得心灵的安静，他随处可以阐发自己的思想和意见。王恕解《易》是出于"玩"的目的，其解《易》方法和思路比较随意和简略。由于他解《易》时已经九十多岁高龄，没有更充沛的精力投入其中，他解《易》一是对朱熹《周易本义》解释的订正，以此阐发他的易学思想；二是在《周易本义》基础上的进一步推演和发挥，有一定新意在其中，包含其个人的政治思想、修身观念、处世处事之道等。王恕的著述还有《太师王端毅公奏议》十五卷，另外还辑录了《典籍格言》，并汇集资料，聘常州名士朱昱编纂成《三原县志》。王恕政绩卓著，功德圆满，德泽乡邻，高寿无疆，是明代朝廷重臣和陕西著名乡贤。

　　王恕《玩易意见》敢于怀疑经文有伪精神，自陈自己"意见"，推陈出新，对研究《周易》有别出心裁之处。《石渠意见》四卷、《玩易意见》二卷（二书有《惜阴轩丛书》本）等。另外《玩易意见》有明正德刻本，《明史·艺文志》《千顷堂书目》著录其中，上述著作分别藏上海图书馆、山东省图书馆、邵阳市图书馆、湖南省社会科学院图书馆。《续修四库全书》收有据山东图书馆藏明正德元年刻本影印本。

四　《玩易意见》，勾陈出新

　　王恕作为明代关中一个大学问家，一生大部分的时间都在官场作为，他曾经历明朝四位皇帝，官至太子太保，与彭韶、何乔新三人并称为"三大老臣"，劳苦功高，在朝野为官四十多年，公正廉洁，对人才十分爱惜。王恕曾非常器重蔡清。他曾问蔡清："今学者满天下何故异才难得？"蔡清答："是固有由也。上之人所以养之者本末尽其道，下之人又幸际时之升平而售之急耳。……官已到手或无暇于学或自以为无用学矣！其仕而能学者无几耳。又或有过时扦格之患。盖识见既浅，践履必薄，规为必粗，

① 《钦定四库全书总目·卷七》，中华书局1996年版，第78页。

……以此虽有异质亦不能成异才。"① 可见，王恕对人才的渴求也是求"异才"，"异"者奇特之处，不相类似。王恕著述起名《玩易意见》，就阐述了他自己的不同看法和心得，关注点在与他人著作观点的相"异"处，进而形成自己的观点。正如他自己说："意见者，乃意度之见耳，未敢自以为是也。"《玩易意见》表明他解《易》只是出于消遣心理，不是为了学术而学术。一个"玩"字著《易》目的尽在其中。所以他的《玩易意见》篇幅比较短小，除对《周易》文本中卦爻辞提出自己的看法和观点外，同时又对前人注解提出自己的质疑和订正，其中主要是对朱熹《周易本义》和《程氏易传》的解释提出自己看法，然后进行疏解和修正。尽管他作《玩易意见》是出于养病的目的，但也颇"自出新意"，对明代关中易学做出了自己的贡献。

第二节 《玩易意见》对《周易》文本的疏解

王恕对《周易》文本进行了辨析，根据卦名、卦形、卦义、对《彖传》文辞、《象传》文辞以及《系辞传》进行了疏通和阐发，认为有些文辞上下句义不通，意思牵强附会或者句义相反，故他对此进行了订正和说明。

一 《玩易意见》对《周易》卦辞、爻辞的疏解

属于此种情况的可分为以下几点：一是王恕认为爻辞文辞逻辑有误，指出有误之处，加以说明；二是王恕认为爻辞文辞意旨阐述不对，他以自己的心得体会加以阐发，以此表露个人的见解；三是王恕认为爻辞含义模糊不清，他对其某些字句做了进一步的演绎阐发。属于这三种情况的有如下例，特说明之：

（1）《乾》六爻、文言皆是孔子自设为问答之辞，不应称"子曰"。《意见》以为："'子'字乃后人所加，非孔子自述也。"这里王恕对《乾》

---

① （明）蔡清：《与郭文博书》（其九），《蔡文庄公集》卷之一。

卦六爻、文言"子曰"提出质疑，根据他的观点，"子"乃后人臆断所加。

（2）《屯》："元亨，利贞。勿用有攸往。利建侯。"《玩易意见》（以下简称《意见》）以为："屯难之时，岂有元亨之理，既元亨如何？又勿用，有攸往。而'元亨'二字，决是衍文，盖传写之误耳。《彖》又曰：动乎险中，大亨贞。且动乎险中焉，得大亨贞。而大亨贞，亦疑是'利贞'之误耳。"这里王恕对《屯》卦辞和彖辞提出质疑，他认为句义不通。

（3）《屯·六四》："乘马班如，求婚媾。往吉，无不利。"《意见》以为："六四与初九为正应，初九阳也，乘马班如，求婚媾，是初九求六四为婚媾也。往吉，无不利。是六四往从初九，吉，无不利也。如此与《象》曰：求而往，明也之意合。《本义》谓：柔居屯，不能上进，故为乘马班如之象。却与求婚媾之意不贯通。又谓初九守正居下以应于己，故其占为下，求婚媾则吉也。似言六四，求初九为婚媾，与象求而往明也之意，又不合，况女求男，又非婚媾之正也，其说未敢以为然。"这里王恕先列举了自己的观点，然后又以朱熹的观点和自己的观点相对比，这样爻辞和象辞之义就更加清晰。

（4）《大有》卦："大有初九，无交害，匪咎；艰则无咎。"《意见》以为："匪咎，言匪无咎也。盖大有之初，虽无交结之大害，岂无过失之小咎，必坚以处之，则无咎也，为顺。若以为匪咎，坚则无咎，则说不通矣。"[1] 此处王恕对《大有》初九爻辞的"坚则无咎"提出了质疑，认为若有"小咎"，"坚以处之"则"无咎"。若是"匪咎"，"坚则无咎"，"则说不通"。这里王恕见解颇合乎逻辑推理，既然"匪咎"，没有必要再"坚"，那么"坚则无咎"就不符合语言推理的逻辑。

（5）《豫》卦："上六，冥豫成，有渝无咎。"《意见》以为："《本义》谓：以阴柔居豫极，为昏冥于豫之象，以其动体。故又为其事，虽成而能有渝之象则是矣。其言戒占如是，则能补过而无咎，所以广迁善之门也。窃疑事虽成而有渝，变则不能矣。如何？能补过而无咎？所以广迁善之门也，此乃迁就之说，与象曰：何可长也？不相照应矣。以爻言，冥豫成，有渝及象言，何可长也？而并观之，则无咎二字，疑是凶字之误。"王恕这里把《豫》卦"上六"爻辞和《象》辞并在一起考察爻辞和象辞

---

① （明）王恕：《玩易意见》，《续修四库全书·经部·易类》，据山东图书馆藏明正德元年刻本影印，第463页。以下凡注释《玩易意见》皆依据此本。

之义，发现"有渝无咎"乃"迁就之说"，并且"不相照应"，所以他提出"有渝无咎"中"无咎"二字应为"凶"，即上六爻辞为："上六，冥豫成，有渝凶。"如此，则因为"有渝凶"，则"何可长也"？与王恕意思就"相照应"了。

（6）《蹇·六二》："王臣蹇蹇，匪躬之故。"《意见》以为："人臣当国家兼难之时，鞠躬尽瘁以拯救之，知有其君而不知有其身，是匪躬也。"这里王恕就是对《蹇·六二》爻辞的推演阐发，表露自己要为国家尽忠的思想，即当国家处于危难之时，要挺身而出，"鞠躬尽瘁以拯救之"①。

（7）《损·九二》："利贞，征凶；弗损益之。"《意见》以为："九二与六五刚柔相应，征亦不凶，况初至上，诸爻俱无凶，占又弗损益之，亦是吉，占而'征凶'二字疑衍。《象》曰：九二利贞，中以为志也。亦无释征凶之义。亦可以见矣。"② 这里王恕把《损》九二爻辞和《象》传象辞联系起来质疑"征凶"二字，他认为九二六五刚柔阴阳相应，无"凶"可言，因为推出"征凶"二字为"衍"。

（8）《夬·九四》："臀无肤，其行次且。牵羊悔亡，闻言不信。"《意见》以为："'牵羊悔亡'，疑是'牵羊有悔'之误。牵羊者，当其前则不进，岂得悔亡，若纵之使前，则可以行而悔亡矣。推此以牵羊有悔，为庶几且与此且不信，文意相类矣。"③ 此处王恕对九四爻辞提出了质疑，认为爻辞逻辑不通。

（9）《夬·上六》："无号，终有凶。"《意见》以为："上六，无号，正与《象》言'孚号'相照应。《象》因人扬言其罪而孚号，此虽无号，然小人之道已消尽矣。故终有凶也。"④ 此处工恕提出了"无号"和"孚号"相照应关系，进一步阐述"终有凶"的原因是因为"小人之道消尽"。

（10）《鼎·九二》："鼎有实。我仇有疾，不我能即。吉。"《意见》以为："仇，疑与'述'同匹也，九二与初六，一阴一阳，虽相近可以匹而非正应。若苟合之非，吉道也。今初六有颠趾之疾，不能就九二以苟合，是以吉也。恐不必将仇字作'雠'字说，若作'雠'字说，不知九二

---

① （明）王恕：《玩易意见》，第467页，
② 同上。
③ 同上。
④ 同上书，第469页。

与初六有何'雠'也?"① 此处王恕对"仇"和"雠"进行了考辨,他认为相邻两爻一阴一阳应同匹,这样则吉。

(11)《艮》:"艮其背不获其身,行其庭不见其人。无咎。"《意见》以为:"艮,止也。背止之所也。此盖言人心,专在于所止之处而不知身之所在。是不获其身也,行其庭,除有人之处,亦不见其人也。"② 这里王恕对《艮》的卦辞做了进一步的阐发,推演到"言人心,专在于所止之处而不知身之所在"。

(12)《艮·六五》:"艮,其辅,言有序,悔亡。"《意见》以为:"辅,口辅也。悔谓,以六居五,止其辅,则言不妄发,而悔亡矣。"③ 此处王恕对六五爻辞辞义进行了补充和阐发,使意思更加明白。

(13)《讼·六三》:"食旧德。贞厉,终吉。或从王事,无成。《象》曰:食旧德,从上吉也。"《意见》以为:"《象》释爻也。爻曰:或从王事,无成象。曰:从上吉也,不无相反,疑'从上吉也'。恐是'从正吉也'之误。《本义》谓:从上吉,谓随人则吉,明。自主事,则无成功也,似乎乖谬不通。"④ 此处王恕以朱熹的观点为自己的观点做补充,使自己的见解更加有说服力。

(14)《否·六二》:"包承,小人吉,大人否亨。"《意见》以为:"大人否亨,否字,当音缶,不也。六二当否塞之时,上应九五能包容,承顺小人则吉。大人则不亨,如此与不利,君子贞,君子道消之意合。若依《本义》以为:君子守否则亨,则与不利,君子贞。君子道消之意相反,未敢以为然。"⑤ 这里王恕以朱熹的观点和自己的见解做对比,对朱熹的看法不做分析说明,让读者自己判断孰优孰劣。

(15)《大有·初九》:"无交害,匪咎,艰则无咎。"《意见》以为:"匪咎,言匪无咎也。盖大有之初,虽无交结之大害,岂无过失之小咎,必艰以处之,则无咎也为顺,若以为匪咎,艰则无咎,则说不通矣。"⑥ 王恕这里提出质疑,他认为"虽无交结之大害,岂无过失之小咎",否则

① (明)王恕:《玩易意见》,第470页。
② 同上书,第471页。
③ 同上。
④ 同上书,第462页。
⑤ 同上。
⑥ 同上书,第463页。

"若以为匪咎，艰则无咎，则说不通矣"。

（16）《豫·六二》曰："介于石，不终日。贞吉。"《意见》以为："豫之诸爻，皆不得其正而溺于豫。惟六二一爻居中得正而不溺于豫，其节介如石之坚，其处豫卦也，不终日，言不久也，久则反忧，所以不终日，贞吉也。"① 此处王恕对六二爻"居中得中"进行了肯定，并出爻辞推衍到"节气"的贞吉和坚忍。

（17）《随·初九》："官有渝，贞吉。出门交有功。"《意见》以为："官有主守之义。谓初九位震之主也。渝乃变动之义，谓随也。言初九随人而变动，得正则吉也。以阳居阳为得其贞，是以想，吉也。出门交有功，言初九在下，随人而动，为出门而与人交之象。以其得正，故有功也。爻无有所偏主而变其常矣。不可晓，又以不私其随。释：出门交，未敢以为然。"② 这里王恕对初九爻辞做进一步阐发，表明他主守正道则吉的思想。

（18）《离·初九》："履错然，敬之，无咎。"《意见》以为："错然，敬貌。所谓：足蹵如也。敬之如此，所以免其咎也。"③ 这里王恕对初九爻辞做了进一步的解释和补充。

（19）《咸·六二》："咸其腓，凶。居，吉。"《意见》以为："居，不动也。言腓，动则不凶，不动则吉也。"④ 这里王恕对六二爻辞之义做了进一步解释和阐发，使句义更加丰富。

（20）《大壮·九三》："小人用壮，君子用罔。贞厉。羝羊触藩，羸其角。"《意见》以为："小人以勇猛决角力为壮，君子以蔑视礼法为罔。虽正亦危。如羝羊触藩，必伤其角也。此君子非有德之君子也，乃有位无德之君子，实与小人无异也，若有德之君子，必不如此也。"⑤ 这里王恕的解释更加深刻具体，他引入了"有德之君子"与"有位之无德之君子"的区别，使爻辞之义更加具体和明白。

---

① （明）王恕：《玩易意见》，第463页。

② 同上书，第464页。

③ 同上。

④ 同上书，第466页。

⑤ 同上。

二　《玩易意见》对《周易·象传》的疏解

属于此种情况的可分为以下几点：一是王恕认为《象传》爻辞文辞逻辑有误，指出有误之处，加以说明；二是王恕认为《象传》爻辞文辞意旨阐述不对，他以自己的心得体会加以阐发，以此表露个人的见解；三是王恕认为《象传》爻辞文字有脱衍颠倒，导致含义模糊不清，句义不通，他对其中某些字句进行订正，阐发自己的见解。属于这三种情况的有如下例，特说明之下：

（1）《豫·象》曰："刚应而志行，顺以动，豫。"《意见》以为："刚应而志行，疑是柔应而志行之误。盖卦以一阳统五阴，是柔皆应乎刚，而刚之志得以行，是以利建侯，行师也，似乎顺。若以为刚应柔而志行，利以立君用师，此说不通。"① 按照王恕的观点，《豫》 ䷏ 卦，中间只有一阳爻，为刚，而五阴爻为柔，柔皆应乎刚，这样刚志得以行。王恕的观点顺应了中国传统文化中的阳（刚）为主，阴（柔）为辅，柔顺（应）刚的说法，这也和《周易》的阴应阳、柔顺刚的基本精神相一致。

（2）《屯》卦，"元亨利贞，勿用，有攸往，利建侯"。《意见》以为："难之时，岂有元亨之理，既元亨如何？又勿用，有攸往，而元亨二字，决是衍文，盖传写之误耳。《象》又曰：动乎险中，大亨。贞且动乎险中焉。得大亨，贞而大亨。贞，亦疑是利贞之误耳。"② 这里王恕提出了"衍文"的问题，导致出现衍文的现象，乃是"传写之误"。所谓"衍文"，是校勘学术语，即抄写、刊刻古书误增的文字。造成衍文的原因很多，有时因两字形似而形成衍文；有时因涉及上下文造成衍文；有时传写人误把前人在古书上旁记的字当成正文，造成衍文。而此句出现衍文，王恕则认为是"传写之误"。他又对"贞而大亨"字进行了补缺，认为应该是"利贞而大亨"。

（3）《无妄·象》曰："其匪正有眚，不利有攸往；无妄之往，何之矣？天命不祐，行矣哉！"《意见》以为："无妄之往，何之矣？疑是匪正之往，何之矣之误。若是无妄，何往而不可？如何又不利有攸往，其为

---

① （明）王恕：《玩易意见》，第463页。
② 同上书，第461页。

'匪正'之误也，无疑矣。"① 这里王恕认为《无妄·彖》的"无妄之往"有误，当为"匪正之往"，因为不符合"不利有攸往"的逻辑。按王恕的观点应为"匪正之往，何之矣"？

（4）《萃·彖》："观其所聚，而天地万物之情可见矣。"《意见》以为："此上疑脱'天地圣人所聚'之词，且如'观其所感，而天地万物之情可见矣'之上俱有'所感所恒'之词，此上必有'所聚'之词而脱露矣。"② 此处王恕对《萃》卦《彖》传文辞提出质疑，他认为根据句义有"脱"之处。

（5）《渐·彖》曰："止而巽，动而不穷也。"《意见》以为："卦无动义，动不穷也。疑是'进不穷也'之误。"③

（6）《丰·彖》曰："丰，大也。明以动，故丰。"《意见》以为："明以动，是释亨，故丰。疑是'故亨'之误，不然则无释亨之辞。"④

（7）《节·彖》曰："节，'亨'。刚柔分而刚得中。'苦节，不可贞'，其道穷也。说以行险，当位以节，中正以通。"《意见》以为："说以行险，当位以节，中正以通，当在刚柔分而刚得中之下，是释'节亨'之义。'天地节而四时成。'下疑脱'圣人节而天下治'七字，有此七字方与'天地节而四时成'相对，'节以制度，不伤财，不害民'。亦见得是圣人节之事。"⑤ 此处王恕根据彖辞意思，对句子进行了补充，说明了脱误之处和原因，使彖辞意思更加完整。

（8）《小过·彖》曰："小过，小者过而亨也。"《意见》以为："小过，下疑脱'亨'。言小过，亨。小者过而亨也，为是。"⑥ 这里王恕对彖辞进行了阙疑和补脱，使句义更通畅明白。

（9）《坤·彖》曰："东北丧朋，乃终有庆。"《意见》以为："东北阳方，以阴方往阳方，虽丧其阴之朋，然以阴从，阳则能成生育之功，乃终有庆也。《本义》谓：东北虽丧朋，然反之西南，则终有庆矣。不知如何？

---

① （明）王恕：《玩易意见》，第465页。
② 同上书，第469页。
③ 同上书，第471页。
④ 同上。
⑤ 同上书，第472页。
⑥ 同上书，第473页。

反之西南也不可晓。"① 此处王恕阐述自己的观点之后，引入朱熹的观点，使意思更加丰富和明白。

（10）《豫·象》曰："刚应而志行，顺以动，豫。"《意见》以为："刚应而志行，疑是'柔应而志行'之误。盖卦以一阳统五阴，是柔皆应乎刚，而刚之志得以行，是以利建侯，行师也，似乎顺。若以为刚应而志行，利以立君，用师，其说不通矣。"② 此处王恕对象辞提出质疑，因为"一阳统五阴，是柔皆应乎刚"，这样意思才能通。

（11）《无妄·象》曰："其匪正，有眚，不利有攸往。无妄之往，何之矣？天命不祐，行矣哉？"《意见》以为："无妄之往，何之矣。疑是'匪正之往，何之矣？'之误。若是无妄，何往而不可？如何？又不利有攸往，其为'匪正之误'也。无疑矣。"③

（12）《晋》："康侯用锡马蕃庶，昼日三接。《象》曰：晋，进也。明出地上。顺而丽乎大明。柔进而上行，是以"康侯用锡马蕃庶，昼日三接也。"《意见》以为："详其文势，盖言贤者，出而上进于大明之朝，康侯用锡马蕃庶，昼日三接以待贤者，非康侯多受大赐而显被亲礼也。"这里王恕由《象》之辞引申到明王朝的尊贤礼士，以易理明世间万象。

三　《玩易意见》对《周易·象传》的疏解

属于此种情况的可分为以下几点：一是王恕认为《象传》文辞逻辑有误，指出有误之处，加以说明；二是王恕认为《象传》文辞意旨阐述不对，他以自己的心得体会加以阐发，以此表露个人见解。属于这两种情况的有如下九例，特说明之：

（1）《大过》上六："过涉灭顶，凶，无咎。《象》曰：'过涉之凶'，不可咎也。"王恕《意见》以为："既灭顶，凶如何？又无咎，且无咎者，善补过也。若筮得此爻者，不知以凶断之乎？以无咎善补过断之乎？以此推之，'无咎'二字，疑衍。而'不可咎也'之说，亦恐有误而非象传之本意矣。"④

---

① （明）王恕：《玩易意见》，第460页。
② 同上书，第463页。
③ 同上。
④ 同上书，第465页。

（2）《睽·初九·象》曰："见恶人，以辟咎也。或曰避恶如畏蛇蝎。今言见恶人以辟咎也。何与？"《意见》曰："恶人来见就与之相见，则恶人不怨怒，是辟咎也。"① 这里王恕的见解就是"恶人来见就与之相见，则恶人不怨怒"，防止了矛盾的激化，即"辟咎"。而《象传》的意思"避恶人"就是"辟咎"，和王恕的观点比较，显然王恕的看法比较深刻，社会实用性强。

（3）《晋·初六·象》曰："晋如摧如，独行正也；裕无咎，未受命也。"《意见》以为："裕无咎，是言无官守之人，进之以正设，不为人所信，处之裕如，则无咎。若有官守之人，不为上所信任，不得尽其职而处之，裕如，未免邮素餐之耻，宁无咎乎？"② 此处王恕做了进一步的推衍，由"裕无咎"推想到"无官守之人"，由易道而切世事。

（4）《需·象》曰："云上于天，需。君子以饮食宴乐。"《意见》以为："德成业就之君子，不奔竞以求进。但饮食宴乐，俟时而后动耳。无德业之君子，若不务进修，只管醉饱终日，时全将何为也？"③ 此处王恕从"有德之君子"和"无德之君子"两个方面对"君子以饮食宴乐"做了诠释，使意思更加透彻明了。

（5）《泰·象》："以左右民。"《意见》以为："民欲左之则左之，民欲右之则右之，使民宜之，无不得其宜也。"④ 这里对《泰·象》的解释体现了王恕民本民宜顺民的思想。

四 《玩易意见》对《周易·系辞》的疏解

"易简而天下之理得矣。天下之理得而成位乎其中矣。"《本义》之说，"成位"，谓成人之位，其中谓天地之中。不说天下之理如何？得笺注内，亦不见说。《意见》以为："盖言人易则易，知简则易从，则可以来，天下之善而闻见多，而天下万事万物之理，无不得之于心，既得之于心，则可以居上临下而成人君之位于天地之中，于天地参矣。《中庸》所谓：唯天

---

① （明）王恕：《玩易意见》，第 467 页。

② 同上。

③ 同上书，第 461 页。

④ 同上书，第 462 页。

下之至圣，为能聪明睿知，足以有临也，亦此意耳。"① 这里王恕对朱熹解说提出了疑问，他认为朱熹的解说过于简略。然后他对朱熹的观点做了补充。

"天下之动，贞夫一者也。"《本义》谓："天下之动，其变无穷，然顺理则吉，逆理则凶，则其所正而常者，亦一理而已矣。"《意见》以为："不知所谓'一理'者，何所指也？窃谓'贞夫一者'，盖天下之动，不过一贞而已矣。"② 此处王恕对朱熹的"一理"提出了质疑，他说不知朱子的所谓"一理"者，何所指也？说明他对朱熹的解释持有怀疑态度。

"危者，安其位者也；亡者，保其存者也；乱者，有其治者也。"《意见》以为："今之危者，乃昔之以其位为可常安而不虑危，以至于危也。今之亡者，乃昔之以其身为可常存而不虑亡以至于亡也；今之乱者，乃昔之以其世为可常治而不虑乱以至于乱也，是故君子安不忘危，存不忘亡，治不忘乱，是以身安而国家可保也。"《意见》以为："安不忘危，所以常安也；存不忘亡，所以常存也；治不忘乱，所以常治也。"③ 这里王恕对辞义做了更加深入的注释和说明，以古昔对比的手法，使阐述更加透彻和明了。

"德薄而位尊，知小而谋大，力小而任重，鲜不及矣。"《意见》以为："鲜不及矣。说不通或疑是'鲜不败矣'之误。"④ 此句王恕对"鲜不及矣"提出质疑，使句义更加通畅。

"几者动之，微吉之先见者也。"《意见》以为："'吉'字下当有'凶'字，君子见机而作，不俟终日，言君子见吉之几，即趋之；见凶之几，即避之。所以不俟终日而后作，言趋避之速也。"⑤ 此句王恕对"微吉之先见者也"提出质疑，认为此句可能少了"凶"字。

"颜氏之子，其殆庶几乎？有不善未尝不知之，未尝复行也。……《易》曰：'不远复，无祗悔，元吉。'"《本义》谓："殆，危也。庶几近意，言近道也。"《意见》以为："殆，将也。言颜子将近于道，有不善未尝不知，知之未尝复行此。颜子近道之实，事也。《论语》所谓：不贰过，

---

① （明）王恕：《玩易意见》，第473—474页。

② 同上书，第474页。

③ 同上。

④ 同上。

⑤ 同上。

即此事也。复初九，不远复，无祗悔，元吉。惟颜子似之，故夫子即颜子之行以明之也。"① 这里王恕对朱熹论述做了更加深入补充，并且引入了《论语》以证明自己见解的合理性。说明王恕内心深处对颜回追"道"而不怕穷困的精神是赞赏而认同的。

"二与四，同功而异位，其善不同。二多誉，四多惧，近也。"《意见》以为："多誉可以言善，而多惧亦可以言善乎？其善不同，疑是'其义不同'之误，或曰其善不同，固非；而曰其义不同，何所据乎？曰：六爻之义，易以贡，据此而言，其义不同无疑矣。"② 此句王恕对"多善和多惧"提出质疑，"多誉可以言善"，而"多惧亦可言善乎"？认为此句意不通。

"能说诸心，能研诸虑，定天下之吉凶，成天下之亹亹者。"《本义》谓："说诸心者，心与理会，乾之事也；研诸虑者，理因虑审，坤之事也。说诸心，故有以定吉凶，研诸虑，故有以成亹亹。"《意见》以为："恐不必如此分说，盖言人能将乾坤易简之道，说诸心，研诸虑，自能定吉凶，成亹亹者。"③ 这里王恕对"说诸心""研诸虑"有了更加深入的理解。如此，则因为"有渝凶"，则"何可长也"？对朱熹解说做了订正，他不同意朱熹把乾坤两卦分开来说，认为"乾坤易简之道"应合在一起"定吉凶"。

小结：通过上文分析可知，王恕对《周易·系辞》疏解体现了他治学敢于质疑的精神，展示了他学《易》注重易理易学之路，更体现了他学《易》崇尚正道君子风骨。王恕对《周易·象传》的疏解，体现了他深厚的文献学素养，尤其是版本校勘知识。他读《周易》，质疑《周易》经传文本，提出自己的看法和见解，并提出修改"意见"，尽管其"意见"有牵强附会之处，但其质疑精神对学术研究有很大补益，值得后辈学人学习和借鉴。王恕对《周易·象传》的疏解，更体现了《象传》从卦象和爻象推衍人事的象征意义，而王恕更是借此阐明自己君子人格和顺民安民思想。王恕对《周易·系辞》阐解，体现了他的政治思想和哲学思想等。他认为治国当"安不忘危，所以常安也；存不忘亡，所以常存也；治不忘乱，所以常治也"等，展露了他忧国忧民恤民的情怀。虽九十多岁的高

---

① （明）王恕：《玩易意见》，第474页。
② 同上。
③ 同上。

龄，按常理来说是不问世事的时候了，可是他仍然心系社稷安危，其爱国情操实堪后辈效仿学习。

第三节　《玩易意见》对《周易本义》的疏解

朱熹《周易本义》是为《周易》作注，注解文字条理清晰，明白晓畅。朱熹因为"先儒解《易》甚多，不必过分解说"①。"不必过分解说"就隐含了朱熹解《易》的基本方法。朱熹作《周易本义》，是因为他对前代学者阐释《易》的说法不满意，他说"易本为卜筮而作"，"易之作，本只是为卜筮"，"易本卜筮之书"（《朱子语类》卷六十六）。后来学者却又从中推出许多道理来，违背了"易本为卜筮"的本义。他说：

> 如易，某便说道圣人只是为卜筮而作，不解有许多说话。但是此说难向人道，人不肯信。向来诸公力来与某辩，某煞费气力与他分析。而今思之，只好不说。只做放那里，信也得，不信也得，无许多气力分疏。……伏羲当时偶然见得一便是阳，二便是阴，从而画放那里。……伏羲便与他剔开这一个机，然才有个一二，后来便生出许多象数来。……伏羲也自纯朴，也不曾去理会许多事来。自他当时剔开这一个机，后世间生得许多事来，他也自不奈何，他也自不要得恁地。……今人却道圣人言理。而其中因有卜筮之说，他说理后，说从那卜筮上来做什么？若有人来与某辩，某只是不答。②

朱熹不满的是，《易》本为"卜筮"之书却"生出许多象数和义理来"。从汉代以来，无论象数之学还是义理之学，朱熹认为都不是圣人本义，而是后人对经典附会和随己意解说。《周易》被尊称为经典，是圣人所作之书，解经当然要依据圣人本义，阐述圣人思想，否则就误解了圣人之意。朱熹解说《周易》就是本着这种目的，为纠正和改变前人象数和义

---

① 萧汉明：《周易本义导读》，齐鲁出版社2003年版，第60页。
② 《朱子语类》卷六十六，中华书局1986年版，第1623页。

理之说，去探求《周易》本义。朱熹探求《周易》本义的结果，就是认为
"易本卜筮之书"；其次"伏羲易，自作伏羲易看，是时未有一辞也。文王
易，自作文王易；周公易，自作周公易；孔子易，自作孔子易看。必欲牵
合作一意看，不得"①。在此想法基础上，朱熹认为自己对《周易》经传
的阐释才是寻求到了圣人作《易》的本来意义。朱熹这种解《易》思路和
方法对明代易学家产生了很大影响，宋明理学成为中国学术史上一个重要
学术流派。但是明代的一些理学家对朱子学也不是全盘接受，而是批判地
继承，他们在吸收程朱理学的同时，又提出自己观点，如王恕《玩易意
见》就是对程朱理学扬弃基础上形成的。朱熹解释《周易》注重言简意
赅、简单明了。他认为先儒该说的都说了，他就没有必要再做更多解释说
明，目的是要引起人们深思。"熹之《易》简略者，《易》之文义，伊川
诸儒皆已说了，只就语脉中略引过这意思。"② 正因为朱熹对《周易》的
释义只是"语脉中略引"而已，因此王恕对朱熹解释又进行订正和补
充，是完全有必要的。王恕对朱熹《周易本义》疏解主要采取以下几种
方法。

一 《玩易意见》对朱子释《周易》卦爻辞、文言传的疏解

此种情况可分为：一是朱熹认为"未详"的，王恕对其进行了详细阐
述和解说；二是朱熹做了解说，王恕认为朱熹解说不详细或者不准确，他
又进一步做补充说明，使意蕴更加丰富充实。如下：
（1）对《坤·文言》的质疑："文言曰：直其正也，方其义也。君子
敬以直内，义以方外。敬义立而德不孤。直方大，不习无不利，则不疑其
所行也。"《本义》谓："正谓本体，敬则本体之守也。"《意见》以为：
"直其正也，疑是直其敬也之误。正谓本体，敬则本体之守也，之说不无
牵强，直方大，上疑脱'易曰'二字。"③ 这里王恕对"直其正"提出质
疑，怀疑是"直其敬"的误写。又怀疑缺"易曰"二字。可看出，王恕治

---

① 《朱子语类》卷六十六，中华书局 1986 年版，第 1622 页。
② 朱鉴：《朱文公·易说》卷十九，吉林出版社 2005 年版。
③ （明）王恕：《玩易意见》，第 460 页。

学非常严谨细致。

（2）《解·九二》："田猎三狐，得黄矢；贞吉。"《本义》谓："此爻取象之意未详，或曰卦几，四阴除六五，君位余三阴，即三狐之象也，而得黄矢，无训辞。"《意见》以为："初、三、六皆阴而不得正，是为三狐言邪媚也。而六五一爻，以阴居上卦之中，又当君位，是为黄矢黄言，其中矢言其直，九二处下卦之中，与六五阴阳相应，是君臣相遇而能济时之解，是为黄矢之象，是以得正而吉也。"①王恕从九二与六五阴阳相应，阐释"得黄矢，贞吉"之象，而朱熹则认为"此爻取象之意未详"，王恕从九二与六五阴阳相应推演出此爻的深意在于"君臣相遇而能济时之解"。可见王恕的解释比朱熹的解释意蕴更丰富，而朱熹阐发的意旨简单模糊。

（3）《益·九五》："有孚惠心，勿问元吉；有孚惠我德。"《本义》谓"上有信以惠于下，则下亦有信以惠于上矣。不问而元吉可知。"《意见》以为："孚，实也。惠，爱也。上有实爱民之心，不问民知不知，则大善而吉也。则民亦以实心爱上之德矣。此感应自然也。"此处王恕在朱熹解说的基础上引申出了君爱民、民亦爱君的观点，君民感应则大吉。

（4）《萃》："亨。王假有庙。利见大人，亨，利贞。用大牲，吉。利有攸往。"《本义》谓："泽上于地，万物萃聚之象，故为萃。'亨'字衍文。"《意见》以为："萃下亨字，疑不衍。言萃，有可亨之道。《彖》曰：'顺以说，刚中而应。'疑是释亨也。'故聚也。'疑是'故亨也'之误。'利见大人'，下亨字，疑衍。'利见大人，聚以正也'，疑是释'利贞'，非释'亨'也。"②此处王恕提出了和朱熹不同的看法，朱熹认为"亨"字衍文，而王恕却认为不是衍文；并且对朱熹的解释做了进一步的阐发，比朱熹的解说更加丰富充实。

（5）《困·九二》："困于酒食，朱绂方来，利用享祀。征凶。无咎。"《本义》谓："其占利以享祀，若征行，则非其时，故凶而于义，为无咎也。"《意见》以为："既征凶，如何于义为无咎？说不通。疑'无咎'二字当在'征凶'之上，言"利用享祀，无咎"，征行则凶也，为顺。"③此

---

① （明）王恕：《玩易意见》，第467页。
② 同上书，第469页。
③ 同上书，第469—470页。

处王恕不苟同朱熹的观点,他提出"无咎"当在"征凶"之前,这样句义才通顺。

(6)《革》:"巳日乃孚,元亨,利贞。悔亡。"《意见》以为:"巳日,犹言非一日也。言事之当变革,非一日而后变革之,人乃信之。《本义》谓:变革之初,人未之信。故必巳日而后信,若不当变革而变革之,及九三革言三就,有孚之言,则巳日乃孚之义自明。"① 此处王恕先阐明自己的观点,然后以朱熹的观点补充,使句义更加明白清晰。

(7)《革·九三》:"征,凶,贞厉。革言三就,有孚。"《本义》谓:"过刚不中,居离之极,躁动于革者也。故其占,有征凶,贞厉之戒,然其时则当革,故至于革言三就,则亦有孚而可革也。"《意见》以为:"征,凶,贞厉,是不可革,革言三就,有孚,则又是可革,上下不贯通,或疑'征凶'二字衍文。"② 这里王恕对朱熹的解释提出了质疑,王恕认为"上下不贯通",他疑"征凶"二字衍文。

(8)《鼎·六五》:"鼎黄耳、金铉。利贞。"《意见》以为:"六五为鼎之耳,上九为鼎之铉,五居上卦之中,黄中之色也。言黄耳为宜,而'金铉'二字疑衍。《本义》谓:金,坚刚之物,铉,贯耳以举鼎者也。六五虚中以应九二之坚刚,故其象如此。若然则是以九二位金铉,且二位腹,上为铉,今又以二为铉,恐不然。"这里王恕先提出自己的观点,然后再列举朱熹的观点,两个观点互相对照,使句义更加明白。

(9)《震·六二》:"震来厉,亿丧贝,跻于九陵。'勿逐,七日得。'"《本义》谓:"'亿'字未详。"《意见》以为:"'亿',盖众也。言震雷之来,众皆丧其货贝,与不丧匕鬯相反,言有德量,可以为祭主者,不丧匕鬯,众人则丧其货贝也。"③ 这里王恕对朱熹的解释做了更进一步的补充和说明,使句义更加完整和明白。

(10)《渐·六二》:"鸿渐于磐,饮食衎衎。吉。"《本义》谓:"渐远于水,进于干而益安矣。"《意见》以为:"进于干,疑是'进于磐'之误。"④ 这里王恕对朱熹的解释进行了订正,他认为朱熹的"进于干"应该为"进于磐"之误。

① (明)王恕:《玩易意见》,第 470 页。

② 同上。

③ 同上书,第 471 页。

④ 同上。

（11）《兑·九四》："商兑未宁，介疾有喜。"《本义》谓："上承九五之中正，下比六三之柔邪，故不能决而商度所说，未能有定，然质本阳刚，故能介然守正而疾恶柔邪也。如此则有喜矣。"《意见》以为："商度未定，是犹豫未决也，介疾有喜，是决然无疑也，既商度未定，必不能介疾也，盖言若商度所说，则未定，九四以阳刚之德，不待商度而介然自守，疾恶柔邪以从中正，是以有喜也。"① 此处王恕对朱熹的观点做了进一步的阐发说明，使句义更加清楚明白。

（12）《涣·六四》："涣其群，元吉，涣有丘，匪夷所思。"《本义》谓："居阴得正，上承九五，当济涣之任者也。下无应。与为能散其朋党之象，占者如是，则大善而吉，固无可疑，又言能散其小群以成大群，使所散者，聚而若丘，则非常人思虑之所及也。如此说，则是言聚有丘，非涣有丘也，恐非本旨。"《意见》以为："丘，聚也。盖言能散其小群，使不至于滋蔓，固为元吉，能散其所聚大首，使不至于作乱，唯大智者能之，则非常人思虑所及也。"② 这里王恕对朱熹的解释又做阐发，细化到对单字的阐解，在朱熹之说基础上阐发自己的观点，使意思更加明白晓畅。

（13）《节·初九》："不出户庭。"《本义》谓："户外之庭，九二不出门庭。"《本义》又谓："门内之庭。或问户外之庭与门内之庭，何以分别？"《意见》以为："户庭、门庭一也，无所分别，门庭为门内之庭，可说户庭为户外之庭，不可说户外岂有庭乎？"这里王恕对朱熹解释中提出的问题做了解答，使句义更加清晰明了。

（14）《节·上六》："苦节，贞凶，悔亡。"《意见》以为："谓之贞凶者，言虽正亦凶也。既虽正亦凶，如何？又悔亡，'悔亡'二字疑衍。《本义》谓：然礼奢宁俭，故虽有悔而终得亡之也，不无牵强。"③ 此处王恕提出自己的质疑，即"悔亡"二字疑衍。然后以朱熹的解释做补充，认为朱熹的解释有牵强附会之处。

（15）《未济·九四》："贞吉，悔亡。震用伐鬼方，三年，有赏于大国。"《意见》以为："伐鬼方，是高宗时事，既济九三既云'高宗伐鬼

---

① （明）王恕：《玩易意见》，第472页。
② 同上。
③ 同上书，第472—473页。

方'，三年克之，此亦是高宗伐鬼方，方三年有赏于大国，误作'震用伐鬼方'。《本义》虽云：然以不贞之资，欲勉而贞，非极其阳刚用力之久，不能也。故为伐鬼方，三年而受赏之象，然九四以阳居阴，非极其阳刚也，如此说，终是牵强不通。"① 这里王恕先提出自己的质疑，然后又对朱熹的观点提出疑问，同时又以历史事实证明自己的观点正确，提出朱熹的说法"牵强不通"。

（16）《屯·九五》："屯其膏。小贞吉，大贞凶。"《本义》谓："以处小事则守正，犹可获吉；以处大事则虽正，亦不免于凶。"《意见》以为："当屯难之世，纪纲紊乱，名分不正久矣。小改正之，犹可获吉，大改正之，则必激成大变，其凶不可言。"② 这里王恕从吉凶方面对朱熹的观点做了进一步阐发和说明。

（17）《师·六四》："师左次，无咎。"《本义》谓："左次，退舍也。"《意见》以为："左次言不遇敌而归，所以无咎也。若遇敌而退舍，或知敌在前而退舍，岂得无咎。昔李陵答苏武书曰：出征绝域，五将失道，陵独遇战，所谓五将失道者，盖即左次也，所以无咎也。"③ 这里王恕紧承朱熹的言论，对朱熹的解释作更深入的阐发，表露自己的见解，同时引用历史事实加以说明，使句义更加清楚。

（18）《同人·九四》："乘其墉，弗克，攻吉。"《本义》谓："刚不中正，欲同人。六二而为三所隔，故为乘墉以攻之象。"《意见》以为："墉，墙也。乘墙岂能相攻，而乘墉以攻之说未安。盖四在三之上，为乘墉之象，然以刚居柔，不能攻而获吉，似乎明白。"④ 此处朱熹的解说过于简单，王恕对朱熹的解说从爻位刚柔相应的角度做了进一步的阐发和推演，然后又从字义方面予以阐述，使句义更加精确。

（19）《同人·九五》："同人先号咷而后笑，大师克相遇。"《本义》谓："六二柔弱而三四刚强，故必用大师以胜之，然后得相遇也。似乎说六二欲同于九五，而柔弱不能克，必用大师以胜之，而后相遇未安。"《意见》以为："九五欲同于二而为三四所隔，三四虽刚强而不中，九五阳刚

---

① （明）王恕：《玩易意见》，第473页。
② 同上书，第461页。
③ 同上书，第462页。
④ 同上。

中正乃大师之象。故能胜三四而能与六二相遇，故曰：大师克相遇。"① 此处王恕对朱熹的观点进行了补充和完善，同时也提出了自己的观点，使句义更加明白。

（20）《豫·六三》："盱豫，悔，迟，有悔。"《本义》谓："盱，上视也。阴不中正而近于四，四为卦主，故六三上视于四，而下溺于豫，宜有悔也者。"《意见》以为："上视于四与下溺于豫不贯穿。盖盱谓喜好貌，六三以阴居阳，不中不正而好逸。豫则为逸，豫所溺而有悔矣，似乎顺。"② 这里王恕对朱熹的观点提出了质疑，并进而展露了自己的见解。

（21）《豫·上六》："冥豫，成有渝，无咎。"《意见》以为："《本义》谓：以阴柔居豫极为昏冥于豫之象，以其动体，固又为其事虽成而能有渝之象，则是矣。其言戒占者如是，则能补过而无咎。所以广迁善之门也。窃疑事虽成而有渝则不成矣。如何？能补过而无咎，所以广迁善之门耶，此乃迁就之说。豫《象》曰：何可长也？不相照应矣。以爻言，冥豫，成有渝，及象言，何可长也？而并观之，则'无咎'二字，疑'凶'字之误。"③

（22）《噬嗑·六三》："噬腊肉，遇毒。小吝，无咎。"《本义》谓："阴柔不中正，治人而人不服。为噬腊，遇毒之象，占虽小吝，然时当噬嗑，于义为无咎也。"《意见》以为："系辞云：悔吝者，言乎其小疵也。无咎者，善补过也。然噬腊遇毒，非无咎也，既小吝，如何又无咎？而'无咎'二字，疑衍。于义为无咎也之说恐未安。"④

（23）《贲·六四》："贲如皤如。白马翰如。匪寇，婚媾。"《本义》谓："皤，白也。马，人所乘。人白，则马亦白矣。四与初相贲者，乃为九三所隔而不得遂。故皤如而其往求之心，如飞翰之疾也。然九三刚正，非为寇者也，乃求婚媾耳。故其象如此。"《意见》以为："贲，文饰也。初与四为正应而为九三所隔，不得相贲。皤如指四言。白马指初言。盖言虽为三所隔而初来求四之心，如飞翰之疾，非为寇也。乃求为婚媾耳。如此说似为得之。而九三刚正，非为寇者之说，不知以为何如也。"这里王恕对朱熹的观点做了扬弃，进一步展露了自己的见解。

---

① （明）王恕：《玩易意见》，第463页。
② 同上。
③ 同上。
④ 同上书，第464页。

（24）《大畜·六四》："童牛之牿。"《本义》谓："童者，未角之称。牿，施横木于牛角，以防其触。《诗》所谓：辐，衡者也。"《意见》以为："童牛既无角，如何又施横木于牛角以防其触，且今之童牛未见施横木于牛角者，止有用八九寸长，寸半阔二片板，系于颈上，垂于额下，以绳系之而牵者，或以此为牿也。辐横，恐亦只是如此。"① 这里王恕对朱熹的观点做了更深入的补充说明，且引入了数字，使句义更加明白晓畅。

（25）《咸·九三》："咸其股，执其随，往，吝。"《本义》谓："股随足而动，不能自专者也。执者主当持守之意，下二爻皆欲动者，三亦不能自守而随之，往则吝矣。"《意见》以为："三在下卦之上，其象为股。股，大腿也。在足腓之上，当执持之，使之腓，随之而动，是执其随也。若不能执持往，随足腓而动，可羞吝也。"② 这里王恕对朱熹的看法提出了不同意见，然后表明了自己的见解，使句义更加清楚。

二 《玩易意见》对朱子释《周易·彖》的疏解

属于此种情况可分为：一是朱熹认为"未详"的，王恕对其进行了详细阐述和解说；二是朱熹做了解说，王恕认为朱熹的解说不详细或者不完善，他又进一步补充说明，使意蕴更加丰富充实。其中王恕有对朱熹解释的单"词"进行订正、补充的，也有对句子进行推衍阐发和补充的。属于此种情况有以下例子。

（1）《乾》卦彖曰："大哉乾元，万物资始，乃统天。"《本义》谓："彖，即文王所系之辞，卦下元亨利贞是也。"土恕《意见》以为："此彖曰者，是彖传，乃孔子释彖之辞，非彖之本文也。余卦仿此。"③ 这里王恕就对朱熹的解释提出了质疑和订正，朱熹认为"彖"是"文王所系之辞"，而王恕则认为"彖"是"孔子释彖之辞"。孔颖达的《周易正义》认为："夫子所作《彖辞》，统论一卦之义。"由此可见，王恕的解释和孔颖达的解释比较接近，也比较符合孔子作《十翼》的说法。

（2）《同人》卦"九五同人，先号咷而后笑，大师克相遇"。《本义》

---

① （明）王恕：《玩易意见》，第465页。

② 同上书，第466页。

③ 同上书，第460页。

谓:"六二柔弱,而三四刚强,故必用大师以胜之,然后得相遇也。似乎说六二欲同于九五,而柔弱不能克,必用大师以胜之,而后相遇未安。"《意见》以为:"九五欲同于二而为三四所隔,三四虽刚强而不中,九五阳刚中正乃大师之象。故能胜三四而与六二相遇,故曰:大师克相遇。"① 王弼《周易注》:"近隔乎二刚,未获厥志,是以'先号咷'也;居中处尊,战必克胜,故'后笑'也;不能使物自归,而用其强直,故必须'大师克'之,然后'相遇'也。"② 对比朱熹、王恕和王弼的注释,王恕和王弼的理解和解释方法比较接近,二者与朱熹诠释的意思相差较大。王恕认为"九五"与"六二"相遇,虽有"三四所隔"也能呼应,这里"九五"为阳,"六二"为阴,阴阳相遇,故能"克",显然王恕对卦爻的阐释注意了卦爻之间的承乘比应关系。

(3)《讼》"六三,食旧德,贞历,终吉,或从王事,无成。象曰:食旧德,从上吉也"。《意见》以为:"象,释爻也。爻曰:或从王事,无成。象曰:从上吉也,不无相反,疑从上吉也。恐是'从正吉也'之误。《本义》谓:从上吉,谓随人则吉,明自主事,则无成功也,似乎乖谬不通。"③ 这里王恕对朱熹的解释从字义上进行了补充,使句义更加明白。

(4)《震·彖》曰:"震,'亨'。"《本义》谓:"震,有亨,道不待言也。"《意见》以为:"震,亨,下必有释辞,疑脱漏。""不丧匕鬯",《本义》谓:"鬯以秬黍酒和爵金,所以灌地降神者也。"《意见》以为:"不见说鬯,是何器?盖爵盏之类,但不知形制如何耳?"④ 这里王恕觉得朱熹的解释不完善,有脱漏。因而提出了质疑。

(5)《艮·彖》曰:"艮,止也。时止则止,时行则行,动静不失其时,其道光明。"《本义》谓:"行止各有其时,故时止而止,止也。时行而行,亦止也。"《意见》以为:"时之当止则止之,时之当行则行之,是以动静不失其时,其道光明,此非释卦辞。《本义》盖矫专于止而不行之弊,必行止不失其时,然后可耳。《本义》时行亦止之说,未敢以为然,

---

① (明)王恕:《玩易意见》,第463页。
② 转引自黄寿祺、张善文撰《周易译注》,上海古籍出版社2004年版,第118页。
③ (明)王恕:《玩易意见》,第462页。
④ 同上书,第470页。

艮其止，止其所也，以下乃是释卦辞本义。"① 这里王恕对朱熹的解释做了完善和补充，使句义更加精确。

（6）《师·象》曰："师，众也。贞，正也。能以众正，可以王矣。"《本义》谓："以谓能左右之也。一阳在下之中，而五阴皆为所以也。能以众正则王者之师矣。"《意见》以为："以训作用亦通，言能用众而得其正，则为王者师矣。尤明畅。"此处王恕对朱熹的解说给予了补充和完善。

三 《玩易意见》对朱子释《周易·象传》的疏解

属于此种情况的可分为以下儿点：一是土恕认为朱熹阐释《周易·象传》文辞逻辑有误，指出有误之处，加以说明；二是王恕认为《周易·象传》义辞意旨阐述不对，他以自己的心得体会加以阐发的，以此表露个人的见解。属于这两种情况的如下：

（1）《萃·象》曰："泽上于地，萃。君子以除戎器，戒不虞。"《本义》谓："除者修而治之之谓。"《意见》以为："除字恐无修而治之之训释，此说似乎牵强，疑'除'乃'储'字之误。储，聚也。储戎器，谓聚戎器也。似乎文理贯通。"② 此处王恕从文字训诂的角度对"除"字进行训释，认为朱熹的"除者修而治之之谓"有些牵强，文理不通。他提出了自己的观点，认为"除"乃"储"字之误。

（2）《井·象》曰："木上有水，井。君子以劳民劝相。"《本义》谓："劳民者，以君养民；劝相者，使民相养。"《意见》以为："君子非止谓人君，凡有官守者，皆是也。且劳非养也，而劳民者，以君养民之说，恐未安，盖言慰劳其民，使之劝勉相主助以相养也。"③ 此处王恕对朱熹的说法进行了拓展和延伸，认为"君子"不仅仅指"人君"，还指有德之官；更对"劳民劝相"进行了深入阐发，认为"盖言慰劳其民，使之劝勉相主助以相养也"。

（3）《鼎·九四·象》曰："覆公餗，信如何也?"《本义》谓："言，

---

① （明）王恕：《玩易意见》，第 471 页。
② 同上书，第 469 页。
③ 同上书，第 470 页。

失信也。"《意见》以为："卦爻俱无信与不信之说。《传》虽有说，亦未敢以为然，窃疑'信如何也？'恐是'凶如何也之误'。"①

（4）《艮·象》曰："艮其辅，以中正也。"《本义》谓："正字羡文叶韵可见。"《意见》以为："'以中正也'疑是'以正中也之误'。于义为是，于韵亦叶而与上下爻，象辞，止诸躬也，以厚终也，又相称。"②

（5）《需·上六·象》曰："不速之客来，敬之，终吉。虽不当位，未大失也。"《本义》谓："以阴居上，是为当位。言不当位，不详。"《意见》以为："盖言有不速之客来而能敬之，虽不当位亦未为大失。况上六当位，得不终吉乎？是乃发明爻外之义也。"这里，王恕对朱熹的解释做了引申和阐发，对朱熹的"不详"做了进一步阐述。

（6）《晋·初六·象》曰："晋如，摧如，独行正地。裕无咎，未受命也。"《意见》以为："裕无咎，是言无官守之人，进之以正设，不为人所信，处之裕如，则无咎。若有官守之人，不为上所信任，不得尽其职而处之，裕如，未免有素餐之耻，宁无咎乎？"③这里王恕对初六象辞做了更加详细和完善的阐述，并且从"官守"的角度给予了阐发。

（7）《家人·上九·象》曰："威如之吉，反身之谓也。"《本义》谓："非作威也。反身自洁，则人畏服之矣。"《意见》以为："虽非作威而反身自治，亦不可无威严。"④这里王恕对朱熹的观点提出了质疑，然后阐明了自己的看法。

第四节 《玩易意见》对《伊川易传》的疏解

王恕在《玩易意见》中对《伊川易传》进行了疏解，属于此种情况的有：一是赞同伊川之言，先阐明自己的观点，后引入伊川之言对自己的观点加以补充，使自己的观点更加有说服力；二是不赞成伊川观点，然后以自己的观点反驳之。属于这两种情况的分别出现在《周易》卦爻辞、《象

① （明）王恕：《玩易意见》，第470页。
② 同上书，第471页。
③ 同上。
④ 同上书，第467页。

传》、《象传》中。下面分别就《周易》卦爻辞、《彖传》、《象传》条分缕析地加以说明。

一 《玩易意见》对《伊川易传》卦爻辞疏解

《兑》:"兑亨。利贞。"《意见》以为:"'亨'字疑衍。故《彖》曰:兑,说也。刚中而柔外,说以'利贞',而无释'亨'字辞。及观六爻亦缺'亨'。义是以知'亨'字为衍文。《传》义虽鲜'亨'字,实非本旨,且说之为道,有邪有正,故不可言'亨'也。"① 这里王恕陈述自己的见解,然后以朱熹和伊川的观点给自己做佐证,使自己的观点更有说服力和可信性。

二 《玩易意见》对《伊川易传》《象传》疏解

(1)《益·彖》曰:"'利有攸往,中正有庆';利涉大川,木道乃行。"《意见》以为:"巽,虽为木而益之,利岂止于木道之行。几益之道,无不行也。《传》谓:'木'字疑'益'字之误为是。"此处王恕显然赞同伊川观点。

(2)《师·彖》又曰:"刚中而应,行险而顺,以此毒天下,而民从之,'吉'又何'咎'矣。《传》义皆谓:师旅之兴,不无伤财害人,毒害天下。"《意见》以为:"刚中而应,行险而顺,乃王者伐罪救民之师,虽曰:劳民伤财,不为毒害天下,'以此毒天下',恐是'以其毒天下'之误。盖言贼寇毒害天下,故出师以征之而民从之,吉又何咎矣。"② 此处王恕对伊川的解释做了更加精确和详细的补充,并且提出了自己的质疑,使句义更加清晰。

(3)《随·彖》曰:"随,大、亨、贞,无咎。而天下随时。"《传》谓:"天下所随者,时也。故云天下随时。"《本义》谓:"王肃本时作之,今当从之。"《意见》以为:"当从本文《传》为是,或曰:何以言之?曰《大象》言,君子以向晦入宴息。非随时而和?天地盈虚与时消息,皆随

① (明)王恕:《玩易意见》,第472页。
② 同上书,第462页。

时之义也。随时之说，良是随时之义大矣哉，亦当从本文。"①

三 《玩易意见》对《伊川易传》《象传》疏解

（1）《观·六四·象》："观国之光，尚宾也。"《传》谓："尚，谓尚志。其志意，愿慕宾于王朝也。"《意见》以为："尚与上同利，用宾于王者，为国家之上宾，言其职位近君也。"② 此处王恕对伊川解说做了补充和完善，使意思更加明确。

（2）《遯·大象》："君子以远小人，不恶而严。"传谓："君子观其象以避，远乎小人，远小人之道，若以恶声厉色，适足以致其怨忿，唯在乎矜庄威严，使之敬畏，则自然远矣。"《意见》以为："小人近之则不逊，远之则怨。故《易》又曰：见恶人无咎，远小人之道，未来则避之，既来则庄以接之，而彼自敬畏而不怨矣。"③ 这里王恕提出了君子如何应付小人的办法，就是既不能得罪小人，又不能让小人怨恨自己，同时又能和小人保持距离，不与之同流合污。王恕提出自己的观点，即采取中庸的办法，就是"未来则避之，既来则庄以接之，而彼自敬畏而不怨矣"。

第五节 《玩易意见》对《伊川易传》和 《周易本义》共同疏解

王恕在《玩易意见序》中说：

> 夫《易》本四圣之书，义理深奥，未易通晓，自汉魏以来，诸儒训释不易，至宋伊川程先生既为之《传》，晦庵朱先生又为之《本义》，自是以来至于今，以二先生传义为准的师儒之讲学科目之取士，皆不外此而他求，然六十四卦三百八十四爻之辞，二先生固已讲贯训

---

① （明）王恕：《玩易意见》，第464页。

② 同上。

③ 同上书，第466页。

释明白，老夫依文寻义，间有不惬于心者，乃敢以己意言之，言之非敢自以为是，愿于四方学者商榷之，或有可取不为无补，苟或不然，必因此以发高明真知灼见之至论，于久蕴深藏之余，使四圣之道涣然大明于世，以淑世人，亦老夫之志愿也。毋诮曰：二先生传义已明白，何必多言？①

由此可看出，王恕在《玩易意见》中既有对《伊川易传》的疏解，也有对《周易本义》的疏解。属于此种情况的有：一是赞同伊川、朱熹之言，在伊川、朱熹之言后稍补充自己的观点，使意思更加明白晓畅；二是对伊川、朱熹的观点都不赞成，列举二者的观点，然后以自己的观点反驳之；三是赞同伊川、朱熹二者之一观点，在二者言论后加上自己的见解，阐述自己的看法。属于这三种情况的分别出现在《周易》卦爻辞、《彖传》、《象传》中。下面分别就《周易》卦爻辞、《彖传》、《象传》举例加以说明。

一 《玩易意见》对《伊川易传》和《周易本义》卦爻辞同时疏解

（1）《坤·六三》："含章，可贞。或从王事，无成有终。"《传》谓："或从上之事不敢当其成功，唯奉事以守其终耳。"《本义》谓："然居下之上，不终含藏，故或时出而从上之事，则始虽无成而后必有终。"《意见》以为："或出而从上之事始，则内含才美而不露，以为不能成功而后能终。其事者，实本乎才美之在内也。故《象》申之曰：知光大也。"②此处王恕在伊川和朱熹观点的基础上，补充了自己的见解，使句义更加明晰。

（2）《损》："有孚，元吉，无咎，可贞，利有攸往。"《本义》谓："损下益上，损内益外，剥民，奉君之象，所以为损也。"《意见》以为："卦辞无剥民奉君之义。《传》谓：凡损，抑其过以就义埋，皆损之道也，

---

① （明）王恕：《玩易意见》，第459页。
② 同上书，第460页。

为是。"① 此处王恕对朱熹"剥民，奉君之象"提出质疑，认为"卦辞无剥民奉君之义"，比较肯定《传》的"损之道"说法。

（3）《益·六三》："益之用凶事，无咎。"《传》谓："居民上果于为益用之凶事，则无咎。凶事为患难非常之事，三居下之上，在下当承禀于上，安得自任，擅为益乎？唯于患难非常之事，则可量，宜应卒，奋不顾身，力庇其民，故无咎也。"《本义》谓："六三阴柔不中不正，不当得益者也。然当益下之时，居下之上，故有益之以凶事者，盖警戒震动，乃所以益之也。占者如此，然后可以无咎。二说不同而《传》为优。"《意见》以为："方面守令，去朝廷远，遇地方凶，荒废府库之财以拯济下人，是益之。用凶事也，虽不待报而行之，亦无咎也。若非凶事，而擅为则有罪也。"② 此处王恕显然支持伊川的观点，认为伊川的观点优于朱熹的说法。然后又联系实际提出自己的观点，展露自己的政治思想，即"拯济下人，是益之"，"擅为则有罪也"。

（4）《夬》："扬于王庭，孚号有厉；告自邑，不利即戎，利有攸往。"《本义》谓："以五阳去一阴，决之而已。然其决之也，必正名，其罪而尽诚以呼号，其众相与合力，然亦尚有危历，不可安肆，又当先治其私而不可专尚威武，则利有所往也。皆戒之之辞与《传》意同。"《意见》以为："既'扬于王庭'，正名小人之罪，方尽诚以呼号，其众相与合力，恐说不通，且扬于王庭，是扬言小人之罪于朝廷之上，欲其寘之于法也。'孚号有厉'，谓扬言小人之罪虽实，彼亦号呼，不服而言之者，尚威厉不安也。告自邑不利，即戎言之者，当先检自己无过，方可言人不宜，勇猛鲁莽，便去言人，若不顾自己过失，就去言人，人必讦己之过，彼此皆不能逃其罪，故欲言人者，不可不先点检自己也。'告自邑，不利即戎'，所尚乃穷也。《传》谓：当先自治，不宜专尚刚武，即戎则所尚，乃至穷极矣。夬之所尚，谓刚武也。《意见》以为：所尚，盖指扬于王庭之事，至于穷困也。"③ 此处王恕对伊川和朱熹的观点都提出了质疑，认为二人对《夬》爻辞的阐释皆不准确，进而他展露了自己的观点，即"欲言人者，不可不先点检自己也"，如此才能"利有攸往"。

---

① （明）王恕：《玩易意见》，第467页。
② 同上书，第468页。
③ 同上书，第469页。

（5）《萃·九四》："大吉，无咎。"《象》曰："大吉，无咎，位不当也。"《本义》谓："上比九五，下比众阴，得其萃矣。然以阳居阴不正，故戒占者必大吉，然后得无咎也，与《传》意同。"《意见》以为："上九五，君也；下众阴，民也。九四上得乎君，下得乎民，是得所萃之善也。是以大吉，无咎，虽以阳居阴为位不当不害其为大，吉耳。《传》义谓：必大吉，然后得无咎也，不知如何必大吉也，不可晓。"此处王恕对朱熹和伊川的观点都提出了质疑，对伊川"必大吉"以"不可晓"没有加以推演，说明了王恕治学实事求是的态度。

（6）《丰·九三》："丰其沛，日中见沫。折其右肱。吉。"《意见》以为："折其右肱象，既以为终不可用也。虽不言凶，其凶可知如何？得无咎。'无咎'二字疑衍。《传》谓：无所归，咎也。《本义》谓：虽不可用而非咎也，皆说不通。"① 这里王恕先提出自己的观点，然后列举伊川和朱熹的看法，对二人的观点没有评点，但阐述了个人见解。

（7）《涣》："亨，王假有庙。利涉大川。利贞。"《意见》以为："'利贞'二字，疑衍。卦无'利贞'之义。《传》无释'利贞'之辞。是以疑其为衍文。《本义》谓：其曰：利贞，则占者之深戒也。是随文迁就而解，非卦象之本义也。"② 此处王恕以伊川和朱熹的观点证明了自己观点的准确性。

（8）《未济·六三》："未济，征，凶，利涉大川。"《意见》以为："既征凶如何？又利涉大川，或疑'利'字上当有'不'字为是。《传》谓：三以阴柔不中正之才而居险，不足以济。未有可济之道，出险之用而征，所以凶也。此说为是。然未济有可济之道，险终有出险之理，上有阳刚之应，若能涉险而往从之，则济矣。故利涉大川也。与征凶之说相反，此顺文解。《本义》谓：阴柔不中正，居未济之时，以征则凶，亦是。然以柔乘刚，将出乎坎，有利涉之象，亦是顺文而解。二说皆非观象系辞之本旨，未敢以为然。"③ 这里王恕认为"利涉大川"当为"不利涉大川"。然后分别列举了伊川和朱熹的观点，对二人解说的合理之处表示认同，对不合文理之处提出质疑和反对。

---

① （明）王恕：《玩易意见》，第471页。
② 同上书，第472页。
③ 同上书，第473页。

（9）《蒙》："发蒙，利用刑人。用说桎梏，以往，吝。"《意见》以为："利用刑人。而'人'疑衍，刑即书。所谓朴作教刑，《学记》所谓夏楚二物收其威也。只是用刑条之类，责之以警，其怠惰使之从教。《程传》谓：威之以刑者，所以说去其昏蒙之桎梏为是。《本义》谓：发蒙之道，当痛惩而暂舍之，盖以痛惩。释'利用刑人'以暂舍之。释'用说桎梏'如此说，有甚于击蒙，似拷讯罪囚，非发蒙之道也。"① 此处王恕先陈述自己看法和观点，然后以伊川和朱熹的观点做补充，使句义更加完整。

（10）《师·六三》："师或舆尸，凶。"舆尸，《传》谓："众主也"。《本义》谓："师徒挠败，舆尸而归也。"《意见》以为："行师权不归一，而众主之所以凶也，以此言之传为是。"② 这里王恕对伊川和朱熹的观点做了进一步的阐释和补充，也表明了自己的见解。

（11）《观》："盥而不荐，有孚颙若。"《传》谓："颙，瞻望也。"《本义》谓："颙然，尊敬之貌。"《意见》以为："颙，显见貌。颙若者，言其孚，诚在中，似乎显见于外而为人所瞻仰也。"③ 这里王恕吸取了伊川和朱熹的观点，同时又阐明了自己的见解，句义显然更加明了。

（12）《遯·六二》："执之用黄牛之革，莫之胜说。"《传》谓："莫之胜说，谓其交之固，不可胜言也。"《意见》以为："遯以初，二，二阴长而三、四、五、六，四阳遯为义，执之用黄牛之革，言二与五交结之固而不遯也。"《本义》谓："人莫能解，比遯之志也，不可晓。"④ 这里王恕对朱熹的观点进行了阐发和修订，然后又以伊川的观点做补充。

（13）《晋·初六》："晋如，摧如，贞吉。罔孚裕，无咎。"《传》谓："摧如，抑退也。"《本义》谓："以阴居下，应不中正，有欲进见，摧之象。"《意见》以为："《象》曰：晋如，摧如，独行正也。无抑退及见摧之义，'摧如'疑是'催如'之误，盖言初之进也。如人之催促，进之不已。初六与九四，刚柔相应，所以其进如人之催促，而不已

---

① （明）王恕：《玩易意见》，第461页。
② 同上书，第462页。
③ 同上书，第460页。
④ 同上书，第466页。

也。"① 此处王恕在伊川和朱熹的观点之上更进一步做出解释使解说更加符合爻辞之义。

二 《玩易意见》对《伊川易传》和《周易本义》《象传》文辞共同疏解

（1）如《坤·象》曰："牝马地类，行地无疆，柔顺利贞，君子攸行。"《传》谓："柔顺利贞，乃坤之德也。君子之所行也，君子之道合坤德也。"《本义》谓："柔顺利贞，坤之德也，君子攸行人之所行，如坤之德也。"王恕《意见》以为："'牝马地类，行地无疆，柔顺利贞'，当作一节解，是释'利牝马之贞'之义也。君子攸行，先迷失道，后顺得常，当作一节解，是释君子有攸往，先迷后得之义也。"② 王恕的解释比朱熹的解释清晰明白，也比较符合原义。

（2）"损益盈虚，与时偕行。"《传》谓："或损或益或盈或虚，唯随时而已。过者损之，不足者益之，亏者盈之，实者虚之，与时偕行也。"《本义》谓："'时'，谓当损之时。"《意见》以为："《传》发明与时偕行之义，无余韵矣。《本义》止言当损之时，而欠偕行之义。"③ 这里王恕认为《传》"无余韵"，《本义》"欠偕行之义"，可见对二者皆不赞同。

（3）《贲·象》："刚上而文柔。故以'小利有攸往'，刚柔交错，天文也。"《传》谓："阴阳刚柔相交者，天之文也。"《本义》谓："刚柔之交，自然之象。故曰：天文。先儒说：天文上当有刚柔交错四字，理或然也。《意见》以为：以观乎天文，以察时变，言之日月星辰乃天文也。或曰何以言之？曰：尧典。曰：日中星鸟以殷；仲春日，永星火以殷；仲夏，宵中星虚以殷；仲秋日，端星昴以殷；仲冬，此观乎天文，以察时变之可征也。若刚柔交错，无形迹可见，何以观之以察时变也。"④ 此处王恕

① （明）王恕：《玩易意见》，第467页。
② 同上书，第460页。
③ 同上书，第467页。
④ 同上书，第465页。

从一年星相交替变化的角度对"天文"含义做了进一步的阐释，补充了朱熹解说不足之处。

三 《玩易意见》对《伊川易传》和《周易本义》《象传》文辞共同疏解

（1）《未济》九二："曳其轮，贞吉。《象》曰：九二贞吉，中以行正也。"《意见》以为："当未济之时，九二以刚中之才应六五，柔中之主，刚柔相应，此得志行道之时而无'曳轮'，不进之象。故占曰：贞吉。而《象》复申之曰：中以行正也。而'曳其轮'三字疑衍。《传》谓：'曳其轮'，则得正而吉。《本义》谓：以九二应六五，而居柔得中，为能自止而不进，皆与中以行正也之说不合，未敢以为然。"① 这里王恕先提出自己的质疑，然后再阐述伊川和朱熹的观点，使三者的说明互相对照，互相佐证，使句义更加明白清楚。

（2）《临·九二·象》曰："咸临，吉，无不利，未顺命也。""《传》引《孟子》《史记》之言，解未字，牵强不通。《本义》谓：'未详。'"《意见》以为："'未'字疑是大字之误。盖言吉，无不利，大顺命也。《易》中言大字者多，如大得民也，大有庆也，大有功也之类皆是。"这里王恕对伊川和朱熹的观点做出了补充解释。同时又对象辞提出了质疑，他认为"未"字疑是大字之误，原因是《易》言"大"字者多。

从以上分析可看出，王恕对《周易本义》和《伊川易传》是抱着质疑的态度阅读和学习的，一方面他很欣赏程颐和朱熹的治学精神和态度，认同他们的某些观点；但又不盲从，而是怀着批判的态度吸收，以扬弃的态度阐发自己的观点和心得体会，这种治学精神值得后人效仿和借鉴。

第六节 《玩易意见》的顺民思想

王恕《玩易意见》阐述自己易学思想比较曲折隐晦，需要读者细细揣

---

① （明）王恕：《玩易意见》，第473页。

摩才能把握他的思想，不像吕柟、马理、杨爵四人通过《周易》经传直接表达了自己易学的思想。王恕通过对《周易》经传、《周易本义》《伊川易传》等文字的疏解，在阙疑、阐发、补充中间接地表达了自己的观点，他的《玩易意见》既有校勘学、训诂学知识，同时也隐含了其易学思想等。本书试从下文浅显分析王恕的易学思想。

一　政治思想

王恕作《玩易意见》时已经九十多岁的高龄了，他阅尽了人间百态，也经历了官场的风风雨雨，可以说他的政治思想已经炉火纯青，也算是阅尽人间沧桑，坚守正道昂真淳的悠闲阶段，因而他的政治思想相对比较成熟和老辣。如他对《蹇·六二》"王臣蹇蹇，匪躬之故"的爻辞发表他的看法，就阐明了自己作为国家臣子如何忠君的思想：

> 人臣当国家蹇难之时，鞠躬尽瘁以拯救之，知有其君而不知有其身，是匪躬也。①

从这里可看出王恕是正直忠贞的国家栋梁之才。"当国家蹇难之时，鞠躬尽瘁以拯救之"的忠君报国思想，对当时腐朽昏庸的明王朝来说不啻黑暗中光明之光。王恕还认为为官之人应当体恤民情，应该以民为本。他认为对待人民应该顺应人民心愿行事，而不是强民所难。

> 民欲左之则左之，民欲右之则右之，使民宜之，无不得其宜也。②

他说人民想往左，你就让他们向左，人民想往右，你就让他们向右边，使人民舒服安逸，天下就安乐和平。这里"左右"并不是指"方向"，而是关中地区的口头方言，代表人民的意向和心愿。王恕说出了为官本质，就是安民心，顺民愿，同时为官者还要讲"官守"。

---

① （明）王恕：《玩易意见》，第467页。
② 同上书，第462页。

　　裕无咎，是言无官守之人，进之以正，设不为人所信，处之裕如，则无咎。若有官守之人，不为上所信任，不得尽其职而处之，裕如，未免有素餐之耻，宁无咎乎？①

　　这里可看出王恕对"官守"的重视和推崇。他认为有"官守"之人，必是有诚信之人，也是"裕如"之人。关于国家安危存亡，王恕论述得非常精到：

　　今之危者，乃昔之以其位为可常安而不虑危，以至于危也。今之亡者，乃昔之以其身为可常存而不虑亡，以至于亡也；今之乱者，乃昔之以其世为可常治而不虑乱，以至于乱也。是故君子安不忘危，存不忘亡，治不忘乱，是以身安而国家可保也。《意见》以为：安不忘危，所以常安也；存不忘亡，所以常存也；治不忘乱，所以常治也。②

　　在王恕看来，今天面临危险的人，是过去不忧虑危险的人；今天逃亡的人，是过去不考虑将来逃亡的人；今天面临动乱的人，是过去不忧虑动乱的人。而"君子"通常能"安不忘危，存不忘亡，治不忘乱"，因而君子是保卫国家平安的栋梁。王恕提出国家"常安""常存""常治"之道，也就是时刻存"安不忘危""存不忘亡""治不忘乱"的警惕之心，如此才能国泰民安。在王恕心里，君臣应该互相信任和爱戴：

　　孚，实也。惠，爱也。上有实爱民之心，不问民知不知，则大善而吉也。则民亦以实心爱上之德矣。此感应自然也。③

　　他认为"皇上"有实爱民之心，民也应有实爱"皇上"之德，如此才是国家和人民的"大善"，也是与天地感应自然之理，也就能达到和谐自然之境。关于如何处理地方危难之时"凶事"，王恕直接表达了自己的观点：

　　———————————

① （明）王恕：《玩易意见》，第 467 页。
② 同上书，第 474 页。
③ 同上书，第 468 页。

> 方面守令，去朝廷远，遇地方凶，荒废府库之财以拯济下人，是
> 益之。用凶事也，虽不待报而行之，亦无咎也。若非凶事，而擅为则
> 有罪也。①

这里体现了王恕在政务上"见机行事"的果断作风，同时也体现了他怜惜爱惜"人民"的民本思想。在他看来，有"凶事"时，散府库钱财"拯济下人"是益事，是积德行善的好事情。在人命关天的紧急时刻，地方官员来不及报上级批准而先救"下人"，这样做是没有过错的。而非"凶事"，而擅自动用府库钱财则是犯罪行为。由此可看出王恕内心深处"以民为天"的思想。如他的"以君养民说"就是民本思想的显著体现。

> 君子非止谓人君，凡有官守者，皆是也，且劳非养也。而劳民者，以君养民之说，恐未安，盖言慰劳其民使之劝勉，相主助以相养也。②

在王恕看来，君子含义很广泛，"人君"可以称呼为君子，"有官守"的人也可以称呼为君子。而君养民，更重要的是用"言慰劳"而达到君民"相养"的目的。

二　道德修养思想

王恕主张读书人应该做有道德之君子，如此才能治国安邦。他对君子做了细致的区分，既体现了他的道德修养观点，又彰显了他的做人准则。如他对《大壮·九三》爻辞表达自己的看法：

> 小人以勇猛决角力为壮，君子以蔑视礼法为罔。虽正亦危。如羝羊触藩，必伤其角也。此君子非有德之君子也，乃有位无德之君子，

---

① （明）王恕：《玩易意见》，第459页。
② 同上书，第470页。

实与小人无异也，若有德之君子，必不如此也。①

这里王恕首先提出了小人和君子的区别："小人以勇猛决角力为壮，君子以蔑视礼法为罔。"接着他又提出了"有德之君子"与"无德之君子"的区别，他认为"无德之君子"与"小人无异"。接着他就"有德之君子"和"无德之君子"的日常表现做了描述：

德成业就之君子，不奔竞以求进。但饮食宴乐，俟时而后动耳。无德业之君子，若不务进修，只管醉饱终日，时至将何为也?②

他认为有"德业"的君子，追求的是进步，对"饮食宴乐"不是热在当下，而是"俟时而后动"；而无"德业"的君子，则不思进取，"只管醉饱终日"，他们只顾当下安乐享受，不管将来有何作为？由此可看出，他提倡做"有德业之君子"，而谴责"无德业之君子"。

关于人之善恶，王恕认为对待恶人不应该害怕和回避，而应该正面与之交锋。如，《睽·初九·象》曰："见恶人，以辟咎也。或曰避恶如畏蛇蝎。今言见恶人以辟咎也。何与？《意见》曰：恶人来见就与之相见，则恶人不怨怒，是辟咎也。"③

从王恕对恶人的态度可看出他认为对待恶人应该不回避，而是与他正面交锋，与他面对面，同时还要做到使小人心里不产生怨怒。

《意见》以为：

小人近之则不逊，远之则怨。故《易》又曰：见恶人无咎，远小人之道，未来则避之，既来则庄以接之，而彼自敬畏而不怨矣。④

王恕对付"小人"有其独有之道：他认为对"小人"太近则"不逊"，远离则招"怨恨"。而最恰当的办法就是"小人"不来见，能避就避；"小人"既然来见，则保持端庄严正的姿态接待，做到不怒而威，使

---

① （明）王恕：《玩易意见》，第466页。
② 同上书，第461页。
③ 同上书，第467页。
④ 同上书，第466页。

恶人见之而心生敬畏之感，同时心里又不产生怨恨和仇视。由此可看出王恕处理人事关系的熟络技巧和善于采用中庸的方法。

小 结

王恕《玩易意见》是明代中期颇有自己鲜明特色的一部易学著作。这个特色就体现在他的"玩易"和"意见"上。"玩"字体现了这部易学著作不是有意而为之，不是为《易》而作易。正如他在《玩易意见序》中所说："玩易意见者，老夫玩易轩中，所得之意见也。弘治壬戌春，老夫偶得寒疾，少愈就于卧内牖间观书，不甚明白，乃于屋前构以小轩，轩成移于其中，取易玩之，虽细字，亦无不见，遂以玩易名其轩，作记以识之。"可见，作者取"玩"字是为了表明自己阐《易》不是出于治学目的，而是于病中排闷解愁。"意见"二字更表明作者"观书"不盲从前人，而是带着自己的见解和看法，对前人的观点提出阙疑，或是提出反驳，或是给予补充，或者加以旁证，表明自己的意见和思想。

《玩易意见》这部著作并不全是通过阐释《周易》经传文辞而建立自己的易学思想体系，而是通过对《周易》经传的某些文辞提出质疑，进而对一些解《易》著作中出现的文辞提出质疑，通过质疑提出自己的观点和看法。首先是作者对《周易》经传文本中某些字词提出质疑，表明自己的观点。其次作者对《伊川易传》和《周易本义》中的某些解释文辞提出自己的看法和观点，通过在质疑程颐和朱熹的观点之时间接连带表述自己的易学思想。

王恕这种玩《易》方法，和同时代易学家蔡清解《易》方法有相似之处。所不同的是蔡清的《易经蒙引》主要是对朱熹《周易本义》阙疑，蔡清通过对朱熹《周易本义》注释，逐字逐句阐发自己的易学思想，比较忠实地继承了朱熹汉宋兼采、训诂传注与义理两者并重的思想。王恕《玩易意见》同时也对程颐《伊川易传》提出阙疑，对程朱理学某些思想提出批评和吸收。

王恕作《玩易意见》时已经九十多岁高龄，仍治学不辍，其精神值得后人学习和效仿。其《玩意意见》着重体现了他对《周易》经传文本、

《周易本义》和《伊川易传》文词和句义的疏解。虽说他没有明确阐述自己的易学思想，但在疏解过程中间接并隐晦地表露了其政治思想和道德修养观。从他表述的观点可看出王恕为官刚正不阿的"官风官守"和"以民为本"思想；也反映了他人生修养的"君子"风范和风骨。

第四章 马理及《周易赞义》
"圣贤"之学

第一节 务学谏诤 穷期一生

一 好学不辍，沉潜圣学

马理（1474—1556 年），字伯循，号溪田，三原人（今陕西三原县）。弘治十年（1497 年）举人，正德年间（1506—1521 年）考取进士。先后任吏部稽勋司主事、员外郎、考功郎中、南京通政司右通政、南京光禄卿等职。1556 年，陕西发生大地震，马理在这次大地震中和妻子一同离世，时年八十二岁。而在这次地震中离世的还有关中另外一位学者韩邦奇。

马理少年时聪明好学，举止文雅。十四岁时他就成为三原很有名的诸生①，二十岁和工端毅② 起步入仕途。《明儒学案》记载：马理"登正德甲戌进士第。时以大学衍义为问，先生对曰：《大学》之书，乃尧、舜、禹、汤、文、武之道也。《传》有'克明峻德，汤之盘铭，尧、舜帅天下以仁'之语，真氏所衍唐、汉、宋之事，非《大学》本旨也。真氏所衍，止于齐家，不知治国平天下皆本于慎独功夫。宋儒所造，大率未精"③。登进士第

---

① 明清时期经考试录取而进入府、州、县各级学校学习的生员。有增生、附生、廪生、例生等，统称诸生。

② 王恕，字宗贯，别号介菴先生，晚年自称石渠老人，谥端毅，明陕西西安府耀州三原县人，是明代中叶著名的有宿德重望的大臣，三原学派的创立者。

③ （清）黄宗羲著：《明儒学案》，沈芝盈点校，中华书局 1985 年版，第 164 页。

后，马理受康僖公①推荐，以进士身份回到三原家乡，在弘道书院开始讲学。他一边讲学一边利用空闲时间博览儒家经典和各类书籍。

马理讲学中注重言行如一，以古代圣贤独尊。马理常常以曾子的"三省"即"为人谋而不忠乎？与朋友交而不信乎？传不习乎？"警醒自己；同时也以颜回"非礼勿视，非礼勿听，非礼勿言，非礼勿动"即"四勿"严格规范自身；他为人处事，进退举止，极力追随古圣先贤道义，对关学宗师张载道德风范极力推崇并学习和实践，当时深受名士康僖公器重。《明儒学案》又记载："先生师事王康僖，又得泾野、后渠以为之友，墨守主敬穷理之传。尝谓'见行可之仕，唯孔子可以当之，学圣人者当自量力。'故每出不一二年即归，归必十数年而后起，绰绰然于进退之间。后渠称其'爱道甚于爱官'，真不虚也。"②

由此可知，马理的师承及交友范围。他师事王康僖，即王承裕，和吕泾野、王恕又是好友，而王康僖是王恕最小的儿子，也是王恕七个儿子中最喜欢的孩子。冯从吾编的《关学编》说：

> 王承裕，字天宇，号平川，三原人。父恕，历官太子太保，吏部尚书，赠太师，谥端毅，为国朝名臣第一，道德功业载在国史。成化元年乙酉，先生生于河南宦邸……方儿时，即重厚如老儒，恒端坐不妄言笑。七八岁作屋隙诗曰："风来梁上响，月到枕边明。"又作先师孔子木主，朝夕拜之，春秋丁日，具香果斋而祭。……年十七八，著进修笔录；年十九，应乡试，督学戴公删试其文，奇之。年二十二，举于乡。……癸丑，第进士。会端毅公致仕，先生予告归，乃开门授徒，讲学于释氏之刹。堂至不能容，复讲于宏道书院。……所著有《论语近说》、《论语蒙读》、《谈录漫语》、《星轺集》、《辛巳集》、《考经堂集》、《庚寅集》、《谏垣奏草》、《草堂语录》、《三泉堂漫

---

① 据民国二十四年（1935 年）版《四明月湖陆氏宗谱》：康僖公，名瑜，字廷玉，号省庵。四世祖应吉公次子。生于明永乐己丑年（1409 年）八月卅日丑时，卒于明弘治己酉（1489 年）九月十四日寅时，葬于资寿山。享年八十一岁。宣德七年（1432 年）中举，次年殿试为二甲进士，授刑部主事，遂一直为官至明成化癸巳年（1473 年）致仕，历时四十二年。康僖公主要官职：刑部山西清吏司主事、刑部广西清吏司员外郎、刑部贵州清吏司郎中、刑部四川清吏司郎中、山东等处承宣布政司右布政司、左布政司、资政大夫刑部尚书。

② （清）黄宗羲：《明儒学案》，沈芝盈点校，中华书局 1985 年版，第 165 页。

录》、《厚乡录》、《童子吟薰》、《婚礼用中》、《进修笔录》、《动静图说》等书。①

马理师事于王承裕，他继承了老师尊师苦读的良好传统，但并没有墨守成规，而是有所创新。他不但向王恕父子学习，而且和当时关中的名士吕柟成为好友。据《明史》记载：

> 同里尚书王恕家居，讲学著书。理从之游，得其指授。杨一清督学政，见理与吕柟、康海文，大奇之，曰："康生之文章，马生、吕生之经学，皆天下士也。"②

吕柟是明朝中期关中著名理学家，其学术思想尊承程朱学派，同时对关学奠基人张载的思想更是推崇有加，他称赞张载思想是"出于精思力行之后，至论人孝，神化、收教、礼乐，至自孔孟后未有能如是切者也"。吕柟在黄宗羲的《明儒学案》里被归入了河东学案一派，是因为他曾拜渭南薛敬之为师，后又求学于河东薛瑄，《明儒学案》对薛瑄的评价为"先生出处大节，岂后学所敢轻议，而尽美不能尽善，所云连得间矣。成化初，谥文清。隆庆五年，诏从祀孔庙，称先儒薛子"③。在两位严师教导下，吕柟学问名望盛极一时，明人称他为"真醇道学"，普遍认为在"关中继张横渠者，泾野一人，在我朝可继薛文清者亦泾野一人"，冯存吾《关学编》称他是自张载以后"关学"集大成者。据记载，吕柟辞职回乡后，亲自与关中又一位名士康海一道到横渠张子祠拜谒，并题"三秦之光"以示继承。由于有吕柟这样一位学术人品俱佳的好友，马理同时又授业于王恕、王承裕父子，得到高师点化，再加上自身刻苦好学，尤其刻苦研习圣贤之书，在关中声名鹊起。

二 切磋学问，名动京师

与同乡好友切磋学问，言恳意切。马埋和吕柟是好友，一起切磋学

---

① （明）冯从吾撰：《关学编》，陈俊民、徐兴海点校，中华书局1987年版。
② （清）张廷玉等撰：《明史卷二百四十三·列传第一百三十一儒林》，中华书局1974年版。
③ （清）黄宗羲：《明儒学案》，沈芝盈点校，中华书局1985年版，第110页。

问，共同讲学，耳濡目染吕柟道德文章，进益甚多，并且得到吕柟称赞。《明史》记载："康海，字德涵，武功人。弘治十五年殿试第一，授修撰。与梦阳辈相倡和，訾议诸先达，忌者颇众。正德初，刘瑾乱政。以海同乡，慕其才，欲招致之，海不肯往。会梦阳下狱，书片纸招海曰：'对山救我。'对山者，海别号也。海乃谒瑾，瑾大喜，为倒屣迎。海因设诡辞说之，瑾意解，明日释梦阳。逾年，瑾败，海坐党，落职。"① 《陕西省志·人物志上》记载："弘治时，康海同李梦阳、何景明、徐祯卿、边贡、王九思、王廷相结成一个文学集团（世称'前七子'）开展诗文复古运动，提出'文必秦汉，诗必盛唐'的口号，反对长期统治文坛的'台阁体'，为当时的社会改革鸣锣开道。"② 从《明史》的编撰体例看，王恕、王承裕、马理、吕柟四人被归入列传的《儒林传》里，而康海被归入列传的《文苑传》里，由此可看出他们虽都是好友，但所学和研究的方向还是不同，康海以诗文取胜，马理、吕柟却是以经学见长，虽术有专攻，但道是相通的，即遵从《大学》之书的尧、舜、禹、汤、文、武之道。

马理学艺精进，声动京师。据明冯从吾《关学编》记载，当时马理虽然未曾离开过家乡，但他自修自励自醒的治学精神已远传各地，并轰动京师。他曾到京城访友交流，和当时许多很有学问的人一起切磋学问并讲学。和他一起切磋学问的有陈云逵、吕仲木、崔仲凫、何粹夫、罗整庵等人，他们的思想和学术观点有相同之处，因而相互学习，开展研讨，共同提高。马理的思想和学说也日趋成熟，他的名望也声震四野，许多后生好学之士愿意拜其门下，听他讲学。据《陕西省志·人物志上》记载："正德十四年（1519 年），马理和郎中张衍瑞等劝谏武宗南巡，触怒了皇帝，罚他跪在宫门前受杖责并剥夺了他的俸禄。于是马理辞官回乡，藩台为他建嵯峨精舍教授生徒，跟从他学习的人很多。高丽（在今朝鲜半岛）使者慕名而来求教，回国时还抄录了马理的文章；安南（在今越南共和国境）使者来到我国，问主事黄清：'关中马理先生在何处？为何不做官？'可见马理受到国内外人士的敬仰。"③

马理直言诤谏，置生死于度外。他以国家大事为己任，从不顾及个人

---

① （清）张廷玉等撰：《明史卷二百八十六·列传第一百七十四文苑》，中华书局 1974 年版。
② 陕西省地方志编纂委员会编：《陕西省志·人物志上》，陕西人民出版社 2005 年版。
③ 同上。

安危，曾多次直面劝谏武宗、世宗，遭廷杖处罚，并获罪入狱。《明史》记载：

> 嘉靖初，起稽勋员外郎，与郎中余宽等伏阙争大礼。下诏狱，再予杖夺俸。屡迁考功郎中。故户部郎中庄绎者，正德时首导刘瑾核天下库藏。瑾败，落职。至是奏辨求复，当路者属理，理力持不可，寝其事。五年大计外吏，大学士贾咏、吏部尚书廖纪以私憾欲去广东副使魏校、河南副使萧鸣凤、陕西副使唐龙。理力争曰："三人督学政，名著天下，必欲去三人，请先去理。"①

《陕西省志·人物志》记载，那次事件由于马理的无私无畏力争，才平息下来。嘉靖六年（1527年），京官大考核，罢免了张璁、桂萼的同党、吏部郎中彭泽。而张璁、桂萼竟拿了皇帝圣旨留用彭泽。那时，马理已升为南京通政参议，请求皇帝立即免彭泽的职。过了三年，朝廷提升马理为南京光禄卿，但不久他又辞官回乡教学了。从这些记载可看出，马理是一个耿介正直无私的忠义之士，更是一名不畏权势、廉洁奉公的清官。

三　清廉正直，崇尚古礼

马理为官清廉，喜欢古代的礼仪。他经常私下揣摩、体会家乡及古代婚、丧、嫁、娶各种礼仪和习俗。《明史》载：

> 理学行纯笃，居丧取古礼及司马光《书仪》、朱熹《家礼》折衷用之，与吕柟并为关中学者所宗。②

马理注重各种学说融会贯通，博采众长，他吸取了张载、司马光、朱熹等大儒的礼学思想精华，并能结合明朝社会实际融会于当时礼仪之中，在继承中又注重发展，为明朝礼仪制度发展贡献了他的思想和智慧。《关学编》说马理：

---

① （清）张廷玉等撰：《明史卷二百八十二·列传第一百七十儒林》，中华书局1974年版。
② 同上。

先生喜接人，又喜汲引后生，年七十岁，归隐商山书院，名益重，往来学者远近踵集，缙绅过访与海内求诗文者无虚日。……求诗文者，又愿得先生亲书，先生不谈佛老，不观非圣书，初年介而毅，方大以直，至晚年则益恭而和，直谅而有容。①

而《明史》对马理治学和讲学记载相对简单，记述其治学情况："登乡荐，入国学，与枏及林虑马乡，榆次寇天叙，安阳崔铣、张士隆，同县秦伟，日切劘于学，名震都下。"讲学时"教授生徒，从游者众"②。讲学时，马理已经是七十多岁的老人，但是他"亹亹应之不倦，山巾野服，鹤发童颜，飘然望之若仙，人以是益愿侍先生谈"③。

四　勤勉好学，著述传世

马理一生勤勉好学，为官之时更是勤谨有加，著书立说，传授圣贤思想。他的著作很多，有《四书注疏》《周易赞义》《尚书疏义》《诗经删义》《周礼注解》《春秋修义》《陕西通志》《溪田文集》等。其中《陕西通志》是和吕枏合作完成的。马理常说：

"见行可之仕，唯孔子可以当之，学圣人者当自量力。"故每出不一二年即归，归必十数年而后起，绰绰然于进退之间。后渠称其"爱道甚于爱官"，真不虚也。④

黄宗羲言论真正道出了马理立身行臧，他一生学习圣人言论，尊师重教，提拔后学，学道传道，为关中理学发展做出了自己贡献，成为关学支脉"三原学派"的重要人物，"研究五经，指义多出人意表"⑤，他的易学思想是其经学思想的枝脉和精华，更是其经学思想的拓展和延伸，他"进

---

① （明）冯从吾撰：《关学编》卷四，陈俊民、徐兴海点校，中华书局1987年版。
② （清）张廷玉等撰：《明史卷二百八十二·列传第一百七十儒林》，中华书局1974年版。
③ （明）冯从吾撰：《关学编》卷四，陈俊民、徐兴海点校，中华书局1987年版。
④ （清）黄宗羲：《明儒学案》，沈芝盈点校，中华书局1985年版，第165页。
⑤ （明）冯从吾撰：《关学编》卷四，陈俊民、徐兴海点校，中华书局1987年版。

退容止，力追古道"①的思想从其易学著作《周易赞义》就可窥见一斑。

《周易赞义》是马理阐发《周易》义理的易学代表作。目前有两种版本：一种是国家图书馆藏明嘉靖三十五年郑绸刻本《周易赞义》十七卷本；一种是浙江范懋柱家天一阁藏本的《周易赞义》七卷本。

> 其书虽参用郑玄、王弼及程、朱二家之说，然大旨主于义理，多引人事以明之。朱睦㮮《序》称此书发凡举例，阐微摘隐，博求诸儒异同，得十馀万言。原书十有七卷，其门人泾阳庞俊缮录藏于家，河南左参政莆田郑绸为付梓。今本仅存七卷，《系辞上传》以下皆佚。②而朱彝尊《经义考》说："马氏理《周易赞义》十七卷'阙'。"③

《周易赞义》有嘉靖三十五年（1556年）郑绸刻本，存三册，《千顷堂书目》著录，今藏北京图书馆。《续修四库全书》收有据北京图书馆藏明嘉靖三十五年郑绸刻本影印本。

五　《周易赞义》取名由来

马理在《周易赞义序》中说：

> 周易者，以别连山、归藏，夏商之易也。孔子赞易于周，不于他者，以是易变无方而不离于正，虽至凶之时之位有吉道寓焉，洁净精微而不失之贼也。易穷则变，变则通，通则不穷，以是道而行于上，则垂裳而治尧舜之君也。以是道而行于下，则昭明协和尧舜之民也。是故圣人明之则希乎天，君子明之则齐乎圣，小人明之则吉无不利而天佑之矣。是故易之为书有转祸为福之理，有以人胜天之道，非龟卜之书所可班也，故孔子赞之。自孔子赞易而龟卜书废，盖卜之吉凶定

① （明）冯从吾撰：《关学编》卷四，陈俊民、徐兴海点校，中华书局1987年版。
② （清）黄宗羲：《明儒学案》，沈芝盈点校，中华书局1985年版，第165页。
③ （清）朱彝尊：《经义考·卷五十二》，《四部备要经部》，上海中华书局据扬州马氏刻本校刊，第289页。

于天，而易之吉凶系乎人。①

此段话说明了《周易赞义》名称的由来，之所以取名"赞义"，是因为"孔子赞易于周"，又交待了孔子为何要"赞之"，是因为"易之为书有转祸为福之理，有以人胜天之道"。此序言展现了马理易学思想体系是依照孔子言论来解释《周易》微言大义，阐释《周易》"易变无方"，但"不离于正"的易学哲学思想。其中"尧舜之君""尧舜之民""圣人""君子""小人""人胜天之道"则表明了他的易学思想属于宋明五大哲学流派中的义理学派，在天道观基础上（自然观、宇宙观）重点谈人事（政治、伦理生活），体现了马理关于自然、政治、人生哲学等方面相互融合的易学体系。

第二节　《周易赞义》版本文字错讹衍脱阙疑

本书研究的《周易赞义》收在《续修四库全书》卷五，据北京图书馆藏明嘉靖三十五年郑绚刻本影印，原书版框高二二五毫米，宽三二八毫米。郑绚刻本现藏于北京图书馆。故本章所引《周易赞义》页码是以《续修四库全书》的页码为准。本节《续修四库全书·周易赞义》版本文字错讹脱的校勘是和中华书局出版的《宋本周易注疏》②的经传文字对比而言的。同时也参照了黄寿祺、张善文《周易译注》的经传文字，简称黄张《周易译注》本。③

一　相异字

（1）482页《乾·象》曰："……乾道变化，各正性命，保合大和，乃利贞。"这里《宋本周易注疏》写作"大和"，而黄张《周易译注》本

---

① （明）马理：《周易赞义》，《续修四库全书》卷五，据国家图书馆藏明嘉靖三十五年郑绚刻本影印，第477页。下文所引该书皆出自该版本。
② （魏）王弼、（晋）韩康伯注，（唐）孔颖达疏：《宋本周易注疏》，中华书局1988年版。
③ 黄寿祺、张善文撰：《周易译注》，上海古籍出版社2004年版。

写作"太和"。

（2）485页《乾·文言》"……君子学以聚之，问以辨之……"这里《宋本周易注疏》写作"辨"，而黄张《周易译注》本写作"辩"。

（3）489页《坤·文言》"……故其所由者渐矣！由辨之不早辨也"。这里的两个"辨"字都应为"辩"，此句应为"……故其所由者渐矣！由辩之不早辩也"。

（4）496页《需·象九二·象》"……位乎天位，以中正也"。这里"以中正也"，应为"以正中也"。

（5）497页《需·象》"……虽小有言，以吉终也"。这里《宋本周易注疏》写作"以吉终也"，而黄张《周易译注》本写作"以终吉也"。

（6）498页《需·九五·象》"酒食贞吉，以正中也"。这里"以正中也"应为"以中正也"。

（7）499页《讼·初六·象》"……虽小有言，其辨明也"。这里"其辨明也"应为"其辩明也。"

（8）503页《比·初六》"……有孚盈缶，终来有他，吉"。这里"终来有他"的"他"应为"它"。

（9）503页《比·初六·象》"……有他，吉也"。这里"他"应为"它"。

（10）506页《履·象》"……君子以辨上下，定民志"。这里"辨"应为"辩"。

（11）507页《履·六三·象》"……跛能履，不足以有行也"。这里"有"应为"与"。

（12）508页《泰·象》"……后以裁成天地之道……"这里"裁"应为"财"。

（13）515页《大有·九四·象》"……无咎，明辨晢也"。这里"辨晢"写作"辩晢"。

（14）516页《谦·象》"……谦尊而光，卑而不可踰，君子之终也"。这里《宋本周易注疏》写作"踰"字，而黄张《周易译注》本写作"逾"。

（15）519页《随·象》"……随之时义大矣哉！"这里写作"……随时之义大矣哉！"

（16）522页《蛊·九三·象》曰："干父之蛊，终无尤也。"这里

"尤"应为"咎"。

（17）525 页《观·象》曰："风行地上，观；先生以省方，观民设教。"这里"生"应为"王"，即"风行地上，观；先王以省方，观民设教"。

（18）533 页《复·象》曰："……先生以至日闭关，商旅不行，后不省方。"这里"生"应为"王"，即"……先王以至日闭关，商旅不行，后不省方。"

（19）541 页《大过·初六·象》曰："籍在白茅，柔在下也。"这里《宋本周易注疏》写作"在"，而黄张《周易译注》本写作"用"，即"籍用白茅，柔应下也"。

（20）542 页《大过·九三》曰："栋挠，凶。"《大过·九三·象》曰："栋挠之凶，不可以有辅也。"《大过·九四·象》曰："栋隆之吉，不挠乎下也。"这里"挠"应为"桡"，即"栋桡，凶"；"栋桡之凶，不可以有辅也。""栋隆之吉，不桡乎下也。"

（21）558 页《明夷·六二·象》曰："六三之吉，顺以则也。"这里"六三"应为"六二"。

（22）566 页《解·彖》曰："……雷雨作而百果草木皆甲拆，解之时大矣哉！"《宋本周易注疏》这里"拆"应为"坼"。黄张《周易译注》本说："坼"字，阮刻作"圻"，据《校勘记》改（《正义》文同）。

（23）567 页《解·六三·象》曰："……自我致寇，又谁咎也？"这里《宋本周易注疏》"寇"写作"戎"。黄张《周易译注》本说："寇小则为'盗'，大则为'戎'；任使非人，则变'解'而'蹇'，天下起戎矣。"①

（24）580 页《升·九二·象》曰："六二之孚，有喜也。"这里很明显属于刻印错误，"六"应为"九"，《宋本周易注疏》："九二之孚，有喜也。"黄张《周易译注》本也说："九二之孚，有喜也。"

（25）590 页《震·彖》曰："……震惊百里，震远而惧迩也；……"这里《宋本周易注疏》写作"震远而惧迩也"。而黄张《周易译注》本为"惊远而惧迩也"。

（26）593 页《艮·六二》爻"艮其腓，不拯其随，我心不快"。《宋

---

① 黄寿祺、张善文撰：《周易译注》，上海古籍出版社 2004 年版。

本周易注疏》"我心不快"写作"其心不快"。

（27）615 页《中孚·初九》："初儿，虞吉，有他不燕。"这里"他"《宋本周易注疏》和黄张《周易译注》本及诸本皆为"它"。

（28）622 页《未济》卦辞："未济：亨；小孤汔济，濡其尾，无攸利。"这里"小孤汔济"应为"小狐汔济"。《宋本周易注疏》和黄张《周易译注》本为"未济：亨；小狐汔济，濡其尾，无攸利"。

（29）626 页《系辞上》："是以吉凶者，失得之象也。"这里黄张《周易译注》"以"应为"故"。

（30）630 页《系辞上》："子曰：《易》其至已乎！"这里黄张《周易译注》"已"应为"矣"。

（31）638 页"举而措之民谓之事业。"这里黄张《周易译注》本"措"写作"错"。

二　脱字

（1）484 页《乾·文言·九三》："……知至至之，可与几也。"这里"可与几也"缺了"言"字。《宋本周易注疏》写作为"可与言几也"。

（2）486 页《乾·文言》："九三重刚而不中，上不在天，下不在田，乾乾因其时而惕，虽危无咎矣。"这里"乾乾因其时而惕"，少了"故"字，《宋本周易注疏》和黄张《周易译注》本都写作"故乾乾因其时而惕"。

（3）501 页《师·六五》："……长子帅师，弟子舆尸，凶。"这里"凶"前少了"贞"字，《宋本周易注疏》和黄张《周易译注》本都写作"……长子帅师，弟子舆尸，贞凶"。

（4）504 页《小畜·彖》漏掉，没有。《宋本周易注疏》："《彖》曰：'小畜'，柔得位而上下应之，曰小畜。健而巽，刚中而志行，乃亨。'密云不雨'，尚往也；'自我西郊'，施未行也。"

（5）506 页《履》卦辞少了一个"履"字，《宋本周易注疏》和黄张《周易译注》本都写作"履，履虎尾，不咥人，亨"。

（6）509 页《否》卦辞少了一个"否"字，《宋本周易注疏》和黄张《周易译注》本都写作"否，否之匪人，不利，君子贞……"

（7）511 页《同人》卦辞少了一个"同人"，《宋本周易注疏》和黄张《周易译注》本都写作"同人，同人于野，亨……"

（8）512 页《同人·彖》：“……同人于野，亨，利涉大川，乾行也。”“同人于野”之前遗漏了“同人，曰……”，《宋本周易注疏》和黄张《周易译注》本都写作“……同人，曰：'同人于野，亨，利涉大川'，乾行也”。

（9）527 页《噬嗑·彖》曰：“……柔得中而上行，虽不当位，利用狱。”这里“狱”字后遗漏了“也”字，《宋本周易注疏》和黄张《周易译注》本都写作“……柔得中而上行，虽不当位，利用狱也”。

（10）532 页《剥·上九·象》曰：“君子得与民所载也；小人剥庐，终不可。”这里“终不可”后遗漏了“用也”，《宋本周易注疏》和黄张《周易译注》本都写作“君子得与民所载也；小人剥庐，终不可用也”。

（11）556 页《大壮·上六·象》曰：“……艰吉，咎不长也。”这里《宋本周易注疏》和黄张《周易译注》本都写作“艰吉”，应为“艰则吉”。

（12）558 页《明夷·六二》：“明夷，于左股，用拯马壮吉。”这里“于”前少了“夷”字，《宋本周易注疏》和黄张《周易译注》本都写作“明夷，夷于左股，用拯马壮吉”。

（13）570 页《损·六三》：“……一人，则得其友。”这里“人”后少了“行”字，《宋本周易注疏》和黄张《周易译注》本都写作“……一人行，则得其友”。

（14）592 页《艮》卦辞，艮卦画后少“艮”字，《宋本周易注疏》和黄张《周易译注》本都写作“艮，艮其背，不获其身”。

三　衍字

（1）521 页《随·上六》：“上六，拘系之，乃从，而维之；王用亨于西山。”这里《宋本周易注疏》和黄张《周易译注》本都写作“上六，拘系之，乃从，维之；王用亨于西山”。可看出“而”为多余字。

（2）539 页《颐·彖》：“彖曰：颐，贞吉者，养正则吉也。……颐之时义大矣哉！”这里《宋本周易注疏》和黄张《周易译注》本都写作“颐，贞吉，养正则吉也。……颐之时大矣哉！”可看出“者”“义”为多余字。

四　卦图画错

（1）496 页《需》卦画成“坎上泽下”，应为“坎上乾下”。

（2）587页《鼎》卦画成"震上巽下"，应为"火上巽下"。

（3）579页《随》卦画成"震上震下"，应为"泽上震下"。

五　引文阙疑

马理在引用先贤言论阐释《周易》卦爻辞的时候，误用了一些先贤的话或者是把甲先贤的话误认为是乙先贤的话，虽说是一些小错误，但从学术严肃认真细致的角度考察，犹如白玉上有瑕疵，影响他的思想光芒，或者是后人刻书时的错误，特予以订正。如：

（1）596页右下解释《渐》卦六四爻时说：诗曰："温温恭人"句，确切地说此句出自《荀子》，而不是《诗经》。

（2）598页《归妹·象》的解释说：诗曰："天作孽，犹可违；自作孽，不可活。"此处"天作孽，犹可违；自作孽，不可活。"不是来自《诗经》，而是来自《孟子·公孙丑上》里引太甲的话。

（3）609页《兑·九四·象》的解释说："诗曰：'一人有庆，兆民赖之'，是也。"此处，"一人有庆，兆民赖之"，不是出自《诗经》，而是出自《尚书·吕刑》："一人有庆，兆民赖之，其宁惟永。"

（4）488页《坤·六二》解释说："诗曰：左之左之，无不宜之，右之右之，无不有之。"见之《诗·小雅·裳裳者华》，应为："左之左之，君子宜之，右之右之，君子有之。"

（5）574页《夬·象》："诗曰：钟鼓既设，一朝享之是已。"这里《诗经·小雅·南嘉有鱼之什·彤弓》为："钟鼓既设，一朝飨之是也。"

六　小结

从本节可看出，马理之所以为其书取名为《周易赞义》，是因为"易之为书有转祸为福之理，有以人胜天之道"，又是因为"孔子赞易于周"，而马理又把此书作为向他的学生传授圣贤思想的教材，同时又作为立身行事的范本，《赞义》既表明了他学易解易的立场，同时又说明了自己的学术传承和学术体系。由于明嘉靖之时，刻书业不受重视，致使版本错讹衍脱层出，故依据《宋本周易注疏》和《周易译注》本特校对之。

第三节 《周易赞义》解释卦爻方法

《续修四库提要》说《周易赞义》"其书虽参用郑玄、王弼及程、朱二家之说，然大旨主于义理，多引人事以明之"。而《关学编》记载马理平素"不谈佛老，不观非圣书"，马理的日常生活反映了其思想和人格，表现在他的易学思想不谈象数，而着重从哲学角度阐发《周易》六十四卦微言大义，虽参考郑玄、王弼及程、朱的学说，但他排斥佛老之说，故不像王弼援老入易理，将易理玄学化，而是多引圣人之言解释易理，在阐释易理过程中也引入历史事件与六十四卦、三百八十四爻的义理、易理相互佐证，用历史事实阐发各卦、各爻象征韵趣，同时也以卦旨、爻义剖析历史事件必然性、因果性和启示性。易学从王弼开启了以义理阐释卦爻辞先声之后，分为两支：一支以北宋胡瑗、张载、程颐为代表，解易重在"始阐明儒理"；一支以南宋李光、杨万里为代表，解易"又参证史事"，举起了以"史"证"易"的大旗。然而，以史说《易》在卦爻辞里曾出现过，如《既济·九三》"高宗伐鬼方，三年克之"。《泰·六五》："帝乙归妹，以祉元吉。"由此可看出，以史说《易》在《十翼》里就出现了，而南宋时李光、杨万里等援引历代史实解《易》的思路并不是独创，而是对《易传》以史解《易》的深化和拓展。

《周易》作为六经之首，分为经、传两部分，经部分由卦画、卦名、卦辞、卦爻辞组成。相传伏羲画八卦，后周文王推演成六十四卦，写了卦名和卦辞，周公又撰写了爻辞（《周易正义·序》，作于商末周初）；关于传的作者目前学术界多有争论，普遍的看法认为《易传》是孔子所作，因为孔子说："五十以学易，可以无过矣。"司马迁《史记·孔子世家》则说："孔子晚而好《易》，序《彖》《系》《象》《说卦》《文言》。读《易》，韦编三绝。"① 由此可见《易传》乃孔子作于春秋战国时期，现存《易传》被称为"十翼"，有《文言》、《彖传》上下、《象传》上下、《系辞传》上下、《说卦传》、《序卦传》、《杂卦传》七种十篇，好像"经"

---

① 《史记·孔子世家》，岳麓书社2001年版，第325页。

的"羽翼"阐释了"经"的微言大义。① 《四库全书总目提要·经部易类序》说：

> 王弼尽黜象数，说以老庄。一变而胡瑗、程子，始阐明儒理，再变而李光、杨万里，又参证史事，《易》遂日启其论端。此两派六宗，已互相攻驳。又《易》道广大，无所不包，旁及天文、地理、乐律、兵法、韵学、算术以逮方外之炉火，皆可援《易》以为说，而好异者又援以入《易》，故《易》说愈繁。②

王弼以义理解释《易传》范畴、概念，力图摆脱古代占筮迷信和汉代占候之术，对北宋胡瑗、张载、程朱等义理学派产生了重要影响。而马理同时吸收了这两派优点，其解易方法吸取了郑玄、王弼、张载、程朱义理解《易》的儒理思想，即解《易》分别对卦名、卦辞、卦爻阐发其含义，这一解《易》方法在明朝得到了传承和发展。明代关中学派既是对张载、程朱易学的传承和发扬，在此解《易》思路上更有拓展和创新，马理解《易》思路就是明显例证。

一　解说卦名

马理在《周易赞义》中对《乾》《坤》两卦卦名的解释与其他诸卦的解法不同，从奇偶的角度阐述了这两卦的哲学内涵，如解释《乾》说："天之数以六阳而分地之数，以八阴而穷人之数，以三阴二阳而穷阳数奇阴数偶，天道不易明也。伏羲画六奇之卦以明之，则天道著矣。盖奇者阳也，阳者健也，六阳之卦则阳之纯而健之至矣。故以是而明天道，不曰天而曰乾也。"解释《坤》说："坤者，六偶其画之卦也，纯阴之卦也，阴之数终于六，故伏羲俯察地理，画六偶之卦以象之而后名曰坤焉。"

不同于《乾》《坤》两卦，对其他六十二卦卦名的解释方法有四：

1. 以月份释卦名

如《剥》《复》《泰》，解释《剥》卦说："剥者，阴剥阳也。五阴而

---

① 黄寿祺、张善文撰：《周易译注》，上海古籍出版社2004年版，第5页。
② 《钦定四库全书总目》，中华书局1996年版。

剥一阳，九月之卦也。"解释《复》卦说："冬至阳生为复。"《泰》卦：
"泰，正月之卦也，阴阳相半，天气下降而地气上腾，是天地之道通焉，
泰之谓也。"

2. 以卦名本身字义解释卦名

如《随》《蛊》《无妄》《明夷》《解》《姤》《萃》《革》《渐》
《涣》。以马理解释《无妄》卦为例："《无妄》，静而正欲之尽也，动而健
理之行也，刚性而不复为妄，犹女之亡也，故刚来而为主，斯真实无妄，
天之道也。"如《姤》卦："姤，遇也。其文从女从后，后君主也。"

3. 以卦象象征义解释卦名

如《临》《观》《噬嗑》《贲》《剥》《颐》《坎》《咸》《恒》《遁》
《大壮》《晋》《家人》《睽》《蹇》《解》《损》《益》《夬》《升》《困》
《井》《鼎》《震》《艮》《归妹》《丰》《旅》《巽》《兑》《泽》《中孚》
《小过》《既济》《未济》。这里以解释《颐》为例："艮上震下，外实内
虚，有口齿之象，口齿下动而上止，颐亦如之，故取象为颐。"

4. 以八宫方位解释卦名

如《屯》卦："屯，坎宫也。后天之卦，以坎为首，乾坤定位必相交
也。始交而得震，所谓一索得长男也，又一动而遇卦首之坎，是动而难，
生而为屯矣。"

5. 以卦序解释卦名

如《大过》《涣》《解》《渐》。马理解释《大过》卦说："易之道阴
阳变化而已矣。大过，颐之变也。"而《序卦传》曰："……物畜然后可
养，故受之以《颐》；《颐》者养也。不养则不可动，故受之以《大
过》。"[1] 如解释《涣》卦："说而散为涣，涣者散也。"《序卦传》曰：
"说而后散之，故受之以《涣》。"[2]

这五种解《周易》卦名的方法并不是孤立存在，而是互相错杂，有的
卦名的解释就包含有两种或三种方法。如《解》卦，既有以卦象象征义解
释卦名，同时也兼容了以卦名本身字义解释卦名和以卦序解释卦名三种方
法。如马理解释《解》卦："《解》，震上坎下为解，解者散也，释也，天

---

① 黄寿祺、张善文撰：《周易译注》，上海古籍出版社2004年版，第599页。
② 同上书，第600页。

下塞难纠结之时，君子解释而散之。"①又如《渐》，"渐，次也，进也，稍也，谓以此而进，稍稍而前，非遽进也，渐继乎艮，为卦上巽下艮，艮止也，巽入也，既止而复如，是进而不遽，稍稍而前以次而进，徐徐然也"。《渐》卦的解释就含有以卦名本身字义解释卦名，以卦象象征义解释卦名，同时还兼有以卦序解释卦名。

二 解说卦辞

王弼的《周易注》在各卦卦辞之后列《彖传》《象传》，为《彖传》《象传》作注解释卦辞，《彖传》主要是解释卦的大义，《大象》主要是解释各卦的卦象。他的这种解易方法被北宋胡瑗、张载继承下来，程朱学派也基本沿袭这种解易思路，张载以后的关中后学吕大临、马理、吕柟、王恕等基本也因循着这种方法，以《豫》卦为例。《豫》卦卦辞说："豫，利建侯行师。""《彖》曰：豫，刚应而志行，顺以动，豫。豫顺以动，故天地如之而况建侯行师乎？天地以顺动，故日月不过而四时不忒，圣人以顺动，则刑罚清而民服。豫之时义大矣哉！"由引文可看出，《彖》先释卦名，然后再解释此段卦辞。而马理的《周易赞义》基本遵循此方法，先解释卦名，再接着解释卦名之后的文字。如马理的解释说："当纯阴之世，有阳刚之贤位于四而近五，刚应于下而志行于上，此由豫者之豫也。又顺以动则天下之豫也。故卦名曰豫，夫有由之贤，刚应而志行矣。又事以顺动，故天地如之而弗违，况于建侯，行师有不利乎？夫顺动之道大矣。天地以顺动，故日月代明各遵其度而不过，四时错行各循其节而不差，圣人以顺动则彝教兴，刑罚清而万民服矣，皆豫之谓也，豫得时宜则天地圣人同其功，岂曰小补之哉！"这里马理解释说："刚应于下而志行于上，此由豫者之豫也。……圣人以顺动则彝教兴，……豫得时宜则天地圣人同其功，岂曰小补之哉！"马理在《豫·彖传》的基础上提出新见解，而其他则是对《彖传》字义的解释，可见马理解释卦辞始终围绕《彖传》大义，没有背离《彖传》主题思想。其他六十三卦的解释基本如此。

---

① （明）马理：《周易赞义》，第566页。

三　解说爻辞

历代易家都把解说爻辞当作建构自己哲学体系的主要思想内容。陈俊民在《蓝田吕氏遗著辑校》中说："在《横渠易说·乾》中，张载甚而用一段千字以上的长文，来演释爻辞（见《张载集》，中华书局 1978 年第 1 版，第 75—78 页），并且把爻卦之'体用不二'，作为建构自己哲学的方法论原则。"①《系辞下传》说："八卦成列，象在其中矣；因而重之，爻在其中矣；……爻也者，效此者也；象也者，像此者也。爻象动乎内，吉凶见乎外。"②《说卦传》说："参天两地而依数，观变于阴阳而立卦，发挥于刚柔而生爻……"③

上段文字皆说明了爻在卦体的重要性，三变成一爻，十八变成一卦，爻乃卦之体，爻变则卦变，故"爻也者，效天下之动者也"。张载在《乾》中说："易虽以六爻为次序而言，如此则是以典要求也。"④ 马理正是继承了张载的这种思想，他解释爻辞根据爻位、爻德推演卦时、卦德，进而依据爻位之吉凶判定卦之体用。

1. 根据爻位是否当位解释爻辞的吉凶

如《大有·九三》卦："九三，公用享于天子，小人弗克。"马理解释说：

> 九三以阳居阳，乾乾刚正之贤也。足以辅世而长民也矣。然上有九四近君之臣，公孤之属也，公明则群贤，为国而用，献于天子而天下受福，或小人而暗，则弊贤而弗克献矣。盖九阳而四阴，故善恶不定如此。⑤

在六爻中，一、三、五为阳，二、四、六为阴，阳居阳位、阴居阴位为"当位"，阳居阴位、阴居阳位为"不当位"，在《大有·九三》中，

① 陈俊民辑校：《蓝田吕氏遗著辑校》，中华书局 1993 年版。
② 黄寿祺、张善文撰：《周易译注》，上海古籍出版社 2004 年版，第 600 页。
③ 同上书，第 569 页。
④ （宋）张载：《张载集·横渠易说·乾》，章锡琛点校，中华书局 1978 年版，第 76 页。
⑤ （明）马理：《周易赞义》，第 514—515 页。

九三正是阳居阳位，象征事物发展遵循"正道"、符合规律。而《大有·九四》阳却居阴位，居位不当，凶多吉少，但是"自谦自卑，安其分而明其礼，不壮盛而骄者彭矣"。在《大有·六五》中，阴居阳位，不当位，但"当位、不当位亦非诸爻吉凶利弊的绝对标准，在各卦各爻所处的复杂条件、因素的影响下，得正之爻有转向不正的可能"①，不正之爻也有转化成正的可能。故马理解释说："六五柔顺以从天下之欲而所恶勿施，其感之者诚矣。……教而不严未可也，必遏其恶而扬其善，抑强暴而扶寡弱焉。使天下之人皆知上有王法，凛然而不敢犯，则大有斯吉，无他虞矣。"

2. 根据爻位承乘比应关系解释爻辞

张善文著《周易入门》中对比应的解释说，凡六爻之间逐爻相连并列者叫作"比"，即两相比邻的意思。初与二比，二与三比，三与四比，四与五比，五与上比。② 如《随·六二》曰："系小子，失丈夫。"马理认为："六二居中正之德，亦世之贤矣。初九在下，小子也。所居切近阴阳相合而比之，是为私情所牵，系小子矣。"凡六爻之间，处在下卦的三爻与处在上卦的三爻皆两两交感对应，叫作"应"爻，即初爻与四爻交应，二爻与五爻交应，三爻与上爻交应。对应之爻一阴一阳的，可以两相交感，称为"有应"。如《随·初九·象》曰："官有渝，从正吉也，出门交有功，不失也。"马理解释说："初九以阳居阳，正也，所应在四，非阴阳合德又为二三所隔，是职守在于随人，今则变而不随，从正而自立矣。"如果爻位阴阳相应，预示着矛盾对立面存在着和谐统一，则吉。如《复·六四》曰："中行，独复。"马理说："六四以贞顺之德居群阴之中，下应初九，如世皆同流合污，滔滔然矣。而己独中行，特立离群而依仁焉，盖不五之随而求获也，非择善固执能如是耶。"由以上分析可知，马理无论是解说卦名和卦辞、爻辞都没有脱离卦形、卦象随意阐发，而是根据《十翼》体例条分缕析，言简意赅。

---

① 参见张善文《周易入门》，华东师范大学出版社 2004 年版。
② 同上。

第四节　《周易赞义》以儒家经典解说卦爻辞

一　以儒家经典言论解释卦爻辞

马理易学思想融汇关、洛诸学派，重视笃行与身心体验，学风力追古圣先贤之道，以《中庸》为本，进德修业，注重子思、孟子所推崇的内心自我人格修养。马理"主静穷理"之说是对张载、程朱之说的继承和发扬，他对孔孟哲学的感悟丝丝入扣地贯穿在他的《周易赞义》始末。关于如何进德修业？马理说：

> 语君子进德修业而无间断也。进德云何？内主忠信无静而不存其诚也。修业云何？外全忠信无言而不顾其行也。至者至善之道，犹夫射之的也。射之中的，惟在于省括之时，先得其度而已。君子知至善之道而至之，是故可与先事知几而不眩矣。终者至善之获，犹夫射之中也，射之即中，则宜别省其度不固执也。君子知终之道而善终之，是故可与因时制宜而存义矣。是故居上位则德业施于天下而不骄；在下位则德业独善其身而不忧。是故终日乾乾，因其时而惕若，虽危无过咎矣。①

他的意思是说进德修业重在持之以恒，进德就是内主忠信寻求心灵宁静和诚实；修业就是外全忠信不夸夸其谈，言行一致。进德修业的目的就是寻求至真至善之道，"君子知终之道而善终之，是故可与因时制宜而存义矣"。在此马理提出了"知终之道"和"善终之"的命题，也就是提出了穷理的"目标和方法"问题，"知终之道"和"善终之"相辅相成，就好像人的眼睛和脚的关系，眼睛辨明方向，脚是朝方向前行的工具。朱熹说："知行常相须。如目无足不行，足无目不见。论先后，知为先；论轻

---

① （明）马理：《周易赞义》，第484页。

重，行为重。"① 研究马理思想，既要看到他对前人的继承，更要着眼于他的真知灼见，他的"知终"与"善终"犹如"目与足"的关系，目无足则不能行走，足无目则分不清方向，就是他的高见之明。"进德"就是"善终之"，而"修业"就是"知终之道"，"进德"如足，"修业"如目，二者相得益彰，相须不相离。关于如何修德达到圣人的水平？马理说：

> 夫子以为有圣人之德而正得中道者也。盖口无择言，虽常言之必信；身无择行，虽常行之必谨；省察于隐微之际而防其邪私，戒惧于至静之时而存其实理，善施于一世而自不伐其功，德极其广博而人莫测其蕴，所处虽非五位，实人君之德也。②

这里马理强调了圣人修德的标准和方法，就是在言和行上下功夫，言信行谨是修德的两个主要方面，同时也要时刻"省察隐微"达到"存实至静"。马理特别强调"主静"说，他说：

> 君子静以忠信为主，始存诚于内也，是既成乎乾矣。及其动而言也，又必言顾其所行，终立诚于外也，是又成乎乾矣。盖于终日之间，动静无时而诚之存立亦无时焉。至于向晦之夕，或静或动，犹必惕然戒惧，唯恐诚之存立有或间焉。如是则德无不实而明无不照矣。③

因此回归经典，从经典中寻找至圣名言就成为马理在《周易赞义》中解说《周易》的特色。

（1）引用《论语》的有：

《大壮·九三》："《论语》：学而不思则罔。"出自《论语·学而》。

《巽·初六·象九》："求也退，故进之。"出自《论语·先进》。

（2）引用《孟子》的有：

《大畜·卦辞》："孟子曰：学问之道无他，求其放心而已矣。"出自《孟子·告子上》。

---

① 《朱子语类·卷九》，中华书局1986年版，第148页。

② （明）马理：《周易赞义》，第484页。

③ 同上书，第480页。

《大畜·象》："……孟子言：充实之谓美，充实而有光辉之谓大，大而化之之谓圣。"出自《孟子·尽天下》。

《震·六三》："……孟子所谓：动心忍性，增益其所不能。"出自《孟子·告子下》。

（3）引用《诗经》的最多，有二十多处：

《坤·六二》："……诗曰：左之左之，君子宜之，右之右之，君子有之。"出自《诗经·小雅·裳裳者华》。

《蛊·上九》："……考盘在涧，硕人之宽。永矢弗谖。"出自《诗经·卫风·考盘》。

《离·上九·象》："……诗曰：以匡王国。"出自《诗经·小雅·六月》。

《咸·初六》："……诗曰：在我闼兮，履我發兮。"出自《诗经·东方之日》。

《明夷·六二》："……诗曰：戎疾不殄，烈假不瑕。"出自《诗经·大雅·思齐》。

《明夷·六二·象》："……诗曰：岂弟君子，遐不作人。"出自《诗经·大雅·文王之什》。

《家人·九五》："……诗曰：刑于寡妻，至于兄弟，以御家邦。"出自《诗经·大雅·思齐》。

《家人·九五》："……诗曰：其仪不忒，正是四国。"出自《诗经·国风·曹风》。

《益》："……诗曰：济济辟王，左右趣之……淠彼泾舟，烝徒楫之。"出自《诗经·大雅·文王之什·棫朴》。

《益·象》："……诗曰：自东自西，自南自北，无思不服也。"出自《诗经·大雅·文王有声》。

《夬·象》："……诗曰：钟鼓既设，一朝享之是也。"出自《诗经·小雅·南嘉有鱼之什·彤弓》。

《姤·九三·象》："……行道迟迟，中心有违。"出自《诗经·古风》。

《姤·九四·象》："……诗曰：众维鱼矣。"出自《诗经·无羊》。

《震·六二》："……诗曰：以尔车来，以我贿迁。"出自《诗经·氓》。

《渐·象》："……诗曰：无田甫田，维莠骄骄。无思远人，劳心忉忉。无田甫田，维莠桀桀。无思远人，劳心怛怛。婉兮娈兮，总角丱兮。未几见兮，突而弁。"出自《诗经·甫田》。

《渐·六二·象》："……诗曰：彼君子兮，不素飧兮。"出自《诗经·魏风·伐檀》。

《渐·九三·象》："……诗曰：其何能淑？载胥及溺！"出自《诗经·桑柔》。

《归妹·六三》："……诗曰：窈窕淑女，君子好逑。又曰：琴瑟在御，莫不静好。"出自《诗经·关雎》和《诗经·国风·郑风》。

《兑·九二·象》："……诗曰：嘉乐君子，宪宪令德，宜民宜人，受禄于天。"出自《诗·大雅·假乐》。

《节·六三·象》："……诗曰：士也罔极，二三其德。"出自《诗·卫风·氓》。

（4）引《尚书》的有：

《蛊·六五·象》："……亶聪明作元后，元后作民父母。"出自《尚书·周书·泰誓上》。

《明夷·六二》："……书曰：光于四方，显于西土，昏晦之明也，非吉而何？"

《益·九五》："书曰：皇建其有极，用敷锡厥庶民。"出自《尚书·洪范》；

《兑·九四·象》："……一人有庆，兆民赖之。"出自《尚书·吕刑》；

《涣·六四》："……书曰：纣有亿兆夷人。"出自《尚书·泰誓中》；

《涣·九五·象》："……书曰：亶聪明，作元后，元后作民父母。"出自《尚书·泰誓上》；

此外引《公羊传》的有《丰·九三》；引《韵书》的有《丰·九三》；引《中庸》的有《巽·象》等。

从以上引用儒家经典看出，马理继承和发展了张载"以孔孟为法"的解易之道，尤其他以《诗经》解释易理尤为显著，以诗经的"兴、观、群、怨"比对易理，使易理的社会功用价值更加显著。

第五节 《周易赞义》以历史事件阐释卦爻辞

陈俊民在《蓝田吕氏遗著辑校》中说："其实，引史说易，本源于卦爻辞自身"，如《既济·九三》"高宗伐鬼方，三年克之"。《泰·六五》"帝乙归妹，以祉元吉"。马理解《易》思路和吕大临《易章句》解《易》思路基本一致。吕大临是张载和二程的弟子，而吕大临"守横渠学甚固"，同时他与二程洛学学风也是同曲异调，同张载一样重"礼"。马理也是如此，他非常喜欢古代礼仪，细心揣摩体会，并在生活中实践之。因此关学学脉在明代得到复苏、传承和发扬，"三原学派"为之做出了很大的努力和贡献，尤以马理功不可没。马理解释《周易》经传大义没有脱离张载解《易》的路子，和吕大临解《易》思路基本相似，可以说有异曲同工之妙。陈俊民在《蓝田吕氏遗著辑校》中说吕大临明引史事阐述易理不多，且多引周代史事，只在《同人》《大有》《明夷》《升》《渐》《未济》等卦中出现，共计有七处。而马理明引、暗引史事几乎各卦中都有出现，所引史事不只周代史事，几乎涉及明前的各个朝代，尤以周代、汉、三国、唐等朝代为多，其中多以尧舜、周武王等治国思想阐释易理中的君臣相应相谐之道，同时还兼及社会家庭伦理、教育及风俗等。

（1）引用明君贤相史事的有：

《乾·九五》："故为飞龙在天，而普天下之下皆被其膏泽，而变化莫测之象，其人事则为圣人，正南面之位，皇建其极，宜见夫同德，大人授之以政则无为而治，过化存神，亦犹飞龙之在天矣。稽之于故，若舜得五人而天下治，其次成汤之得伊尹，武王之得乱臣十人，皆是象也。"

《乾·文言九四》："周公思兼三王以施四事，其有不合者仰而思之，坐以待旦正或之事也。然尚有居东之危，故大臣以道事君，不可则止，乃若霍光之徒其能免耶。"

《坤·文言》："大禹之不矜伐，周公之不骄吝。"

《蒙·六三》："为人臣仆，则吕布、冯道之徒，于人家社稷，何所利耶。"

《师》卦辞："故武王伐罪，以尚父大老而为将，斯独夫诛而四海清，宣王出师以方叔元老而为将，斯岩犹襄而蛮荆威矣。"

《比·六二》："犹伊尹元圣而三聘，自至孔明卧龙而三顾，自来出处正矣。"

《小畜·初九》："为杨雄所知而辟荐不起，管宁与华歆为友而卒老不仕，故莽操不得而官之正，自立之贤也。"

《小畜·上九·象》："若狄仁杰相周而殁是也。"

《履·九四》："故定齐而求假王之封，追项而愆固陵之期，卒不免于诛戮，出入殿廷，不失尺寸者，卒受托孤之寄焉。"

《同人·九五》："故成汤之于伊尹，三聘之余然后翕一德之会，昭烈之于孔明，三顾之余，然后洽鱼水之欢，其次若苻坚之于王猛，杀诸羌而任之专，亦大师之克也。"

《同人·上九·象》："故四皓商山之时，尚有定储之事，陈抟华山之前，亦有入汴之情。"

《豫·上六》："故太甲有复辟之休，玄宗有幸蜀之祸。"

《随·象》："昔宰予当昼而寝，夫子责之恶，其不当随而随之。桀纣为长夜之饮，汤武伐之，恶其当随而不随也，故尧舜之民日出而作，日入而息。"

《蛊·九二》："鲁庄公汉惠帝唐中宗之俦，不知干蛊者也，秦政则似贞而非贞矣。"

《观·象》："帝舜巡守之事是已，此圣人之观也，亦天也。故民风动而诸侯法下观而化也，后世有封禅以比先王之观，谬矣谬矣。"

《观·象》："若尧之时，舜则见而知之；汤之时，伊尹则见而知之，正此象也。"

《贲·六五》："若汉高之于四皓，光武之于子陵，吉可徵矣。"

《无妄·上九·象》："故汉武帝能致王母之至而不能免江充之灾，唐玄宗能传月宫之乐而不能脱禄山辅国之祸。"

《颐·六三》："故成王遭变而失周公，燕君听谗而远弃乐毅，一变而失机，此贞之所宜居也，可不慎哉！"

《大过·初六》："齐桓公伐楚，云包茅不入，王祭不供，是知楚产之良也。"

《大过·九五》："燕哙得子之欲隆尧舜之德，魏髦得王详而行养老之礼，皆是类也。"

《坎·六四》："汉高有坎坎之险，张良用蹑足附耳以言道而从之易。"

《离·上九》："如武王释箕子之囚，表商容之闾，封比干之墓，大赉善人是已，亦必有为恶之首者，则折而薙之，其余协从之丑，冈治武王之戮，飞廉恶来，伐罪弔民是已，何咎只有？"

《咸·初六》："亦有事势危殆而感以权者，若张良蹑足封齐是也，然亦匪万世人臣之法，故感人之道，以心感心，至诚至正为善。"

《恒·上六》："盖恒常之道，如禹平水土，周公之制礼作乐，皆臣子之分所当为。"

《明夷·象》："昔文王当纣之时，内具文明之德，外尽柔顺之道，率其畔以事殷，以被羑里之大难，文王以之此遭明夷之事也。……昔者箕子居纣之邦，以懿亲之臣难自内作，不可违而去也，则佯狂而被其辱，艰难而正其志，箕子以之，此明夷之道也。"

《明夷·初九》："故太公避纣而入周终显，伍员去楚而入吴终凶。"

《睽·六三》："如苏武在胡，卫律李陵先后说之，是与曳而牛掣也。伏剑而求死，执节而不屈，是天且劓也。卒为汉臣，死且不朽，无初而有终也。"

《睽·九四》："如成汤于囚睽之日，遇元圣于莘野，昭烈于旅睽之时，遇卧龙于南阳，由是有云龙之庆，有鱼水之欢，则危难可涉而冈不济矣。"

《蹇·上六》："若伊尹去桀而归汤，太公避纣而入周，若四皓既隐而复出，其次若马援辞嚣而归汉是已，其下如范增之辅项，蔡邕之依卓，荀彧之佐操，失利见之义，死矣夫。"

《夬·九三》："周凯之于王敦，壮顽之凶也。王导其遇而不愠者与。"

《姤》："若李斯上书而免逐王莽，谦恭以干进，皆不期之姤其后亡，秦篡汉者皆是人也，可不戒哉！"

《姤·九四·象》："故高宗以此遇傅说，文王以此遇太公，皆含章有陨之徵也。"

《升·象》："故舜禹皆涉大位，有德而无时，故孔子方升而陬沮也。"

《革·九三》："如此，又曰：征凶，贞厉，管蔡武庚是也。"

《革·九四·象》："昔伊尹不患乎暴世之难治而自信其有尧舜君民之心，周召不信乎天命之稽若而自信者唯在勉于夹辅之治，皆悔亡有孚者也。"

《革·九五》："故舜未受终而天下咸服，禹自避位而歌讼咸归，未占有孚者之谓也。"

《鼎·六五》："昔尧舜执中允塞又举贤任职以成无为之治，此之谓也。"

《震鼎》："故春秋明与子之法礼著，立子立孙之义，必以嫡长者此也。"

《震·彖》："昔舜之纳于大麓，烈风雷雨弗迷是也，故可以出震继离安百姓矣。"

《渐·九三·象》："亦姬羌之贵也。"

《渐·九五·象》："四皓严陵有伯夷之风，足为百世之仪。"

《归妹·象》："故虞舜刑于二女儿后有风动之治，文王刑于寡妻而后受维新之命。"

《归妹·初九·象》："叔姬之贤，春秋笔之，戴妫任只，诗人赋焉。"

《旅·六二·象》："得童仆之贞所关不亦大耶？齐桓违管仲之言用竖刀穆叔任奔着，子竖牛皆死于其手，非童仆之贞也。"

《旅·六五》："如禹修文德而有苗格，此正射雉象也。其次如齐桓召陵之师，修文告而屈完来，其亦庶几矣乎！"

《小过·六五》："然终文王之世，安于不及其君，遇臣而已，此文王之德，所以为至孔子，所以替之也与。"

《既济·初九·象》："揆于义正可止而止者也。何咎之有？伊尹怀济世之道而隐于耕莘，傅说负舟楫之具而居于版筑，岂怀宝迷邦者耶！"

《归妹·九四·象》："故伊尹耕莘待成汤之聘，太公钓渭待文王之迎，非有待而行耶。"

（2）引用奸佞误国的史事有：

《坤·六五》："非尧女舜妻文王后妃不足以当此，其大吉可知。反是则吕氏临朝而几于亡汉，武氏临朝而几于亡唐矣。有天下者可不永以为鉴也哉！"

《坤·上六》："吕后临朝欲移汉，祚而吕，无噍类王莽摄位，欲因假即真而王族尽灭，此其象也。后之为君臣者可不永鉴之哉！"

《屯》："汉献陷于曹操之类。"

《归妹·象》："妲己亡殷，褒姒灭周，武侯几绝于唐，皆柔之乘乎刚也。"

《归妹·九二》："苟当阳而不幽，邪僻而不正，则吕雉武曌之为祸，不可言，何利之有？"

（3）引用古圣先贤修身的有：

《豫·六二·象》："故孔子蔬食饮水乐在其中，颜子箪瓢陋巷不改其乐，岂以在外者而为豫哉！内自有其豫耳。"

《豫·九四》："夫由豫者豫世之功，勿疑者自豫之学，若伊尹之学，足以徵矣。"

《复·六四》："如闵冉之学居由求之间，希颜而同归，孔明之仕处魏吴之间，蕴玉而归汉，即其人矣。"

《坎·初九·象》："故颜闵曾子之俦，以圣人为之依归，三桓之家莫得而臣焉，然非辟咎也。"

《遯·九三初·象》："若杨雄之清净寂灭，王衍之心无宦情，是已往无危乎哉！"

《大壮·九三》："如子路闻斯行之强，所不知以为知是也。"

《睽·初九》："若孔子之于阳货往拜其门，于南子过卫以见，孟子于王驩朝夕相见是已，何咎只有？"

《旅·彖》："止而丽明，若孔子于卫主，遽伯玉之类是也。"

《小过·象》："孔子之事君，尽礼行，过乎恭也。哭颜子而不知丧，过哀也。尧茅茨土皆禹，恶衣服而卑宫室，用过俭也。"

《既济·上九》："如四皓茹之以自适，严陵钓泽以自乐，此饮酒无咎者也。"

《归妹·九四》："古之择配而嫁，择君而仕，若孟光之于梁鸿，孔孟之于昭烈。……若鲁之叔姬后于伯姬而归，召南江有汜之类是也。"

此外还有引用历史典故解释易理的：《旅·初六》："晏婴之仆，其妻窥观而丑之其琐琐者与。"《中孚》："如尾生之信巫蛊，感召鬼神之类，中亦孚矣。"

（4）小结

从上面看出，马理解释《周易赞义》基本遵循了关学的解《易》思路，但他并没有循规蹈矩，而是求同存异。张载在《易说》中解释卦爻辞立足于道德修养角度，在于提高人的思想道德境界。马理继承了张载解《易》这种思路，尤其重视以历史事件和易理进行互证，使高深莫测的易理通过鲜活历史事件阐发得明白晓畅；同时又通过易理对历史事件加以分析，揭示历史事件的经验和教训，解释易理的过程也是解说历史事件的过程，让读者从历史事件成败得失中得到启发和教诲。这是马理解《易》有别于其他易家的特别之处，也是马理建构自己哲学体系的特别之处，说明他不仅对《五经》谙熟，更说明他有丰厚的历史知识，这些知识都为他奠定自己的哲学体系提供了丰富的人文素养，为他成为明代"三原学派"优秀学者奠定了基础，更为关学在明代中兴提供了学术和人文际遇。

第六节 《周易赞义》圣人君子思想

《周易赞义》在解释《周易》卦爻辞的过程中渗透了儒家经国治世思想，《赞义》在于明世，在于对后人有所启示，在于传承孔孟仁义之道和儒家正统思想。马理易学思想综合了二程洛学和张载关学学术脉络，但他又形成了自己独特解《易》思路。《四库提要总目提要》说：

> 其书虽参用郑玄、王弼及程、朱二家之说，然大旨主于义理，多引人事以明之。朱睦㮮《序》称此书发凡举例，阐微摘隐，博求诸儒异同，得十余万言。①

他解说《周易》阐述了"理"乃"气"之主的哲学论，"守正得中"的人伦论，正身归仁的修养论，虚心静涵的心性论。

一 "理"乃"气"之主论

卦气说起源于孟喜，他解释《周易》运用了阴阳的理论，并以之推测气候的变化，推断人事的吉凶。唐代孔颖达《周易正义》奠定了以阴阳二气为核心的世界观，"认为天地万物和人类生活都为阴阳二气变化的法则所支配，并由阴阳二气所构成"②。北宋张载在孔颖达阴阳二气解《易》的基础上舍弃了以玄解易的特点，奠基了"气论"哲学观，提出"气方有象"，"气之生即是道是易"的观点。

---

① 四库全书编委会影印台湾文渊阁《四库全书总目提要》，中华书局1996年版。
② 朱伯崑：《易学哲学史》上，北京大学出版社1986年版，第362页。

气作为古代哲学中的一种物质范畴，照张载的说法，其外延更加广泛了，其内涵更加深化了。虽然，其所谓气，还不是近代的物质概念，仍具有气体物质的特征。①

马理继承了张载的"气"论思想，同时他又兼容了程颐理论范畴，提出了"气之主者理也"的"气主本理论"。程颐认为：

> 格物穷理，非要是尽穷天下之物，但于一事上穷尽，其他可以类推。……所以能穷者，只为万物皆是一理……又经穷理。……"一阴一阳之谓道"，此理固深，说则无可说。……"知天命"，是达天理也。②

程颐认为《周易》法则穷尽了万物变化之理，说明事物变化遵循着"理"或"天理"的客观规律性，变化是无穷的，但"理"是不变的，并认为事物变化的"理"同天地变化无穷的道即"天理"是相通的。马理则认为"理"乃"气之主"。"理"和"气"之关系乃"形而上者和形而下者"之关系。他说：

> 阴阳者气也。形而下者也，一阴一阳寓于气之中，非气而为气之主者，理也。形而上者也，即太极之谓也，不曰理曰极者，以其为造化之枢纽，品汇之根柢，千变万化皆从此出，犹道路然，为天下古今所共由者也。是谓之道也，继者阳之发也，在天则谓之元，于时则谓之春，在人则谓之仁，乃不择而施，无所为而然，可欲而不可恶，纯粹至善者也。故谓之善成之者，阴之敛也，则各正其所受之理，保合其所禀之气，成乎阴阳，则阴阳各具一太极，是性之谓也，善者性之发，性者善之敛，道之大，用全体于是乎在也。③

---

① 朱伯崑：《易学哲学史》上，北京大学出版社1986年版，第2页。
② （宋）程颢、程颐撰：《二程遗书》，潘富恩导读，上海古籍出版社2000年版，第203—207页。
③ （明）马理：《周易赞义》，第629页。

马理认为"理"就是太极，就是造化关键之处，万物的基础，千变万化的源头，正"理"禀"气"，则阴阳成。马理认为"阳"发"阴"敛，阳对"天"来说就是"元"，是开始；对"时"来说就是"春"，万物萌发的季节；对"人"来说就是"仁"，是爱，是"纯粹至善"，而之所以至善，是因为阴敛，即阴的辅助，阴阳具一太极，就是性。马理认为"善"和"性"是分开的却密切相关，相互关联，即"善者性之发，性者善之敛"。在马理的"理""气"论中，涉及了阴阳、太极、善、性的范畴，最后归结为"道"，得出结论"道之大，用全体于是乎在也"。道之所以能"大"，就在于它的概括性和全面性。在阐述易道如何成其为"大"时？马理解释说：

> 夫易道诚广矣！大矣！然以流行言之，则变化而不穷；以对待言之，则阴阳有定分；又以其要道言之，则为物不贰。唯易知简能而已，是故广大则配乎天地，变通则配乎四时，阴阳之义则配乎日月，易简之善则配乎太极之德焉。道在圣人，此其所以与天地合德，四时合序，日月合明，易简而尽天下之理，成位乎其中也与！①

马理提出了易道之所以"大"，在于易道具有"诚"的品质。关于"诚"的命题，历代先贤都提出了自己的真知灼见。

> 《礼记·礼器》："君子之于礼也，有所竭情尽慎，致其敬而诚若，有美而文而诚若。"郑玄注："若，顺也。"孔颖达疏："至诚和顺。"②
> 《礼记·中庸》："顺乎亲有道，反诸身不诚，不顺乎亲矣；诚身有道，不明乎善，不诚乎身矣。"孔颖达疏："言明乎善行，始能至诚乎身。"③
> 《大戴礼记·文王官人》："言行亟变，从容谬易，好恶无常，行身不类，曰无诚志者也。"④

---

① （明）马理：《周易赞义》，第629页。
② （清）阮元：《十三经注疏》，北京大学出版社1999年版。
③ 同上。
④ 同上。

从《礼记》的引文分析得知，"诚"是古圣先贤修己立身的准则，是君子人格的前提。而《周易·象》从卦的象征角度阐发了君子应该具有的品格。张载在《正蒙·乾称篇第十七》中说："至诚，天性也；不息，天命也。人能至诚则性尽而神可穷矣，不息则命行而化可知矣。学未至知化，非真得也。"故张载曾在《正蒙·大易篇第十四》篇中说：

> 易为君子谋，不为小人谋，故撰德于卦，虽爻有小大，及系辞其爻，必谕之以君子之义。一物而两体，其太极之谓与！阴阳天道，象之成也；刚柔地道，法之效也；仁义人道，性之立也。三才两之，莫不有乾坤之道。①

马理继承了张载的《周易》乃是一部成就君子人格的道德修养书的观点，认为《周易》更是一部教化人学习仁义的教科书，所以"诚"乃"易道"精髓，只有"诚"才能成其"大"。同时马理又提出了"易简""易善"的命题。他阐释"易简"是从广大配天地、变通配四时、阴阳配日月三个方面简析"易简"和"易善"的内涵，涉及了宇宙观和时空观，阐述了天地之所以广大是因为其生生不息和厚德载物，四时之所以无穷变通是因为年轮更替，日月之所以阴阳变化是因为时空关系。"易道至简"就是"变"，只有"变"才能体现"易简之善"。这里马理又提出了"太极之德"概念，他认为"易简之善"配乎"太极之德"才能达到圣人之道，即"天地合德，四时合序，日月合明"，也只有天地、四时、日月各遵循其自然规律，"易简"也就达到了天下之理，所以马理说"理"乃"气"之主。"气"是张载提出的物质范畴，他认为"凡象皆气"，他在《正蒙·乾称》中说：

> 凡可状，皆有也。凡有，皆象也。凡象，皆气也。气之性本虚而神，则神与性乃气所固有，此鬼神所以体物而不可遗也。②

马理虽然继承了张载的"气"论思想，但他认为物质是由"气"形成

---

① 《张载集》，章锡琛点校，中华书局 1978 年版，第 48 页。
② 同上书，第 63 页。

的,"理"就是物质的"性"。他说:

> 则物各禀气以成形,与之理以为性矣。所谓各正性命者是也,先王观象以至诚,无妄之道建极于上,则天时足以茂,对物各遂其生矣。盖天命与物为性而赋之行,圣人俾物践行而尽其性,皆至诚无妄之道也。①

从易学角度分析,马理认为凡物质皆是由阴阳二气形成的,气形成了卦爻象,由卦爻象产生了卦爻义,"理"也就蕴含于卦爻义之中,由"理"即"性",物质遂就产生了。

由此可知马理"气"论虽然吸取了张载"气"论哲学,但他提出了"理乃气之主"的范畴,他由"气"引出了"象",由"象"得出了"理",又由"理"得出了"性"的概念,气、象、理、性四者密不可分,共同形成物质实体,完成了世界统一于物质的唯物论哲学观,从而进一步认为世界是"圣人俾物践行而尽其性",然后达到了"至诚无妄之道"。

二 "守正得中"的人伦论

"正"和"中"是儒家君子人格尺度,是儒家理想人格中道观。从马理的生平事迹考察,马理是一个中介耿直正义之士。《陕西省志·人物志上》记载:"正德十四年(1519年),马理和郎中张衍瑞等劝谏武宗南巡,触怒了皇帝,罚他跪在宫门前受杖责并剥夺了他俸禄。"由此可看出马理不是一个平庸混日子的庸官,而是敢仗义直言的清官,但是忠言逆耳,昏庸皇帝不为诤言所劝,误国害民。马理《周易赞义》"守正得中"的人伦思想涵盖了他关于君臣人伦思想、家庭人伦思想、治学教育思想三个方面。

1. 君臣人伦思想

(1) 在政治上,马理主张君王当任用贤能之人,即用君子不用小人。

《周易》作为六经之首,文王拘而演《周易》,可见《周易》乃是一部忧患之书。六十四卦隐涵了如何趋吉避害的思想。而每卦卦象都阐述了

---

① (明)马理:《周易赞义》,第535页。

君子的理想人格，即张载所说"易为君子谋，不为小人谋"。因为君子品格高尚，行为端正，不会误国害民。小人就不同了，为了自己的私利，往往不循正道。马理在《周易赞义》中列举了历史上君王在用人方面的经验和教训，阐述了他关于君臣如何明确各自所处的地位才能守"正"避害，才能趋利保身的思想，如他在《乾·九四》的解释中说：

> 九阳爻四阴位以九居四，上临于五而下无应，与阳刚主进主施，阴柔主退主敛，是居一人之下而位乎万民之上，下无亲交而诚一事上，或阳以施之，启沃以尽恭敬之道，复阴以敛之退藏而无冯翊之功，故为神物或跃在渊之象。人臣如斯则道济天下而不成名焉；德蕴诸神而不独善焉。夫谁其咎哉！此文王周公之六四然也。凡人臣之善其道者，皆如之，若夫吾夫子之圣，则不稼不圃而备。九四之德，不卿不相而居九四之业，故或进而仕，或退而止，率无恒焉。匪夷之清，匪尹之任，盖犹神龙之或而跃，离渊非安于跃也。时可跃而跃也，及其可渊，则复在于渊矣。其不跃而在渊，非安于渊也，时可渊而渊也。及其可跃则复出而跃矣。盖宜进斯进，毋必而显诸仁，宜退斯退，毋固毋我而藏其用，君子自省无咎，人亦无得而咎之矣。此吾孔子之道，孟子所愿学焉者，实万世学者之法，不必时位，邻于九五而后然也。①

这里马理阐述了"人臣善其道"就在于"当跃则跃"，"时可跃而跃"。当处于"渊"之时，要懂得"退藏"保身之道，"宜退则退"，而这时君子应时刻自省，那样才能免除咎害。而当出"渊"之时，则"宜进斯进"，尽情展露自己的才华，而不要因为"仁"而刻意保留。当阐述君子与小人对立，君王用君子则国兴，用小人则国危，马理在《乾·九五》中说：

> 故为飞龙在天，而普天下之下皆被其膏泽，而变化莫测之象，其人事则为圣人，正南面之位，皇建其极，宜见夫同德，大人授之以政则无为而治，过化存神，亦犹飞龙之在天矣。稽之于故，若舜得五人而天下治，其次成汤之得伊尹，武王之得乱臣十人，皆是象也。

---

① （明）马理：《周易赞义》，第480页。

《乾·文言九四》：周公思兼三王以施四事，其有不合者仰而思之，坐
以待旦正或之事也。然尚有居东之危，故大臣以道事君，不可则止，
乃若霍光之徒其能免耶。①

　　这里马理以舜、成汤、武王重用贤臣君子论证君王如何"处正"发现人
才并合理使用人才达到安邦定国的目的，只有贤明君主才懂得使用贤臣，才
能听进忠臣良言的谏净。而作为臣子当如周公忠心耿耿，尽好臣子本分，
"以道事君"，国才能安，民才能乐业。故他对《恒·上六》的解释说："盖
恒常之道，如禹平水土，周公之制礼作乐，皆臣子之分所当为。"② 这里马
理阐述了做臣子的应尽自己的职分做臣子该做的事情。他以禹治水之功、
周公制礼作乐，这两位历史上有名的贤臣，论证臣子"分所当为"之事，
说明国君重用贤臣则国治民安，否则就会颠覆社稷江山。如《屯》："汉献
陷于曹操之类。"

　　马理解说《周易》寄托了他怀才不遇的政治思想，他内心希望君王重
用君子良臣，远离奸佞小人，尤其是要远离女色。他在解说《坤》《归
妹》卦中引用了历史上妲己、褒姒、吕后、武则天四个女人来说明君王如
果沉迷女色终将导致国家被毁的悲剧，如《坤·六五》："非尧女舜妻文王
后妃不足以当此，其大吉可知。反是则吕氏临朝而几于亡汉，武侯临朝而
几于亡唐矣。有天下者可不永以为鉴也哉！"③ 他借解说《周易》经传希
望明武宗朱厚照像历史上尧、舜、文王、武王一样励精图治国政，而不是
醉生梦死于女人之手。这里马理说国家灭亡是由于女色缘故，有他片面之
处，君王重女色误国是原因，但也不是国家灭亡的唯一原因，而是由于各
种因素造成的。

　　他在《坎·六四·象》的解释中说：

　　　　天下不患无听谏之主，患无善谏之臣；不患无善谏之臣，患君无
　　通明之处，而善谏之人不相际遇，亦徒然耳。④

---

①　（明）马理：《周易赞义》，第486页。
②　同上书，第550页。
③　同上书，第489页。
④　同上书，第545页。

这里马理强调了明君和谏臣相遇的重要性，即臣子善谏，君主还要善于听谏，而只有通明的君主才能听得进臣子谏言。关于君王如何才能得到贤臣辅佐？马理在解释《姤·九五》时说：

> 又内含章美，恭默思贤，则精诚所格，所求之贤或见于梦或见于上或荐于人降，陨自天而奇逢之矣。尚何不遇之患耶？故高宗以此遇傅说，文王以此遇太公，皆含章有陨之征也。①

马理认为君王只要一心想着一定要得到贤臣辅佐，心里时时渴望着贤臣，并且态度要恭敬内敛，精诚所至，则金石为开，那么贤臣就会在恰当时刻像陨石一样自天而降，为什么会有遇不到贤臣的忧虑呢？历史上殷高宗遇到傅说并以他为相，周文王遇到姜太公并以之为相，就是"含章有陨"的迹象。马理在此表明了自己的政治思想，也渴望自己被明君所识并得到重用，从而实现自己的政治抱负。

（2）主张君主以民为本，则容保无疆

马理认为国家安定与否关键在于民，民在国家的稳定和繁荣中起着重要作用。他在《临·彖·象》的解释中说：

> 君子体此以临民，则作君作师焉。作之师以新乎民也，则教思无穷而期复其性；作之君以养乎民也，则容保无疆而期遂其生。夫君子之凝命固应而耶。②

这里马理认为君子只有"临民"才能"作君作师"，而"作师"只有"新民"才能"教思无穷"；而"作君"只有"养民"才能"容保无疆"。可见，在马理思想里"民"的地位决定着"君、师"地位，民为"君、师"之本。他在《临·六四》的解释中说：

> 正身事上，厚德载物而悦民，相临至亲至密而非以貌，无咎。舜之大智，取善于人，好问好察，择中而允执，不以一人之聪明而临天

---

① （明）马理：《周易赞义》，第577页。
② 同上书，第524页。

下，实以天下之聪明而助一人。①

为了使民本君治得到更好的实施，他认为为君的首先在"正身"，同时对民要"厚德载物"，这样才能"悦民"，视察百姓时要"至亲至密"而不是貌合神离，君主只有做到这样，才能永保社稷无害。他以舜作例证，说明舜之所以成为明君就在于舜"好问好察，择中而允执"，因而得到人民喜爱，"以天下之聪明而助"，舜被历代称颂为明君。他认为要使国家长治久安，除了"悦民"之外，还要"王者以万民为一身，故大观之观，生非观身也，观万民也，万民足观，斯观乎天下而无愧矣"②。他认为："天下之道不乱不治，天下厌乱而思治。""治乱，防乱源，在于乘时机之会。治蠱之要在振民，高尚者为百世之师。"③ 马理还形象地把民比喻为"地"，把君王比喻为"山"，山高是因为有地的承载，而山因为有地的支撑才能稳固不动。如他在解释《剥·象》时说：

> 博厚而悠久者莫如地，安固而不迁者莫如山，君子观象不取于剥落若骞若崩之行，而取其安固博厚、悠久不迁之义，以厚其下而居以安宅，如地载山而博厚悠久，如山附地而安固不迁，则民安而邦本宁矣。④

这里他进一步强调了"民"的重要性。没有地承载山就要倒塌，没有人民支持，君王也就是空中楼阁，江山社稷就要被颠覆。而君王只有依附人民支持，顺民心，得民意，则"民安而邦本宁矣"。

关于国家治理措施，马理主张君明臣贤外，还主张以法治国。他说：

> 大观之道，建中以立极，正身以端本，示法则于天下。畜众以仁，用众以义，故出师必以律焉。苟无以律，虽正众之道，亦必凶焉。深戒其必以律也。⑤

---

① （明）马理：《周易赞义》，第524页。
② 同上书，第526页。
③ 同上书，第522页。
④ （明）马理：《周易赞义》，《续修四库全书》5卷，第531页。
⑤ 同上。

从此可看出马理的政治思想是以民为本，主张仁政，亲民悦民为民，但又要合乎法律规范，以法治天下，以"仁"凝聚人民，以"义"用人民，治理军队则要有严明的纪律。

马理的"仁义"为民思想出之于儒家民本德治，同时又吸取了先秦法家的"法治"思想。其可贵之处有二：一是他的"悦民""振民"，"民安而邦本宁"的实学思想。二是他的"法治"和"纪律"思想，虽说没有提出具体的执行和实施方案，但是理论上的倡导，已经代表了他思想的进步之处。

2. 家庭人伦思想

（1）关于家庭的组成

马理推崇媒妁之言的传统结合方式。如他对《咸》卦辞的解释说：

> 咸则分之殊者，合同而化行矣，故亨。然必相感以正，有父母媒妁之言，问名纳采，征吉亲迎之礼，然后得亨。不然则终相背弃，何亨之有？①

问名纳采、征吉亲迎是周代流传下来婚姻礼仪"六礼"中的四礼，马理研习礼仪，故其解释《周易》也引入了《礼记·昏义》的内容，认为男女结合只有遵照媒妁之言，才能得亨长久。在今天看来，他关于男女结合的思想有些违背自由恋爱的思想，但当时对周代婚姻礼仪的继承来说是有积极意义的。

（2）关于家庭的治理

马理认为正家是天下定的前提。他对《家人·象》的解释说：

> 家人之道在伦理，伦理正而后恩义笃。……父子、兄弟、夫妇各正其位而后家道正，家道各正则天下定而无不平矣。正家之功大矣哉！……风自火出，是为家人。家人者，天下风化之本也。君子观象知齐家为风化之原，又知修身为齐家之本，又知言行为修身之要，是故将有言也。言皆所行之事，言不妄矣，将有行也，行皆可语之言，

———————

① （明）马理：《周易赞义》，第547页。

行有常矣。故君子修身而家齐。①

马理认为家庭是天下安定之根本，而家庭安定又在于家庭中个体各安其本分，即个体的"修身"，个体的"修身"则又在于个体"言行"，而"言"和"行"又是密切相关的。马理认为"言皆所行之事"则"言不妄"，"行皆可语之言"则"行有常"。马理得出了家庭成员"言行"谨慎对家庭安稳起着尤为重要的作用。吕柟的《泾野子内篇》中记载马谿田诗曰："小窗莫听黄鹂语，踏落荆花满院飞。"② 这里马理的"莫听黄鹂语"和"踏落荆花"分别隐喻了"言"和"行"对维护家庭和睦的重要性。他认为"言"和"行"关乎着一个人"修身"的根本，修身重在修正"言行"，言行正则身就正，而身正则家正，家正则国家安定。而人之"言行"则又受"心"之指导，心之思则发为言行。《大学·七章》说：

> 所谓修身在正其心者，身有所忿懥，则不得其正；有所恐惧，则不得其正；有所好乐，则不得其正；有所忧患，则不得其正。……心不在焉，视而不见，听而不闻，食而不知其味。此谓修身在正其心。

朱熹解释说：

> 心有不存，则无以检其身，是以君子必察乎此而敬以直之，然后此心常存而身无不修也。③

在朱熹看来修身之关键在正心，"心"之不存，"身"则是一具空壳，"无以检其身"。关于如何修身？马理在朱熹"正心"论的基础上延伸到"言行"论，接近于实学论的方向。但是他又在《遯·九三·象》说：

---

① （明）马理：《周易赞义》，第 560 页。
② （明）吕柟撰：《泾野子内篇》，赵瑞民点校，中华书局 1992 年版。
③ （宋）朱熹撰：《四书章句集注》，中华书局 1983 年版，第 8 页。

家有俯仰之累，心则遯而身则留，或身虽远而心有恋，若杨雄之清净寂灭，王衍之心无宦情是已，往无危乎哉！①

由此看出马理趋向于老子"无为，虚空"观。而《关学编》则记载马理"不谈佛老，不观非圣书"，但当遇到生活困境时其思想中偶尔也会表现出佛老"清净寂灭，无为"的遁世想法。马理又说："家正则仁恩生焉，夫妇正则相爱而和，父子正则相爱而亲，兄弟正则相爱而友，是谓一家之仁，皆义所生也。"②"正"乃儒家正统"中道"观，马理继承了儒家中正思想，并且在实际生活中切实履行，体现了其思想取向实学的学术思路。明代中期理学渐渐趋向没落，心学和实学逐渐兴起。心学以王阳明为代表，主张"知行合一""致良知""心外无物""心外无理"的唯心论。实学则以罗钦顺为代表，他提出"理须在气上认取"的"气一元论"，开辟了明清实体实理实学道路。马理是和王阳明、罗钦顺同时代的学者，他吸取程朱理学正统思想，但倡导的政治和生活理念却是实学之路。

三　道德修养论

马理的道德修养论涉及心性论、心感论、问学论等。他认为养成良好的道德修养是立身行事之根本，也是儒家齐家治天下的根本要求。马理解《易》思路在于返归儒家正统入世思想，寄托自己想有一番作为却不能为朝廷所用的苦闷。从他解《易》偏重于实际功用上看，马理的道德修养论可分为"心上修养"和"事上修养"。所谓"心上修养"，主要指他的"心理相合论""心感论"；所谓"事上修养"，主要指他的"问学论""教学论"。

1. 心理相合论

在中国哲学中，"心性"是理学的哲学范畴。明代中期王阳明心学兴起，王阳明所说的"心"是"知觉"之心。他主张"致良知"，认为心的

---

① （明）马理：《周易赞义·家人·象》，第561页。
② （明）马理：《周易赞义·家人·九五·象》，第561页。

本体在于人的良知。对于究竟什么是心?① 有的学者认为:

> 心固然内在地具有忠孝仁义等封建名教的道德法则，但心同时也是身之主宰，具有灵明知觉，支配着耳目口鼻四官，这些却属于人的自然本质。就前者而言，心即性，性即理，所谓心无非是一个抽象的本体，先验的道德意识，不是指具体的人心。但就后者而言，心是主宰身体的灵明知觉，离开了具体的个人，心也不复存在。②

由此看出"心"可分为抽象和具体两个方面，抽象的心指"心即性，性即理"，具体则指可感知有思想的人"心"，而不是动物"心"。因为人和动物的不同就在于人有思想，所以人心感于物而有"灵明知觉"。马理的心性论是和命、理连接在一起的，他对程颢提出心即天、心即理的思想有所吸纳，对朱熹的"神明不测"或"操舍存亡"之心也有继承和发展。他说:

> 天地有心，不可得而见也，复其见之矣。人各有心，舍则亡，操则存，存者复人之心亦于是。……天之命也，在人则为心之理，即天所命也。……明理之正，必诚意正心而知中……如尾生之信，为仲子之廉，为许行之兼爱……故汉武切于求仙而招巫蛊之祸，梁武笃于奉佛而致台城之凶，此千古之鉴，可不戒哉! ……春耕而思秋获，有谋利之心，初蓄而思畜，有计功之心，是有望而动，非无妄之道。③

在宇宙本体论上，马理认为天地有心，可以看见但不可以得到，并且反复可见，天地之心"大中至正，实理蕴于阴阳而非阴阳，即所谓无极而太极，与物无妄之理"。朱熹在亚圣孟子"心性合一的道德人性论"和"操舍

---

① 蒙培元在《理学范畴系统》中说:"心有三种含义。一是道德之心，以孟子为代表，指人的情感心理升华而形成的道德意识，是道德理性范畴。二是理智之心，以荀子为代表，指认识事物的能力，是认知理性范畴。三是虚灵明觉之心，以佛道为代表，指虚而明的本体状态或精神境界，是超理性的本体范畴"。(蒙培元:《理学范畴系统》，人民出版社1989年版，第195页)

② 陈鼓应等主编:《明清实学简史》，社会科学文献出版社1994年版，第69页。

③ (明)马理:《周易赞义》，第533—535页。

存亡"之心的基础上提出了"心体用说"。他说"如肺肝五脏之心，却是实有一物。若今学者所论操舍存亡之心，则自是神明不测"（《朱子语类》卷五）。而马理说"人各有心，舍则亡，操则存"则是对朱熹"心兼体用说"的具体论述。马理认为人之心并非"无妄之道"，而是有"谋利之心"，有"计功之心"，是"有望而动"的，在朱熹"心兼体用"的基础上提出了"心功能说"，即为满足心之欲望而动，也就是谋取利益和功绩。

马理还认为：

> 在人则心于静虚之时，物有所感，理欲攸分，其理耶，欲耶，人不得而知之，己独知也，则克去其欲而反乎理，未涉于事，先正其心，是心将放而顷存不远之复也。此克己复礼之仁，何至于悔之？有由是仁，体事而无不在，由是天体物而不遗矣，不亦大吉也。①

马理认为只有心于"静虚之时"，"理"和"欲"才能"独知"，此时"克欲"而求理。而求理即追求客观事物自然规律或法则，正确方法就是"先正其心"，然后"复礼"求仁。仁是说体，理是说用，先有"仁"后有"理"，也就是先有体后有用，只有心体"仁"而心用"理"，则"体事""何至于悔之？"可见马理的"心之体用说"已经涉及"事功"方面，具有实学的思想。

2. 心感论
（1）心与心的关系
马理解释《咸·初六》时说：

> 卦以交感为易，爻以无感为德，故咸之六爻皆主乎静而已矣。感人以心非以体也，初六居咸之下体，故无大体之感，感其拇焉已矣。此躄足之类。诗曰："在我闼兮，履我发兮"，此咸拇之谓，不正之感也。亦有事势危殆而感以权者，若张良躄足封齐是也，然亦匪万世人臣之法。故感人之道，以心感心，至诚至正为善。②

---

① （明）马理：《周易赞义》，第533页。
② 同上书，第548页。

这里马理提出了"感人之道"的方法在于"心感心",目的在于达到"至诚至正为善"。"诚""正""善"都属于儒家传统哲学的范畴。并且"诚""正""善"在儒家经典《周易》《中庸》《大学》里多次被提到。而《周易》《大学》多从人生修养角度论述这三者的关系。朱熹在《大学章句集注》中说:"诚其意者,自修之首也。……自欺云者,知为善以去恶,而心之所发有未实也。……盖意诚则真无恶而实有善矣,所以能存是心以检其身。然或但知诚意,而不能密察此心之存否,则又无以直内而修身也。"① 从此可看出,"诚""正""善"是儒家修养道德时的立身之本。但是"诚""正""善"皆必须以"心"为根本,而"无心之诚""无心之正""无心之善"是没有根基的空虚命题,不能达到"自修"美好品格以济世救邦的目的。所以朱熹在《大学章句集注》中说:"心有不存,则无以检其身,是以君子必察乎此而敬以直之,然后此心常存而身无不修也。"②《中庸》论述"诚",突出了"天人合一"的宇宙论和人性论。朱熹《中庸章句集注》中说:"诚者,人之道也;诚之者,人之道也。……诚者,真实无妄之谓,天理之本然也。诚之者,未能真实无妄,而欲其真实无妄之谓,人事之当然也。圣人之德,浑然天理,真实无妄,不待思勉而从容中道,则亦天之道也。未至于圣,则不能无人欲之私,而其为德不能皆实。故未能不思而得,则必择善,然后可以明善;未能不勉而中,则必固执,然后可以诚身,此则所谓人之道也。不思而得,生知也。不勉而中,安行也。择善,学知以下之事。固执,利行以下之事也。"③ 而儒家关于"诚""正""善"三者的关系,孔子、孟子、荀子都做过论述。《孟子·告子下》中说:"诚身有道:不明乎善,不诚其身矣。是故诚者,天之道也;思诚者,人之道也。至诚而不动者,未之有也;不诚,未有能动者也。"④ 从人生修养方面来说,儒家推崇的"诚""正""善"是为了达到齐家治国平天下的目的;从"天人合一"宇宙论来说,"诚""正""善"则标志着主观世界和客观世界达到了"合一"的最高境界。蒙培元在《理学范畴系统》中说:

① （宋）朱熹撰：《四书章句集注》，中华书局1983年版，第7页。
② 同上书，第8页。
③ 同上书，第31页。
④ 同上。

所谓"诚者，天之道也；诚之者，人之道也"，是从天人两方面，即宇宙论和人性论上说的；所谓"自诚明，谓之性；自明诚，谓之教"，则是从主体的认识和方法上说的。"天道"就是"为物不二，则其生物不测"的至诚不息之道，这是"天之所以为天者"。诚已经变成了宇宙本体。由于人性来源于宇宙本体，所以"至诚"便能尽其性，尽人性、物性，以至赞天地之化育而与天地参。这就是诚者物之终始，不诚无物。能作到至诚，就是纯亦不已的圣人境界。①

马理心感说是主张趋向在"内心""至诚至正"基础上的人格自我修炼，只有净化内心才能达到"善"的境界，所以他说"感人以心非以体也"，这里的"体"指外在的形，或外在的形式，而要达到"感"的最佳境界，必须内心和外形同时兼修。马理在《渐·象》中说：

> 正者身无失而修也，进而不失其身，斯可以正人而正国矣。君子求志而达道者也，苟不正其身，徒欲以法术而正人，其能行之哉！故君子行道济时，必端本为进得其位。②

马理的心感说虽然继承了儒家正统的"诚""正""善"的"人性论"和"天道、人道观"，但他不盲从前人的观点，认为在"事势危殆"的紧要关头，也不能忽视"权"的作用，如"张良蹑足封齐"，虽说以"权"达到了相"感"的目的，但这不是后代万世效仿的最佳事例，只有以心感心，心息相应，在道德修养的基础上才能达到"善"境。这里马理特别强调"心"的作用，心乃官之思。只有心正才能进而达到身正，己身正才能进而正人正国，君子"行道济时"，坚持"正"道才能"进得其位"。

（2）心与物的关系

心物是中国哲学范畴的主要问题之一。孟子提出"心之官则思"，这里"心"已不单单指人和动物身体内部的感觉器官和肉体功能，而是具有了"思考、知觉、感应、意识和感情"等意识功能、觉悟活动。哲学界普遍认为中国古代哲学有两对范畴，一是理与气，它们的关系是从客观世界

---

① 梦培元：《理学范畴系统》，人民出版社 1989 年版，第 470 页。

② （明）马理：《周易赞义》，第 595 页。

这个层面说明存在和思维的一对范畴；二是心与物，则是从主观世界这个层面说明意识和物质的一对范畴。马理在《咸·九四·象》中说：

> 一心之明，足以照万物而无外；一心之大，足以包万物而有余。人能于万物之后，未应之先，洗涤其心，使一切外物足以害吾心者，皆无得而感焉，则心体自正而天下无余事矣。何不吉而奚悔之有？不然私意一起，良心斯蔽，非不感于物也，而非公薄之心；非不因乎物也，而非虚受之意。故止于朋类之从，所感悔且小耳。故正其心则和，平天下而有余，不正其心则检乎一身而不足，奚啻感未光大也耶。①

显然，"心"是有意识的，马理提出要达到心感目的，也就是主观意识对物质世界达到了解和认识的目的。"心"必须具备两个条件，一是"心明"，"足以照万物而无外"；二是"心大"，"足以包万物而有余"。在中国哲学范畴中，心物关系通常概括为三层意思：（1）心与物是指主观意识与客观物体，意识反映物体，也就是心对物体的作用。（2）心与物是指认识主体与认识客体，主体反映客体。（3）心与物是指社会风俗、道德伦理与礼仪实践，而礼仪实践则是习俗道德的体现。心是指诚意、正心；物是格物之物、齐家、治国、平天下的各种礼仪制度。正心就是去掉一切不符合礼仪制度要求的道德伦理意识，诚意就是强调主体意识的道德自觉。礼仪制度是主体道德伦理意识的外在体现，道德伦理意识是礼仪制度的内在根据。同时，心与物的关系也包括着道德伦理意识与道德伦理践行的关系。② 因此当马理说"使一切外物足以害吾心者，皆无得而感焉"，也就是认识客体和认识主体不能相互感应，主观意识不能认识客观物体客观规律，导致"心游于物外"或"心于万物之后"，而又"洗涤其心"，把认识主体排除出认识客体之外，这样就会导致"无得而感"。

关于心物关系，张载、程颢、朱熹等都做过论述。张载在《语录下》中说："人本无心，因物为心，若只以闻见为心，但恐小却心。今

---

① （明）马理：《周易赞义》，第549页。
② 参见张立文《中国哲学范畴发展史（天道篇）》，中国人民大学出版社1988年版，第579—581页。

盈天地之间者皆物也，如只据己之闻见，所接几何，安能尽天下之物？所以欲尽其心也。"① 这里张载显然认为天地之间虽然都是物，但物是无意识的，而要"尽天下之物"，只有"尽其心"于"天下物"，才能心统一于物，达到主体认识客体的目的。程颢认为："万物皆备于我。心于事遇，则内之所重者更互而见，此一事重，则此一事出。"② "天地本一物，地亦天也。只是人为天地心，是心之动，则分了天为上，地为下。"③ 程颢不同于张载的地方则认为人是天地之主宰，天地、万物事理皆统一于人（我）之"心"中，"心"是万物的基础，因为"心之动"，才有了对"天为上，地为下"客观世界的认识。朱熹则认为"虽至于位天地，育万物，亦不过充吾心体之本然，而非外为者"④。朱熹不同于张载、程颢的是提出了"心体之本然"，也就是万物"充吾心"乃"本然"状态，是自然形成，而不是人为或违背自然规律。马理继承了朱熹的"心体"范畴，但他不同于朱熹的是，他认为"心体自正而天下无余事"，把哲学范畴的"心物"关系引申到了事功实学上来，这是对前人思想和学说继承中的创新，也是明中期关学重于实际功用、重于修养道德的体现。因而马理说："正其心则和，平天下而有余，不正其心则检乎一身而不足。"可见"心"的主观意识不光对客观世界起着主导作用，而且对道德伦理意识起着重要作用。"正其心"强调主体道德意识完善，"平天下"指主体改造客观世界，"和"则意味着主体世界和客观世界和谐一致，进而达到"兼善"的目的。

3. 问学论

马理一生通过苦读进入仕途，后因为秉性耿直，敢于谏言得罪权臣和昏庸皇帝，被罢免官职。他仕途不顺进而归乡兴办学堂，为乡后进青年传授儒家经典。他希望通过讲学"汲引后生"。他之所以这么做，一是认为只有讲学才能启发愚蒙，培养有用之才，实现兴世济邦的目的；二是他是在仕途不如意的情形之下退居讲学的，对官场昏黑蝇营狗苟的情形了如指掌，他希望通过讲学的途径恢复圣贤时代的"人人君子"世风。故他讲学的内容以儒家经典为主，他自己也"不谈佛老，不观非圣书"。他的教育

---

① 《张载集·语录下》，中华书局 1978 年版，第 333 页。
② 《河南程氏粹言·心性篇》，中华书局 1981 年版。
③ 《河南程氏遗书·卷二下》，中华书局 1981 年版。
④ （宋）朱熹撰：《朱文公文集·卷五十七》，北京图书馆出版社 2008 年版。

思想以复兴儒家正统思想为主，倡导人人应该尊师重教，应该懂得"克己复仁"的修己功夫。马理在解释《大畜》卦时说：

> 孟子曰：学问之道无他，求其放心而已矣。孔明曰：学须静也，心不妄动，学斯有得。……大畜者，以大学之道，畜其身，多闻多见，博学于文之谓。所利畜者，宜学圣人之正道，凡异端邪术，皆当远之不可学也。蒙之象曰：蒙以养正，圣功也。故曰：贞为圣人之正道也。曰：大者正也，不正斯小非大畜矣。故大畜子之学，利于正焉。斯道既畜于己，则当不食于家而大烹于朝，斯致君而泽民，天下并受其福矣。不亦吉乎！①

这段话马理阐发了关于如何问学的道理。这里的问学包括了四方面的含义，即如何做人的学问？如何提高自己的学识？如何积累学问？学些什么的问题？

（1）关于如何做人的学问

他引述了孟子的话，即"学问之道无他，求其放心而已矣"。这句话说明做人的学问没有什么诀窍，建议人们把丧失了的"良知良能"和善性的"心"寻找回来，安放在自己内心深处，做人也就心安理得了。在关于如何做人的学问上，马理继承了圣贤的思想。他提倡一种独立自主的主体人格美精神，具有大美的人格、高尚的道义，这种理想人格具有刚强的浩然正气，同时还有尚贤的大正之道。马理在《大畜·象》中说：

> 君子而大畜者何也？乾健者不已之学也。艮止者，有能而不忘之功也。健而止，则刚健笃实，光辉而德日新矣。孟子言充实之谓美，充实而有光辉之谓大，大而化之之谓圣，笃实而辉光，日新其德，则大人而几于圣美不言矣。斯谓之大畜，艮刚止而尚贤，止乾之健，是所崇在贤，不于邪术，能止于至善而不迁，皆大正之道也。故利贞不家食吉，贤而在下，举而养之，斯世受其福，吉大来也。利涉大川，

---

① （明）马理：《周易赞义》，第536页。

应天而济险也。①

此《象》的解释表明了马理崇尚的做人之道是孟子所言的"充实之美",也就是"大美""大正""圣贤"的人格理想。为了成为亚圣孟子所说的"大美""大正""圣贤"的人,只有不断学习,充实内心,培养高尚的道德,要具有"乾健不止"的精神追求,这样才能"刚健笃实,光辉而德日新矣"。马理在《大壮·象》中说:

> 壮则阳气轰轰烈烈于天地之间,强盛无以加矣。……如是则君子一身,皆天理之流,行其刚大强盛之气,浩然塞于天地之间,如雷霆之在天矣。②

马理的做人学问遵循孟子思想,学习先贤的精神修养,学习他们的处事态度,提倡一种内心至大至刚之气,从而剔除外表的虚空和浮华。

（2）如何提高自己的学识

学识,即学问和识见。一个人的学识不是天生就有的,而是通过日常的学习积累和生活经历修练而得。学习是一个辛苦的过程,生活历练更是艰难的历程。任何知识的积累和生活的修为都不是一蹴而就的,而是需要长久习染和养成。马理引用诸葛亮《诫子书》的话阐述了提高学识的问题。诸葛亮在《诫子书》中说:

> 夫君子之行,静以修身,俭以养德,非淡泊无以明志,非宁静无以致远。夫学须静也,才须学也,非学无以广才,非志无以成学。淫慢则不能励精,险躁则不能治性。年与时驰,意与日去,遂成枯落,多不接世,悲守穷庐,将复何及!③

诸葛亮的《诫子书》用简短的八十六字告诉他儿子诸葛瞻如何修身、如何培养自己的德行、如何规划自己的人生（志向）、如何学习和坚持不

---

① （明）马理:《周易赞义》,第537页。
② 同上书,第554页。
③ 《诸葛亮集》,段熙仲、闻旭初编校,中华书局1960年版,第28页。

懈、如何培养良好的性格、如何处理速度和时间问题等。在《诫子书》里，诸葛亮认为"静"不仅是修身的先决条件，更是学问积累的必备要素。马理吸取了诸葛亮的"学须静也"的观点，在马理看来，"静"不仅能够修养身心，静思反省。更重要的是"静"时"心不妄动"，这里"静"一是指学习环境，指学习的人所处的条件。只有宁静的环境才能让学习的人"心不妄动"，专心于学习进步之中。二是指学习人的内心定力。即在外部环境不好的情况下，学习之人内心不受外界环境的干扰，排除各种杂念，专心于学问的长进之中，历练内心一种平静祥和的心态，这样"学斯有得"。为了强调学习要持之以恒和有忍耐吃苦的精神，马理引用邵雍的诗说明历代大儒都是经过艰苦磨炼才成才的道理。他说："邵子诗曰：'施为欲似千钧弩，磨砺当如百炼金。'"[1] 这里他指出人生"磨砺"是增长见识的最好老师，只有像"百炼金"一样磨砺人生，才能增加阅历和经验，也才能像"千钧弩"一样百发百中。

（3）关于如何积累学问

马理说："以大学之道，畜其身，多闻多见，博学于文之谓。"[2] 儒家经典《大学章句》说："大学之道，在明明德，在亲民，在止于至善。"[3] 显然马理所谓"大学之道"是就积累知识而言的；而《大学章句》所说的"大学之道"则是"教之以穷理、正心、修己、治人之道"。马理认为积累知识在于"多闻多见"，而只有"博学于文"才能达到"多闻多见"。马理关于"博学于文"的见解有其偏颇之处，博览群书是积累知识的一条重要途径，但不是唯一途径。另外拜师求教，与同道之人交流、旅游等也是积累知识的方法。马理认为积累知识还重要在于思考，只有思考才能把别人的学问变为自己的学问。他在《大壮·九三》中引用《论语》中的话说："学而不思则罔，昏昧而未明之谓。……故曰：昏而无得，如子路闻斯行之强，所不知以为知是也。"[4]

（4）学些什么

马理认为："宜学圣人之正道，凡异端邪术，皆当远之不可学也。"这里马理指出学习的内容和方向，就是学圣人正道，也就是学习儒家兴邦济

---

[1] （明）马理：《周易赞义》，第538页。

[2] 同上书，第504页。

[3] （宋）朱熹撰：《四书章句集注》，中华书局1983年版，第3页。

[4] （明）马理：《周易赞义》，第555页。

世入世思想。而与圣人思想不符合的"异端邪术"皆应当"远之不可学也"。关于什么是"正道"？马理认为"贞"为"圣人之正道"。关于何为"贞"？马理在《大壮·九二·象》中说：

> 贞者，何也？君子执中而自强，强莫加矣。斯大之壮也，大者正也。正大而天地之情得矣。①

这里马理强调了学习圣人正道，也就是学习"君子执中而自强"的精神。社会中每个个体自强了，国家也就强盛了。但是个体强盛并不是意味着强者可以欺凌弱小，而是坚持正大之道，也就是"天地之情"，即"天之健，地之厚"精神，只有这样才能"致君而泽民，天下并受其福矣"。由此可看出马理思想中的兼济天下民生的民本思想。

4. 教学论

（1）选英才而教育之

孟子在《孟子·尽心章句上》中认为："君子有三乐，而王天下不与存焉。父母俱存，兄弟无故，一乐也；仰不愧于天，俯不怍于人，二乐也；得天下英才而教育之，三乐也。"② 三乐中，父母健在，兄弟无故安康，一家人和睦相处，享受的是亲情之乐；做人处事问天无愧，对人无欺诈，享受的是自身安心之乐。亲情和个人之乐是安身立命的根本，也是普通人都能做到，而"得天下英才而教育之"的乐趣却是可遇不可求的，是超越于亲情和个人乐趣之上的大乐，是一种仁善之乐。朱熹紧接其后对孟子第三乐解释说："尽得一世明睿之才，而以所乐乎己者教而养之，则斯道之传得之者众，而天下后世将无不被其泽矣。圣人之心所愿欲者，莫大于此，今既得之，其乐为何如哉？"③ 朱熹的"明睿之才"、孟子的"英才"都强调了选准教育对象而教育的重要性，强调了"英才"的重要性。马理继承了孟子、朱熹得"明睿之才""英才""贤才"而教的观点。他解释《蒙》卦辞说：

---

① （明）马理：《周易赞义》，第555页。
② （宋）朱熹撰：《四书章句集注》，中华书局1983年版，第354页。
③ 同上。

坎在艮下，为山下出泉水之象。泉盈坎而止，实于中而虚诸外，若童稚之人，所禀真纯之理，未为物诱者也。故其象为蒙，山泉之蒙，盈科必进为澜，为渎，无壅不决，放诸四海而止，童蒙亦如之是。蒙，斯亨也。然坎泽中实，艮稿中虚，稿乃资泽，虚以应实，故有师不往教弟子来学之象，盖学者诚一而好学，则有受教之地而可教，否则，不足教矣。……是二三其心者，何足以教之？故云再三者为渎乱其心。渎乱者，则不屑告也。然君子之施教，蒙之受教，皆宜于正道而无容邪焉。①

马理在孟子、朱熹选才观的基础上提出了选才标准在于"诚一而好学"，也就是学习者在于诚实专一，而"二三其心"，心乱则不能静心专心于学业，则不足教。马理更强调了教育者思想端正纯洁的重要性。他认为教育者（君子）教育学生应该坚持正道而不能有歪门邪道的思想。

（2）选时中而教之

马理说："亨道在于时中，君子而时中，则无时而不亨也。此语有道君子而能养蒙者也。蒙刚中于内而柔中于外，是无时不中，此施者道亨而受者亦从而亨也。故先时而授受者，则扞格而不入；后时而授受者，则勤苦而难成。故君子教学有三时：有终身之时；终岁之时；终日之时，不可失也。……谓童蒙之人，纯心未失，因其纯而养之以正，则纯而诚，诚而明，入于圣矣。此作圣之功，唯在于童蒙之时，而养之则利于正也。苟失其时，虽养之以正，成功难矣。"②

马理认为选教育对象应该在童蒙之时而教育之，此时"童蒙之人，纯心未失"，因为童蒙之人心地纯洁没有邪心杂念，若以儒家正道思想教育他们，则他们的内心和思想就会更加纯正，因为心"纯"正而心"诚"，因为心"诚"而就会心"明"，以这样的教育方法教育，童蒙之人就有可能进入"圣人"境界。所以马理提倡君子传道授教择"时"非常关键。"先时而授受者，则扞格而不入；后时而授受者，则勤苦而难成。"说明授受者过早或过迟皆不好，或则相抵触而格格不入，或则勤劳辛苦而难以成功。唯有选对时机而教，则可成功。这里马理强调了君子教学的三个时

① （明）马理：《周易赞义》，第494页。
② 同上书，第494页。

机,"有终身之时;终岁之时;终日之时",这三个时机不可失,失去则不能达到成功的目的。说明学习和教学是终日、终年、终生的过程,而不是暂时或短期的过程。

小　结

从以上的分析可看出,马理《周易赞义》的易学思想涉及宇宙本体论(即理为气之主的观点)、人伦本体论(执中守正的政治思想、婚姻家庭思想)、道德修养论(心上修养和事上修养)等方面。研究马理易学思想不能脱离开其所处时代和地域文化氛围。马理所处时代正是关学"中兴"的时候,他对关学的"中兴"做出了自己的贡献。他的易学思想虽然对程朱的理学思想有所吸收,但没有脱离"关学"所倡导的"躬行礼教"、力排"佛道""崇儒"躬行实践的"实学"思想。对《周易》思想的阐发以儒家经典为蓝本,注重引用《诗经》《论语》《孟子》《尚书》《中庸》等典籍经典言论论证易理的合理性和实用性;并以这些经典中君子思想对照《周易》经传中的君子人格,倡导后生好学之士学习圣贤精神和思想。此外,马理还以历史上的典型历史事件和历史事实证明易理,同时也以易理分析阐释历史事件和历史事实发生原因和经验教训,在阐释过程中启发世人应从易理和历史事件中汲取经验和教训,不要再犯同类错误。马理在解《易》的过程中也寄托了自己有抱负不能施展的苦闷。他的家庭思想、教育思想等都对后人有借鉴和启发意义。由于马理处在明中期封建社会,今天以辩证法观点看待他对女性(如妲己、武则天等)祸国篡逆导致国家危亡的观点,有其主观片面之处,对他思想中的"女人是祸水"的观点应该采取扬弃态度对待之。

第五章　杨爵及《周易辨录》困辨之学

第一节　囹圄磨砺　坚志为学

一　困境嗜学，躬耕不辍

　　杨爵（1493—1549 年），字伯修，号斛山，陕西富平人。杨爵在幼年时就爱好学习，因家中贫困，没钱去学校读书，在田野耕作时也带着书本诵读，一边读书，一边耕田，怡然自乐。他的一首五言排律真实地描述了他幼年时家庭生活："吾家生计窄，岁岁惯极寒。薄午烟方举，隆冬布不完。三旬九遇食，十载一加冕。坚读吾由命，长贫汝自安。但看颜氏子，陋巷乐瓢单。"①杨爵二十八岁时，当时苑洛（今陕西大荔县）韩邦奇在关中传授性理之学，杨爵就去拜师学习。韩邦奇看见杨爵外貌朴实，性情和爱好读书和自己很相投，就收杨爵为其门生，并对杨爵珍爱有加，非常器重。韩邦奇赞扬杨爵说："宿学老儒，莫能过之，吾几失人矣！刚大之气，百折不回。"②

---

①　（明）杨爵撰：《杨忠介集》卷八，《钦定四库全书·集部六》，台湾商务印书馆 2005 年版，第 1276—81 页（意即《钦定四库全书》第 1276 册，第 81 页。本章所引该书皆采用此种注法）。
②　陕西省地方志编纂委员会编：《陕西省志·人物志上》，陕西人民出版社 2005 年版。

二 亲情永恒，孝悌忠守

杨爵珍爱亲情，严操守，孝悌兼修。杨爵兄长杨靖与前县令交恶被逮捕入狱，杨爵徒步百里外为其兄长鸣冤，伸冤无成却被逮至牢狱中。他给县令上书，辞语激烈。县令为之惊讶说："此奇士也。"当即将他兄长释放，以礼相待。杨爵母亲老且病时，杨爵侍奉母亲汤药，不解衣带守护在母亲病床前。母亲去世之后，"毁瘠踰礼"，在他母亲墓前打草棚守墓三年以尽孝道。

三 为官清廉，仗义执言

杨爵为官期间为人正直，敢于仗义执言。嘉靖八年（1529年），杨爵中进士，授官行人，改选为御史。嘉靖二十年（1541年）二月初四日，杨爵以河南道监察御史上书说："今日致危乱者五：一则辅臣夏言习为欺罔，翊国公郭勋为国巨蠹，所当即去；二则冻馁之民不忧恤，而为方士修雷坛；三则大小臣工不觐朝政，宜慰其望；四则名器乱及缁黄，出入大小内非制；五则言事诸臣若杨最、罗洪先等非死即斥，所损国体不小。"① 他的奏章直指嘉靖帝的昏庸，重奸佞远贤臣，嘉靖帝大怒，将杨爵逮捕投入锦衣卫镇抚司，"十三日夜蒙笞，十七日夜复蒙询鞫，血肉淋漓，喘息奄奄。而所以困苦之者，则又日夜戒严未少疎焉"②。杨爵经过狱卒多次严刑拷打，濒临死亡之界，但他都坚毅地挺了过去，奇迹般地活了下来。对于自己被捕入狱的遭遇，杨爵以与梦中人对话的形式表露了自己不言悔的心迹。其中梦中人说他"自作孽，不可活"。又继之曰："他乃自作孽者，故罪至于此。""予应之曰：吾为言官，天下事皆所当言，往时一疏上为朝廷，下为苍生，宗庙社稷，万万年深长之虑，岂自作孽者，其人默然。"③ 而户部广东司主事周天佐为搭救杨爵被逮捕遭笞，入狱三天即死。杨爵以

---

① 陕西省地方志编纂委员会编：《陕西省志·人物志上》，陕西人民出版社2005年版。
② （明）杨爵撰：《杨忠介集》卷二，《钦定四库全书·集部六》，台湾商务印书馆2005年版，第1276—14页。
③ （明）杨爵撰：《杨忠介集》卷六，《钦定四库全书·集部六》，台湾商务印书馆2005年版，第1276—59页。

"天上烈星坠，人间草木愁。满腔都是泪，只向暗中流"① 诗句哭周天佐。监察御史浦铉也因搭救杨爵遭重笞而被棍杖打死在狱中。杨爵与海瑞为同朝铮臣，时人赞称"北杨南海"。清康熙皇帝为杨爵题赠："杨忠介公明代事，关西夫子清世称。"毛泽东读《二十四史记》时曾点评《明史·杨爵列传》时写道："靡不有初。"他引用《诗经·大雅·荡》中"靡不有初，鲜克有终"的前一句，褒奖杨爵，批评嘉靖皇帝。毛泽东的评点指出中国绝大部分封建帝王很少能始终如一励精图治的通病，点出了历史发展的规律，为御史杨爵与嘉靖皇帝这对君臣的矛盾做了历史公正的评判，也说明忠臣若不遇明君、必遭恶运的境遇。

四　著书讲学，处困弥坚

杨爵身陷囹圄处"困"而弥坚，讲书学《易》不辍。杨爵自嘉靖二十年（1541 年）被捕入狱，在狱中监禁了五年，直至嘉靖二十五年（1546 年）被释放，狱中五年都和狱友互相讲学，互相勉励。当时和杨爵同处一室的狱友有部郎钱绪山、刘晴川、给事周纳谿等，杨爵就与他们在狱中互相讲学以度过肉体和精神被折磨的岁月。后来钱绪山先被释放，杨与他话别，钱绪山勉励杨爵说："静中收摄精神，勿使游放。则心体湛一，高明广大，可驯致矣。"杨爵牢牢记住，继续与刘晴川、周纳谿读书赋诗，等待出狱之日。"天涯今日共幽囚，各为当年天下忧。（斛山）消息知宜观大易，浮沈总付与清秋。（巽峰）风雷自是交相助，声气何须更别求。（晴川）醉里悠然尘世外，相看真是泛虚舟。（斛山）"② 这首诗是杨爵和晴川、巽峰在狱中"酌酒"时三人共赋的。表达了他们虽然身处困境，但仍能互相砥砺，互相安慰，互相讲学，不怨天尤人，珍惜时光的高尚节操。他的一首《狱中慰章秀才》诗更彰显了杨爵罹忧患而不屈的精神意志。"万事总由命，宜须安受之。但求一念是，莫叹百忧罹。窘迫宜自处，将

① （明）杨爵撰：《杨忠介集》卷一，《钦定四库全书·集部六》，台湾商务印书馆 2005 年版，第 1276—15 页。
② （明）杨爵撰：《杨忠介集》卷十二，《钦定四库全书·集部六》，商务印书馆 2005 年版，第 1276—123 页。

来做广居。乐天境界上，得到是男儿。"① 就这样，杨爵在狱中一边自学
《周易》，一边和狱友讲道论学，"一到图圄八九月，手执《周易》诵不
辍。将军本身儒者流，于此可以观志节"②。"天降穷厄浩无边垠，金吾匦
锁伴儒臣。久遭危患心犹泰，运转亨机思欲频。要信乐天为乐土，须知忧
世是忧身。有诗吟咏忘颠沛，仿佛羲皇境上人。"③ 如此杨爵在狱中度过了
五年。这五年的牢笼生活，杨爵感慨颇多："五年夜夜锁客囚，还余乡梦
远林丘。白头未了乾坤事，一息常为汝辈忧。"④ 五年的图圄生活，不仅磨
炼了杨爵的意志，也砥砺了他乐观的心态。他的《六月六日》诗歌展露了
笑对贫穷的阳光心态："六月六日杀蠹虫，无衣可出哭吾穷。聊将囚板阶
前晒，一物光辉与世同。"⑤ 他的《独酌》更表明了他饱读圣贤书的坚毅
求学的志向："独酌燕山春瓮香，暂开宇内一愁肠。醉看榻上无长物，惟
有孔家活世方。"⑥

二十四年（1545 年）八月，嘉靖皇帝下令释放杨爵等三人。出狱后，
他们取道潞水，在船中也不停地讲学。"才过沧州又德州，绿杨堤岸菊花
秋。未论秦楚万余里，且共风波一叶舟。农圃渔樵俱是学，江湖廊庙敢忘
忧，独怜老脚还堪走，拟约同登华岳头。"⑦ 杨爵等三人被释放后，正值嘉
靖建造箕台，太宰熊浃对他讽谏，惹怒了嘉靖，立即罢了熊浃的官，又下
令逮捕杨爵等三人。当时杨爵到家才十天，锦衣卫就将"驾帖"送到他手
上，杨爵挥别亲友又坐了三年监牢。嘉靖二十六年（1547 年）十一月，
皇宫失火，嘉靖皇帝在精神恍惚时听到大火中有呼喊杨爵等三人姓名，心

① （明）杨爵撰：《杨忠介集》卷八，《钦定四库全书·集部六》，商务印书馆 2005 年版，第
1276—78 页。
② （明）杨爵撰：《杨忠介集》卷九，《钦定四库全书·集部六》，商务印书馆 2005 年版，第
1276—88 页。
③ （明）杨爵撰：《杨忠介集》卷十，《钦定四库全书·集部六》，商务印书馆 2005 年版，第
1276—93 页。
④ （明）杨爵撰：《杨忠介集》卷十三，《钦定四库全书·集部六》，商务印书馆 2005 年版，第
1276—119 页。
⑤ （明）杨爵撰：《杨忠介集》卷十二，《钦定四库全书·集部六》，商务印书馆 2005 年版，第
1276—108 页。
⑥ （明）杨爵撰：《杨忠介集》卷十三，《钦定四库全书·集部六》，商务印书馆 2005 年版，第
1276—117 页。
⑦ （明）杨爵：《杨忠介集附录》卷五，《钦定四库全书·集部六》，商务印书馆 2005 年版，第
1276—175 页。

里恐慌，于第二天将他们释放。杨爵两次入狱，前后历时八年的囚徒生涯，出狱后，杨爵曾说："累臣得归骨于秦，幸也。敢不拜赐。自是专教授生徒为事，解冻而耕，暴背而耨，与农人同甘苦乏。"①

嘉靖二十八年（1549年），杨爵于"己酉冬十月九日，猝。大鸟集居处，村北先生杖藜逍遥其处，不乐曰：汉杨震之鸟至矣，兆在我乎？十四日午时而殁，年五十有七。易箦之日，援笔题旐云：五十余年生长人世，未尽圣贤之道，两受天禄，还形地下，难忘君、父之恩，其自立志，拳拳子孙从善为言，无烦辞"②。

杨爵在狱中修习诸子百家，精研《易》，著有《周易辨录》《中庸解》和诗歌辞赋若干卷。《四库全书》收录有杨爵的《杨忠介集》。隆庆初年（1567年），庄皇帝朱载以世庙遗诏追赠杨爵为光禄寺少卿，谥忠介，并荫封其后代子孙。

明刻本《周易辨录》有4册，《四库全书总目》《明史·艺文志》《文渊阁书目》著录。这本书现藏中国科学院图书馆。还有清抄本（卷内有清李文藻批校并跋，现藏于山东图书馆）；此外还有振绮堂钞本、许氏家抄本。

五　《周易辨录》，实践忧患

《钦定四库全书》《周易辨录》原序中说："予久蒙幽，系自以负罪深重，忧患警惕之念，即夙夜而恒存也。困病中，日夜读《周易》以自排遣，愚昧管窥或有所得，则随笔之以备遗忘，岁月既久，六十四卦之说，略具矣。因名曰：《周易辨录》。《系辞》曰：困德之辨也。吾以验吾心之所安，力之所胜何如？若以为实有所见而求济于古人焉。则吾死罪之余，万万所不敢也，杨爵书。"③《钦定四库全书·周易辨录提要》中则说："其书前有《自序》，题嘉靖二十四年乙巳，盖即其与周怡、刘魁等在狱中

① （明）杨爵：《杨忠介集附录》卷二，《钦定四库全书·集部六》，商务印书馆2005年版，第1276—149页。
② 同上书，第1276—151页。
③ （明）杨爵：《周易辨录》，《续修四库全书》第31册，上海古籍出版社2013年版，第31—2页。此版本是影印中国科学院图书馆藏明刻本，以下注释《周易辨录》皆是依据此本，不再一一说明。

讲论所作，故取《系辞》'困，德之辨'一语为名。《明史》本传作《周易辨说》，其名小异。然《艺文志》仍作《周易辨录》，盖刊本字误也。所释惟六十四卦，每卦惟载《上、下经》卦辞。然其训解则六爻及《彖传》《象传》皆兼及之，特不列其文耳。其说多以人事为主，颇剀切著明。盖以正直之操，处杌陧之会，幽居远念，寄托良深，有未可以经生常义律之者。然自始至终，无一字之怨尤，其所以为纯臣欤？"①

从这两段文字可知晓杨爵作此书的目的在于排遣狱中忧闷。同时也是和狱友周怡、刘魁等讲论学习之结晶。"辨"字取意于《周易·系辞》"困，德之辨也"，寄托了杨爵处于困穷之时，也能固守其忠贞不二的高尚德操，故《周易辨录》既是他学《易》解《易》的著作，同时也是他心志和德性的真实体现。

第二节　《周易辨录》解《易》方法

据历史记载，杨爵被投入牢狱是因为他的正义直言得罪了昏庸的嘉靖皇帝，在牢中几次被狱卒打得死去活来，几次都濒临死亡的边缘，他都以坚强的毅力活了下来，并且在狱中完成了《周易辨录》和《中庸解》的著书工作。尽管如此，他仍然对朝廷忠心耿耿，"然自始至终，无一字之怨尤，其所以为纯臣欤"？从这点就可以看出杨爵是一个真正"弘毅"的纯儒之士。杨爵阐发《周易》不像马理根据《周易》文本，顺着卦辞、爻辞、彖传、象传的思路逐层疏导，而是先列出六十四卦卦辞，然后在阐发中融会贯通爻辞、彖辞、象辞，故他的解《易》方法有他的独到之处，从以下几点分析之。

一　以孔孟儒家思想解《易》

杨爵作为明朝关学中兴学者之一，他的学术思想传承有关学的特征。

① （明）杨爵：《周易辨录》，《续修四库全书》第31册，上海古籍出版社2013年版，第31—34页。

杨爵在狱中从事《周易辨录》的著述工作，无疑就是为了达到张载关学所倡导的"极高明而道中庸"的最高境界——在狱中寻求心灵的"孔颜乐处"之境。他解《易》旨在推本于天道，以求内心的超越和解脱，使自己的心性达到"困，德之辨"的高超之处。关于内心寻求超越的这种方法，王夫之在《读通鉴论》中曾说：

> 微有宋诸先生洗心藏密，即人事以推本于天，反求于性，以正大经、立大本，则圣人之言，无忌惮之小人窃之以微幸于富贵利达，岂非圣人之大憾哉？①

可见，这里"圣人"之言仍然被推崇备至，是"究天人"之本体，"心性义理"之学的核心要素。杨爵以孔孟思想解《易》，就是对圣人言论和思想的继承和发展，同时也是展露自己崇高德性的体现。《周易辨录》中杨爵引用孔孟言论阐发《周易》义理之处的有：

（1）《乾》卦中他说："圣人穷理尽性以至于命，乾卦性命之理，画前之易，圣人先得之矣。乾道变化，由动极而向于静之始，利之义也；万物各得其性命之正，而保合太和为静之极，贞之义也；圣人之德，首出庶物，以神道设教，教于上，犹乾道变化也。万国咸宁，犹万物各正性命而保合太和也。元亨者，显诸仁也；利贞者，藏诸用也；圣人过化，存神上下，与天地同流者也。故配合而迭言之。两乾相继，天行健之象也。君子法天，行健之象而以自强不息焉。以'义理'胜'私邪'而能要之以有终也。所谓'仁'以为己任，死而后已。非天下之至强，其孰能与于此。即孔子叹：所未见之刚者也。为私邪所制而间隔其义理之心，则懦夫而已矣。自强不息，君子入圣之功也。勉勉循循持之以敬畏，假之以岁月。勿忘助之不以已。则与至诚无息之圣同归矣。此欲从末由之际，功夫也。"②此处杨爵认为，"君子法天""行健之象而以自强不息"就在于要行"仁"。他认为"仁以为己任，死而后已。非天下之至强，其孰能与于此"。这里他把孔子的"仁"视为"天下之至强"，认为只有"仁"者才

---

① 王夫之：《读通鉴论》卷十九，中华书局1975年版。
② （明）杨爵：《周易辨录》，《续修四库全书》第31册，上海古籍出版社2013年版，第31—34页。

能以"义理"胜"私邪"而能要之以有终。甚至他认为，君子自强不息，要有"入圣之功"，就要行"仁"，只有仁者才能"勉勉循循持之以敬畏"。可见杨爵以孔子的"仁"说解释"天行健之象"，是有其可取之处的。

（2）又如他在《坤》卦引入了"孟子告滕文公为国之道，兼举三代井田，学校之制期以新。其国而为王者师，答毕战，则告之以分田制禄执法而已"①。杨爵这里引入了孟子告滕文公为国之道，就在于让滕文公实行顺天应民之举，实行井田制，对学校实行新制度，做到这些，国家就会发展壮大成为王者之师。杨爵引孟子的观点解释《坤》卦，也寄寓了自己的政治思想。

（3）又如《坤》䷁卦中说："剥尽为坤，纯阴之卦，于时为消，于事为慝，天理绝尽之世也。然卦之德，为顺可以顺乎理；卦之象，为地可以配乎天。顺理希天可以成大有为之业矣。故圣人略其消慝之迹，尽神化鼓舞之道，出其意料思虑之外而裁成之，其有进善之财者，则诱掖之欲，其善之进而极于成焉，有去恶之心者则防戒之。欲其恶之去而至于尽焉。不敢以清明之事业而绝望于昏浊之世也。该圣人视天下无不可为之时，亦无不可变之人，此有教无类之义，与人为善之心也。所谓化而裁之谓之变，推而行之谓之通，举而措之天下之民谓之事业也。于其用六而复言利永贞，见卦与诸爻皆不足于义理之纯粹，变而为阳，始可以进于有为焉。则又正本之论也，春秋战国之君，不足以拟汤武之圣德。孔孟固已知之矣。所以惓惓接引而与相周旋者，欲其一变至道而以大终也。不然则庸劣蔽锢之深，岂可望以三代之治化，而孔孟者，顾席不暇，暖而皇皇，终身欲何为哉？此皆用六，永贞之义也。"② 这里杨爵以孔孟儒家的"善之心"阐述《坤》卦的主旨大义。他认为《坤》卦之德在于"顺乎理"，卦之象在于"配乎天"。圣人从卦德卦象中体悟出"善之进而极于成"，"恶之去而至于尽"的"天理"。这里杨爵把"春秋战国之君"和"汤武"做了对比，认为"圣德"是国家昌盛的根基。这里杨爵虽说是阐发《坤》卦之义旨，实是希望明嘉靖皇帝也能像"汤武"一样是具有"圣德"的英明

---

① （明）杨爵：《周易辨录》，《续修四库全书》第 31 册，上海古籍出版社 2013 年版，第 31—8 页。

② 同上书，第 31—12 页。

君主。

（4）《比》卦："如孟子所言：土道皆为显比，建万国，亲诸侯，以其一端也。先王托股肱耳目于臣下，以次承宣而达诸天下，则为显比。霸者用其私智，小小补塞则晻昧，而非显比也。王者田猎，用三驱之，网去其一面，不尽取之，取其不用命而入者。舜之班师，振旅涎，敷文德，而有苗来格是也。"① 这里杨爵引入孟子的话证明"九五阳刚中正以居尊位，用大中至正之道，而显以比天下者也"。

（5）《泰》卦："有圣人则可以救之，圣人以天自处，视天下无不可有为之时，亦无不可有为之事，故于否，则即反为泰，泰可以常，不否然。孔孟有德而无位，则亦天之运也。"② 这里杨爵引入孔孟"有德而无位"的说法，就是为了证明否泰没有定时，而是时刻处在变化之中；也是为了证明自己的"天下无不可有为之时"和"无不可有为之事"。

（6）《否》卦："圣人之笔，如化工，非但写其形而精神尽见矣。于野，则与人同者，旷远而无私也。不狃于崇卑，不限于远近而廓然与同。则同人之心，度极欲广大无外矣。此于野之气象也。如是，则天下皆其同心者也。古今皆其同心者也。"③ 这里杨爵以"圣人之笔"阐发"同心"者的精神力量，他认为这就是人精神"气象"的展露。

（7）《需》卦："如孔子之待价，孟子之待招，则贞之至也。其他沮溺荷条之类，高尚之过而至于绝人逃世焉。"④

（8）《豫》卦："孔子言：成于乐书。所谓典乐教胄子者，亦崇德之义也。"⑤

（9）《观》卦："孔子曰：道之将行也，命也；道之将废也，命也。公伯寮其如命何？孟子曰：行或使之止，或尼之行，止非人之所为，吾之不遇鲁侯，天也。……如孔子浮海之叹，孟子之不豫色，其志固不能平矣。"⑥

---

① （明）杨爵：《周易辨录》，《续修四库全书》第 31 册，上海古籍出版社 2013 年版，第 31—28 页。

② 同上书，第 31—31 页。

③ 同上。

④ 同上书，第 31—16 页。

⑤ 同上书，第 31—38 页。

⑥ 同上书，第 31—46 页。

（10）《复》卦："孔子答子贡曰：居是邦也。事其大夫之贤者，友其士之仁者，亦此爻休复之义也。"①

（11）《大畜》卦："如孟子所言：则上九为不召之臣，六五为大有为之君而就之者也。孟子曰：君子反经而已，经正则庶民兴，庶民兴，斯无邪，慝矣。"②

（12）《坎》卦："孔子告子张曰：言忠信，行笃敬，虽蛮貊之邦，行矣。"③

（13）《离》卦："孟子告齐王于其好勇好货好色好世俗之乐，不直拒之，必委屈开道，欲与圣哲同归焉。"④

（14）《咸》卦："孔子之所以继往圣开来学者，亦如此。"⑤

（15）《遯》卦："孔子之去鲁，迟迟去齐，接淅而行，乃仁之至，义之尽也。"⑥

（16）《睽》卦："如孔子欲讨陈恒，则往见三子，三子则，非所谓恶人者乎？使当时能用孔子之言，则圣人作用之微，权因是得，以举行变，春秋之衰，晚以复文武成康之盛，治亦未可知也。"⑦

（17）《睽》卦："孟子于齐王，即其好勇好货之类而引之，使归于王道，亦遇主于巷之义也。"⑧

（18）《升》卦："孔子恐人疑大王亨于岐山，有侥幸，苟得之心，故发明其义。"⑨

（19）《艮》卦："如孔子之仕止久、速各当其可，孟子于齐，王馈兼金，不受于宋薛，则受禹稷过门不入。颜子在陋巷，曾子之远害，子思之死难，此皆艮其背之义也。"⑩

---

① （明）杨爵：《周易辨录》，《续修四库全书》第 31 册，上海古籍出版社 2013 年版，第 31—54 页。
② 同上书，第 31—57 页。
③ 同上书，第 31—64 页。
④ 同上书，第 31—66 页。
⑤ 同上书，第 31—75 页。
⑥ 同上书，第 31—71 页。
⑦ 同上书，第 31—85 页。
⑧ 同上。
⑨ 同上书，第 31—95 页。
⑩ 同上书，第 31—105 页。

杨爵引用孔孟言论解《易》，一是以圣贤的话论证《周易》易理的正确性，对社会生活的适用性；二是以圣贤的节操激励自己，学圣贤处困而不懈怠，不消沉，坚强地与困厄抗争，以圣贤之书作为精神寄托，在困境中实现生命价值。

二 以《尚书》解《易》

（1）《蛊》卦："《书》曰：慎厥终，惟其始……终以不困，终以困此之谓也。"出自《尚书·商书·仲虺之诰》。

（2）《临》卦："无远近亲疏，皆以公平之道临之。《书》所谓：无偏党反侧，而惟以荡荡平平，正直为心。"① 出自《尚书·洪范》。

（3）《观》卦："观天下犹《书》，所谓：表正万邦，皇建其有极也。"②

（4）《贲》卦："《书》之允执厥中之类也。"③

（5）《大畜》卦："书曰：王访于箕子。非箕子之贤不能致，武王之访，而武王非大正之元，后亦安能降礼于亡国之臣乎？"④ 出自《尚书·洪范》。

（6）《颐》卦："书曰：自一话一言，我则末惟，成德之彦，以乂我受民。"⑤ 出自《尚书·立政》。

（7）《大过》卦："《书》所谓：慎终于始者。"⑥ 出自《尚书·太甲下》。

（8）《震》卦："《尚书》曰：兹朕未知，获戾于上。"⑦ 出自《尚书·商书·汤誓》。

（9）《未济》卦："《书》曰：惟我文考，若日月之照临，光于四方呜

---

① （明）杨爵：《周易辨录》，《续修四库全书》第 31 册，上海古籍出版社 2013 年版，第 31—41 页。

② 同上书，第 31—46 页。

③ 同上书，第 31—48 页。

④ 同上书，第 31—57 页。

⑤ 同上书，第 31—60 页。

⑥ 同上书，第 31—63 页。

⑦ 同上书，第 31—103 页。

呼！显于西土。……亶聪明，作元后。"① 出自《尚书·泰誓下》和《尚书·泰誓上》。

杨爵在《周易辨录》中还引用了《诗经》里的诗句来阐发《易》之义理，尽管不是很多。如在《咸》卦引《诗》曰："巧言如簧，颜之厚矣。"这句话出自《诗经·小雅·巧言》；《晋》卦引《诗》曰："君子来朝，何锡与之？虽无予之？路车乘马。又何予之？玄衮及黼。"这句诗出自《诗经·采菽》。此外，杨爵还在《大畜》卦引用了《礼记》里的话："推而放诸东海而准，推而放诸西海而准，推而放诸南海而准，推而放诸北海而准。"② 这句话出自《礼记·祭义》，是杨爵用来证明《大畜·九三》"慎之于始，要之于终；相几而动，行其所无事焉，则利有攸往"。

三　以历史事件、历史人物和史实解《易》

杨爵解《易》很注重引入历史事件和史实，以此阐释卦辞爻辞义理的内涵。历史事件是真实的，真实的事件对义理的义蕴具有补充和说明作用，比抽象地理解卦爻辞的含义要简单易懂。因此杨爵在解释义理的同时，很注意与历史上的历史事件、史实相结合，起到互相补充和互相证明的作用。

（1）《乾》："非圣人不能尽也。舜避尧之子，禹避舜之子，皆或之义也。舜禹之进，斯无咎矣。否则，居其宫而逼其子，为突如来如焚如死如而无所容矣。"③

（2）《乾》："伊尹曰：臣罔以宠利居成功。周公曰：兹予其明农哉！知进退存亡而处之以道矣！"④

（3）《坤》："周公曰：孺子来相宅，其大惇典，殷献民乱，为四方新辟作。"⑤

（4）《屯》："至于十年之久，则数穷理极，而字于五字许嫁为臣服之

---

① （明）杨爵：《周易辨录》，《续修四库全书》第 31 册，上海古籍出版社 2013 年版，第 31—128 页。

② 同上书，第 31—59 页。

③ 同上书，第 31—6 页。

④ 同上书，第 31—36—37 页。

⑤ 同上书，第 31—10 页。

义也。窦融终舍隗嚣而归于光武，其时其事皆类比。……鲁昭公自取出亡则凶之验也。"①

（5）《需》："君子自养以待之而已。如诸葛孔明隐于南阳，非先王三顾之诚，则有自养以待时而已。……利用衡，则终不变其所守矣。郭林宗，申屠蟠可以当之。……唐德宗欲易太子李泌，身当其事，虽有危言之及，卒能定天下之大计。"②

（6）《师》："汉之赵充国，宋之曹彬，皆其人也，师出以正，又得老成之人用之，则吉而无咎。……此汤武之师也，齐桓公责楚包茅不贡，王祭不供，未为不正，假之而已。……如孔明伐魏，戎阵整齐，号令严明，合于以律之义，马谡街亭之败，违亮节制，则以否藏而恼矣。……春秋伐楚，而书次者，以次为善，师六四无咎之义也。"③

（7）《比》："舜之班师，振旅涎，敷文德，而有来格是也。"④

（8）《履》："尧舜之聪明圣智，君道之尽，宜若易为矣。……曾子易箦而殁是也。视其如此之履，而考其所宜，获之详则周旋，皆得元吉矣。"⑤

（9）《泰》："皋夔稷契伊傅周召之能事也。诸葛孔明韩范之徒，亦其流亚者也。……孔明相汉，躬亲细务，岂得已哉！"⑥

（10）《否》："东汉党锢皆一时之君子也，范滂辈不能潜晦其迹而速祸之，惨可伤哉！……如李林甫于张九龄，虽恨犹曲意事之，可以保富贵而不及于祸，则小人之吉也。"⑦

（11）《大有》："如曹操刘裕之徒，征伐四出，拜表辄行，卒篡汉晋，为害多矣。……如周公召公告成王克诘戎兵张皇六师，觐文武之耿光而无坏其寡命者是也。"

（12）《谦》："如汉文宽厚，吴王不朝，赐以几杖，使当时有以处之，则七国之叛，可预消矣。"⑧

---

① （明）杨爵：《周易辨录》，《续修四库全书》第 31 册，上海古籍出版社 2013 年版，第 31—13 页。
② 同上书，第 31—16—17 页。
③ 同上书，第 31—20—21 页。
④ 同上书，第 31—21—22 页。
⑤ 同上书，第 31—25—26 页。
⑥ 同上书，第 31—27—28 页。
⑦ 同上书，第 31—29—30 页。
⑧ 同上书，第 31—35—36 页。

（13）《随》："如孔明不随曹孙之辈而随先主，则所随得其正而可以获吉矣。随既得其人而所以相交者，必以公出门交公之义也。"①

（14）《蛊》："狄仁杰之于武氏是也，始终以姑侄母子配食于庙，以启其心而济其事。或曰：仁杰若用贞，当何如？曰：妇人不可居天位也。嗣圣不可改为光宅也。唐之天下不可革为周也。先儒胡氏言：当执武氏于唐宗庙，前诛之则贞之，大者也。"②

（15）《临》："如公孙述磐折以恭马援，而援斥之光武，岸帻简易而乐为，用得至临之义也。"③

（16）《观》："故观我生进退，我生上九也。古人于学士多以生称之，如文帝于贾谊。光武于邓禹，皆目之。……天下有道以道殉身，天下无道以身殉道，而无以道殉人之失矣。惜乎！六三不足以语此，杨素之于文中子，类此爻之义气。……尧舜帅天下以仁，而从之。桀纣帅天下以暴而民从之，民德之善否系于君道之得失。"④

（17）《贲》："非道之车而安于徒步矣。伊尹耕于有莘之野，而乐尧舜之道，非其义也，非其道也。禄之以天下弗顾也。……燕昭礼郭隗而乐毅应聘，晋睿宗躬旨顾荣贺循而温峤卜壶辈，皆乐为之用。……光武之于严陵，忘势叙交至与同寝，然师保之位，子陵不与而近仅得白贲。邓禹冯异诸贤，与相周旋而卒成，东京之治化，则终吉，有喜之义也。"⑤

（18）《剥》卦："如至是则国亡而小人亦安，能独保其富贵哉。如朱晦庵、蔡西山、真德秀、魏了翁诸贤禁锢摈斥不少轻贷，宋之国势不可为，而韩侂胄、贾似道之徒，终不免于杀身焉。……王延龄、李林甫基李唐无穷之祸，而张九龄、陆贽辈知有退处贬鼠而已。"⑥

（19）《复》："量其才德而不敢过于施为，敦厚于复而可以无悔矣。汉文帝谦让于礼乐，光武以柔道理天下，身求寡过，俗期小康，志成两汉之事业而已。……贾似道江上一败，宋人航海而至于亡，圣人之戒，明有验矣。"

① （明）杨爵：《周易辨录》，《续修四库全书》第31册，上海古籍出版社2013年版，第31—39—40页。
② 同上书，第1—40—41页。
③ 同上书，第1—43—44页。
④ 同上书，第1—44—45页。
⑤ 同上书，第31—49—503页。
⑥ 同上书，第31—52页。

（20）《无妄》："唐虞之骧兜，共工三苗，即其事也。但知人安民之道兼举而至于尽，则何忧？何痊？而自消化矣。禹班师振旅舜，涎敷文德而有苗格，勿药有喜之验也。"①

（21）《大畜》："汉光武严子陵，亦庶几此道矣。健为天下之大害，止之以德而不以力。成汤十一征而无敌于天下，文武一怒而安天下之民，皆大正之德也。"②

（22）《颐》："太甲成王之进德，皆伊周启沃训道之功也。……宋高宗欲建中兴之业，李纲以英哲全德日勉励，终不能复大仇，而反疆土以身殉国，区区效忠，如岳武穆者，卒不免于祸焉。……周公相成王，制礼作乐，诸葛武侯事后主，必复兴汉室，还于旧都，不如是，不足以尽人臣之职，而答委任之重也。"③

（23）《大过》："诸葛孔明巍然三代之佐，其自醒。惟曰：谨慎周密而已。……叔孙婼以意如食言而至于死。荀息、豫让、张巡、许远辈，皆足以当之，不有君子其能国乎？节义为世道之益大矣。"④

（24）《坎》："周公遭流言之变，上则成王猜疑，下则人心摇动，公惟自尽其忠诚而已。故曰：我之弗辟，我无以告我。"⑤

（25）《离》："尧舜之重华，文武之重光，由离而行者也。泰和所以在唐虞成周宇宙间也。……隋炀帝负篡逆之罪，天道之不容，神人所共忿也。"⑥

（26）《咸》："如汉元帝、唐文宗之类，元凶阉宦，窃其大柄，不能尊贤任能，奋然兴起。……王章以刚直而死狱中。……谷永贡禹之徒，知有权臣而不知有天子，皆琐尾之匹夫。"⑦

（27）《恒》："如杨墨之徒自守其述，至于死而不变，岂不有恒而谓贞，则未也。……汉文既疏于贾生矣。……管仲死桓公薨，天下不复宗齐。由仲之所久者，非其道也。……颜子禹稷忧乐不同而同于道，曾子、

① （明）杨爵：《周易辨录》，《续修四库全书》第31册，上海古籍出版社2013年版，第31—57页。
② 同上书，第31—57页。
③ 同上书，第31—61页。
④ 同上书，第31—64页。
⑤ 同上书，第31—65—66页。
⑥ 同上书，第31—67页。
⑦ 同上书，第31—71页。

子思远害死难而易地，则皆然非礼之礼，非义之义，固不屑矣。……外尧舜禹汤文武周公孔子之道，而自以为道，则九三之谓也。……如魏相假许史以进，则位之所得非其正矣。宣帝少恩相不能济之以宽仁之道，而治止于杂霸，则田无禽也。孔孟非不欲行道以济世也，然待价而沽不见诸侯以枉已者，不可以正人也。"

（28）《大壮》："齐桓晋文威制诸夏，亦可谓壮矣。……如光武之时，寇恂贾复，皆以刚壮用事者也。世祖以柔道制之，或息其忿争，或戒其黩武，卒皆得其用而成中兴之业，此丧羊于易，无悔之义也。"①

（29）《晋》："如萧何劝高帝，养民致贤，收用巴蜀，此计失得之私心也。文王则诚信养民，以尽君道而已，失得所不恤也。"②

（30）《明夷》："如世祖平王郎，不省吏民交通之词，此用晦也。……非光武之明见，万里不能如此处之也。……明夷于南狩得其大首之象，此汤武之事也。此事间不容发，一日之间，天命未绝，则为君臣当日命绝，则为独夫，此不可疾之义也。有汤武之仁，于桀纣之暴，则可不然，是未免于篡弑子罪，此不可贞之义也。"③

（31）《睽》："如周室东迁之后，内则王室乖离，外则诸侯背叛，当此之时，非有上圣之才，不能为也。晋睿宗委任王导，君臣同心，而仅足以保江左。谢安、桓冲、刘裕、檀道济之辈，终不能平一中原，则小事，吉之义也。"④

（32）《蹇》："即尧传之舜，舜传之禹，汤文武周公孔子……诸葛孔明似之。……子家子于鲁，昭公有类此爻，而子家无可连之人耳。"⑤

（33）《解》："既解便当平易，安静来复，其所汉高入关，约法三章；光武烧弃文书令，凡侧子得以自安，裴度入蔡州，言蔡人则吾人，皆平易来复之义也。"⑥

（34）《萃》："马援舍公孙而就光武，萃之正也。张瑛从宦官而攻陈

① （明）杨爵：《周易辨录》，《续修四库全书》第31册，上海古籍出版社2013年版，第31—78页。
② 同上书，第31—80页。
③ 同上书，第31—81页。
④ 同上书，第31—85页。
⑤ 同上书，第31—87页。
⑥ 同上书，第31—93页。

宝，其失甚矣。臧洪不惮杀身而应张超，得往无咎之义矣。"①

（35）《升》："成汤三聘伊尹，十一征而无敌于天下，先主三顾孔明而成霸业，用此道也。顺修其德而积小以成高大，士希贤，贤希圣，亦升之义也。"②

（36）《困》："齐桓公一为阳毂之会，楚人灭黄而不能救，处位不当不能济物之义也。"③

（37）《井》："伊尹太公之俦也，有商汤周文则功被于一世矣。"

（38）《革》："盘庚迁都，心本为民而民不从，至勤三篇诰命，始能有济，革言三就，有孚之谓也。大凡忠信不足，而尚辞命衰世之意也。……陆贽为唐德宗作奉天诏书，山东父老为之感泣，有孚改命之谓也。"④

（39）《鼎》："初之疾不能反于二焉。韦忠不就，衷危康侯之远，秦桧得此义矣。……以贾生之才不能为汉文所用，而有长沙之行，亦生自处之过也。……使贾生不死而假之以年，则通达国体之实才，文帝不能舍之矣。"⑤

（40）《震》："如宋真宗澶渊之事，非有寇准高瑗，则王钦若辈，遂定南迁之策，其危甚矣。高宗播荡伏鼠，国势削弱，而终不能振，又其下者，处之之道……若高宗有卧薪尝胆之志，选贤任能以复不共戴天之仇，乃其所有之事，而大不可丧也。"⑥

（41）《艮》："圣人尽之而神化不测，贤者勉于此而不敢怠。尧舜禹汤文武周公孔孟相传之道也。"⑦

（42）《归妹》："诸葛孔明，君子未必不乐为所用。而廖立李平之徒，至于痛苦而奋死焉。……张华之委身晋惠，虽江左粗安所成几何？而竟取杀身之祸，昧于幽人，贞之戒也。……李文靖言丁谓，顾其为人，可使之在人上乎？……若无其时，亦终不归矣。子贡问有美玉于斯，韫匮而藏诸，求善而沽。孔子曰：沽之哉！沽之哉！我待价者也。伊尹不遇商汤，

① （明）杨爵：《周易辨录》，《续修四库全书》第31册，上海古籍出版社2013年版，第31—94页。
② 同上书，第31—94页。
③ 同上书，第31—97页。
④ 同上书，第31—99页。
⑤ 同上书，第31—101页。
⑥ 同上书，第31—104页。
⑦ 同上书，第31—104—105页。

太公不遇周文，则莘野之耕夫，蟠溪之钓叟，终焉而已。……棠棣之华，
曷不肃雝，姬之车得此义矣。"①

（43）《丰》："以唐玄宗之才智，讨平韦武之乱，委任姚崇宋璟以致富
庶，开元之际，可畏丰矣。内耽女宠，外信小人，十九年养成天下之乱，鼠
身巴蜀，几至亡国，此其明验也。张九龄以直言往而遂得罪，其疑疾不亦甚
乎？诚之至，则可以发其志，而有转移之理焉。周公之于成王是也。"②

（44）《旅》："周襄王出居于郑，自谓不穀不德，而藉晋侯以复国，
得处旅之道矣。昭公不听子家之言，而客死于乾侯，失而又失也，是道
也。用之以处夷狄，患难皆无可用，折狱致刑，取山上有火照，能及远之
义，不留狱，则去而不有之义也。……子家子，不能于意如之强戾，叔孙
昭之才，又不能为己之助，知有亡而已矣。"③

（45）《巽》："如汉文帝、唐太宗，亦可畏当时只大人矣。"

（46）《兑》："如孔明说先生而事之，则为正矣。终不能兴复汉室。
荀勖之事曹操，十分天下而有其八，所为虽亨，而事未得正，然孔明君臣
正大光明，事虽不就，而道实亨。荀勖不择所主，而自取杀身之祸，其陷
而不同亦甚矣。……如苏秦张仪，驰骋口辩，而一时诸侯靡然从之，邪正
不容并立，信此谗邪，则任贤不专。"④

（47）《涣》："周公东征，虽父老之敬事者，皆以为难而惮于行。……
唐宪宗之讨淮西，惟裴度力主之。……光武昆阳之役，独当敌营之坚……
如刘先主言：操以诈，吾以诚，曹以暴，吾以仁；则事乃可成，不欲以小
利而失信义于天下，此其济涣之正也。"⑤

（48）《节》："稍不如意，则诛杀随之，唐之李林甫是也。……段干
木踰垣而避之，泄柳闭门而不纳。……汉之张安世庶几焉。"⑥

（49）《中孚》："如尾生之信，其信，白公之信其直，杨子自信其为

---

① （明）杨爵：《周易辨录》，《续修四库全书》第31册，上海古籍出版社2013年版，第31—
108页。
② 同上书，第31—110页。
③ 同上书，第31—111页。
④ 同上书，第31—116页。
⑤ 同上书，第31—117页。
⑥ 同上书，第31—119页。

我，墨子自信其兼爱，以至坚白同异之说，牢不可破，其自信非不深也。"①

（50）《既济》："以高宗之刚，明而伐之。……"②

由以上列举可看出，杨爵引用历史事件、历史事实解《易》，旨在以历史上的真实事件警醒统治者，要吸取以往朝代兴衰的经验教训。他良苦用心旨在阐明皇帝要重用贤臣，要善于察纳谏言，去除奸佞，如此才能国泰民安，否则只会导致人民于水火之中，国家于危乱之境。这体现了他虽身处牢狱之中，仍心系国家和人民安危的忧患意识，其忠介之心句句可表，字字可见。

四 小结

明朝初期，程朱理学被统治者定为官方哲学，《五经大全》《四书大全》《性理大全》成为明政府官文书。这三部大全收的大多是程朱理学家及程门朱门弟子思想学说。到了中期嘉靖、隆庆年间，程朱理学渐渐分化向"心学"和"实学"方向发展。"心学"先以陈宪章为开拓者，又有湛若水继起，最后以陆九渊、王阳明集其大成。"实学"以曹端、薛瑄为起点，后被罗钦顺、王廷相、吕柟、马理、杨爵等继承和发展。明代中后期实学逐渐取代"心学"的心性之学，其经邦济世的"实学"思想日益成为明代中后期的一种社会思潮，对当时政治、经济、军事和文化起到了改革和推动作用。明代关中学者就是在这种"实学"思潮中发展起来的，他们虽受程朱理学和王阳明"心学"影响，但是并没有抛弃张载所倡导的"实学"宗旨，而是持扬弃观点，学习并传承儒家经典，注重历史事件和史实的真实可靠性，但对佛老之学持批判态度。"三原之学"的核心以气节著称，关中民风纯厚，研究学问之风也厚重。因而从杨爵《周易辨录》分析其一解《易》方法和思想，可看出他对儒家经典十分熟稔，尤其对孔孟思想十分推崇，他引用孔孟言论及其事迹的地方比较多，推崇圣人言行，认为圣人言行是放之四海而皆准的至理。杨爵同时多次运用《尚书》中的经

---

① （明）杨爵：《周易辨录》，《续修四库全书》第 31 册，上海古籍出版社 2013 年版，第 31—121 页。
② 同上书，第 31—126 页。

典言论来阐发证明易理的合理性和深刻性，这可见诸《周易辨录》中的《蛊》卦、《临》卦、《观》卦、《贲》卦、《大畜》卦、《颐》卦、《大过》卦、《震》卦、《未济》卦。虽说杨爵解《易》的同时也引用了《诗经》和《礼记》言论，但数量相当少，只有在《咸》卦、《晋》卦、《大畜》卦出现，这也可看出杨爵是十分推崇圣人之言的，并且奉圣人之言为准的。

《周易辨录》中竟有四十九个卦都运用了历史事件、史实来阐发其微言大义，占了《周易》六十四卦的百分之七十六。杨爵引用这些大量的历史事件、史实和历史人物就是为了印证客观事实和客观真理的统一性和必然性。这些具有真实性的历史事件和历史人物对阐发《周易》卦辞、爻辞、象辞、象辞起到了补充、说明的作用，甚至对易理、义理起到了证明其科学性的作用。如果说《周易》易理是"理论"的话，那么"历史事件和历史人物"的成败得失则是实践。理论要经实践检验才是永恒的真理，杨爵解《易》运用历史事件、史实证明易理、义理，就是为了寻求《周易》哲学科学性的真理。这也是他"实学"思想中求"实"思想的可贵之处和真实所在。

第三节　杨爵及《周易辨录》的政治思想

一　民为邦本

杨爵八年时间都是在狱中度过，在狱中，他经年累月钻研儒家经典，研磨体认诵读，日复一日，年复一年。虽经受过严刑拷打，杖责鞭笞，几经死去又活来的折磨，但他始终不改其"忠义"之心和耿介之志。他在《漫录》一文中也表明了自己的这种心志。

多以情相告，予求言以免其笞，且曰事关于忠义者，原得数语子，应之曰：吾奏章数千言，字字是忠义，句句是忠义，乃以为非所当言而深罪之，今若以忠义腾口舌于尔辈之前，是吾羞也。①

杨爵对朝廷忠义之志，体现在他的"民为邦本"理念上。明朝中期，皇帝荒淫无度，朝廷奸臣当道，皇帝重用奸佞小人，使刚直耿介忠义之臣得不到重用。嘉靖皇帝即位之初，革除先朝腐败，铲除蠹政，朝政为之一新。渐渐嘉靖迷上了道教，寻求长生不死之方，二十一年（1542年），他移居西苑（今北京北海、中南海），一心修玄，日求长生，不理朝政，还滥用民力大事营建修道之所，更是重用奸臣，迷信方士，置民生与水火而不顾，此时边境外族不时入侵。杨爵对国家内忧外患忧虑重重，他的《鬻子行》和《鬻妻行》就是对当时社会现实的真切描写。杨爵在《鬻子行》和《鬻妻行》中说：

> 沿街寡妇泪涟涟，自言夫死未期年。昼勤织纺为衣食，夜抚孤儿不遑眠。孤儿幸能学步履，我夫有以继其先。成立时遇清明节，今将卖饭洒埏前。妾身百年归于室，地下逢夫无愧颜。奈何我生日恓恓，靡依靡怙叹伶仃。昊天不吊此穷苦，疾威频将下土倾。往年麦豆皆枯槁，晚禾遭霜又未成。今春父子不相顾，骨肉分离向远行。眼见旧时多富资，而今转作沟中泥。母子困厄何所赖，泣抱孤儿走京师。谁知京师亦萧条，哀哉艰难无处号。街头死者无人掩，多是流民向此逃。母寒儿饥日叫哭，无力走去但匍匐。眼中流泪口中干，只得将儿入市鬻。市上纷纷草标待，卖者空多买者稀。直到日夕总定约，破钱百丈救我饥。思量此钱买黍饭，是食吾儿肤与肌。揾泪收钱敝衣湿，如割心肺痛难支。母解怀抱将儿出，儿出两手抱母衣。跌脚投地气欲绝，竟将母子强分离。买主抱儿色凄惨，妇人欲去步难移。儿哭声，母哭声，皆哭死者又哭生。儿哭母毒舍我去，母哭苍天叫不应。②

> 何处调饥贫少年，将妻匍匐到街前。但道谁人肯买去，免我身向沟中填。妇人双泪向夫挥，劝君莫作苦辛为。自从结发成夫妇，共期偕老日相宜。此日遇不淑，岂肯遽别离。愿割妾身肉，充子一朝饥。

① （明）杨爵撰《杨忠介集》卷六，《钦定四库全书·集部六》，商务印书馆2005年版，第1276—64页。

② （明）杨爵撰《杨忠介集》卷八，《钦定四库全书·集部六》，商务印书馆2005年版，第1276—1286页。

同我良人死沟壑，不忍又逢他人衣。①

    杨爵在这两首诗中真切地描述了当时的社会现实，农人饥寒交迫，无力养儿养妻，为了活命，迫不得已卖儿卖妻。然而街上却是卖者多，买者少，其悲惨场面实在不忍目睹。杨爵想到残酷的社会现实，他内心充满痛苦和忧患意识，他希望嘉靖皇帝能行尧舜禹之事，尊民意，顺民心，救民远离于水火，使人民过上安定富裕的生活。作为一介臣子，他以天下苍生谋福利为己任，以人民苦难为己苦难。他在《固邦本疏》中陈述了自己所见所闻，希望引起嘉靖皇帝的垂怜和醒悟：

    故今谨述所过地方灾伤，生民可痛之状为陛下言之。南北直隶、河南、山西、陕西等处地方，当禾苗成熟之日，蝗蝻盛生弥空蔽日，积于地者至三四寸厚，捋禾根食之皆尽。居民往往率妇子将蝗蝻所食禾苗痛哭收割以为草刍之用。其他蝗蝻稍少之地，禾苗食有未尽者，破有秋成之望矣！未及成熟，严霜大降，一时尽皆枯槁，遭此灾变，民失依依。去年冬月，民所资以为食者，皆其先时所捕晒之蝗蝻于木叶木皮等物，当此之时，民之形色颠悴，虽甚可哀，而死于道路者尚未多见。比及今春，臣复经此地，每见饿死尸骸积于道路者不可胜数。又见行者往往割死者之肉，即道旁烹食之。又闻有父子相食者，井阱县一日而县官获杀人食者三人。臣闻之拊膺大痛，食不下咽，自谓有司必能具奏。圣明在上，闻有是事必至流涕，比臣到京，闻庙堂之上救民之死，非其所急。而所议者郊社之礼耳。微臣忧国爱君之心切于中而不能不有所言也。……夫民惟邦本，本固邦宁，民心离散邦本不固。……自古国家衰乱未有不由民穷盗起而为。上者不知忧恤，遂志人心离叛，而天命亦去，宗社不可复保矣！故臣之所忧者不在府库之财不能偏济天下，而但恐陛下无忧勤斯民之心也。夫忧民即所以忧国，治民即所以治国也。陛下日事经筵，虽隆冬盛暑未尝少息。臣知陛下锐志太平，而欲为尧舜之君矣！盖尧舜之心急于救民。②

———

① （明）杨爵撰《杨忠介集》卷八，《钦定四库全书·集部六》，商务印书馆2005年版，第1276—1286页。
② （明）杨爵：《杨忠介集》卷一，《钦定四库全书·集部六》，商务印书馆2005年版，第1276—3页。

在这篇《固邦本疏》里杨爵对人民的危难痛心疾首，忧心忡忡。他建议朝廷赈济灾民，以民为重。正如杨爵所说"夫民惟邦本，本固邦宁，民心离散，邦本不固"。然而昏庸的嘉靖皇帝却对他的"忠义"之心置之罔闻。杨爵在无果的情况下，又写了一篇《隆治道疏》，陈述了"五条"嘉靖皇帝的过失，他认为这五条"足以失人心而致危乱"，而这五条铮铮谏言却刺痛了嘉靖皇帝，昏聩的嘉靖帝不去反思杨爵的忠心耿耿，反而认为杨爵扰乱朝政，让锦衣卫逮捕了杨爵并把他投入大牢，严刑拷打。正因为杨爵认识到"人心"关乎着国家社稷的安危和兴衰，为此他对人民的苦惨生活怀着深切忧虑，对人民的苦难怀着同情和怜惜。同朝好友罗钦顺也要求朝廷执行民本思想。他在《罗整庵先生存稿·送参议周君之广东序》中说："民者邦之本，财者民之心。官匪其人，民心未有不伤者也。伤心及本，而邦且安赖耶？"① 罗钦顺的"民者邦之本"的观点对杨爵的上疏给予了很大支持，但朝廷对之置若罔闻。而杨爵在狱中又借阐解《周易·晋》提出了"养民"说，以历史上有为君主"养民"而兴邦的例子警醒世人和昏庸的朝廷。如他在《晋》卦中说：

> 九四以阳居阴，不中不正，处上之下，位近于六五，当晋之时，是患得患失之小人，履高位窃大柄以自私者也。必阴窥潜探，伺君心之所欲，而蛊惑之以保其荣宠，鼫鼠之象也，是所逢君之恶者也。以其窃据者为己所当得而固守之，则危矣。小人之误国，以基深祸而干亡已，亦安能独保其富贵哉！……失得勿恤，则存王道之大要，而不屑于霸者，功利之小述也。如萧何劝高帝，养民致贤，收用巴蜀，此计失得之私心也。文王则诚信养民，以尽君道而已，失得所不恤也。如是而往，则吉而无不利。圣人以六五明察而不足于君道，故欲其远功利之小述，而尊帝王之大道也。②

---

① 罗钦顺（1465—1547年），字允升，号整庵。泰和县（今江西）人。明嘉靖六年（1527年）后的三十多年间，曾先后任南京国子监司业、南京吏部右侍郎、吏部左侍郎（摄部事）、礼部尚书、吏部尚书。著作有《浮沤杂俗草》《困中琐录》等。转引自陈鼓应等主编的《明清实学思想史》，齐鲁书社1988年版，第12页。

② （明）杨爵：《周易辨录》《续修四库全书》第31册，上海古籍出版社2013年版，第31—80页。

这里杨爵以《晋》卦九四爻位比喻小人，小人据此位是为了接近"君"投其所好，蛊惑"君"以"保其荣宠"。他又引用《易》之"鼫鼠"之形象以象征小人行迹。《说文解字》上对"鼫"的解释说："五技鼠也。能飞不能过屋，能缘不能穷木，能游不能渡谷，能穴不能掩身，能走不能先人。"① 杨爵认为小人作为如"鼫鼠"一般，根基深、祸害大，不能保国家之安稳而只能导致国家灭亡。而要使国家昌盛富强，如文王以"诚信养民"一样，尽君道，如此"则吉而无不利"。他在《晋》卦九四爻所暗喻的小人正如他《隆治道疏》中上奏大学士夏言、翊国公郭勋之流那样。他在《隆治道疏》中言辞恳切地对嘉靖皇帝上疏说：

> 往年夏末入秋，恒阳不雨，几辅千里已无秋禾，既又立冬无雪，暖气如春。元旦仅雪即止，民失所望。汹汹无聊，忧旱之切，远近所同。此正陛下撤乐减膳，率臣下以祈惠宁之时也。而在廷之臣，如大学士夏言数人者，乃以为灵瑞尔称颂之，其欺天罔人亦不甚乎？……又如翊国公国勋者，中外皆知其为天下之大恶，朝廷之大蠹也。勋之举动踪迹，岂能逃于圣鉴……臣愚以为奸不可近，恶不可长，若止之于微，遏之于渐，则朝廷优礼人臣之体，貌未失而动戚之余裔，亦得以保全而善终也。……而颠连无告，委命沟壑，盖望一豆羹蔬食以延颁臾之生而不可得也，此正陛下爱民惜才与天下休息之时也。……民惟邦本，本固邦宁，穷民之力，尽民之财，是自掘其本根也。而国何以为国乎？昔汉文帝惜百金之费不营一台，故海内富庶。隋氏以盛修宫室而至于亡国，愿陛下以为鉴戒，则宇内生灵之庆也。况今倭寇跳梁，内寇窃发警报，日闻加以频年灾沴，上下一空，白计取之愈为不足，而兴作未已以结怨于天下，此其足以失人心而致危乱者二也。②

杨爵认为国家"保全而善终"关键在于君主"奸不可近，恶不可长，若止之于微，遏之于渐"，而君主如果不知道体恤民情，只知道"浚民膏

---

① （汉）许慎撰，（清）段玉裁注：《说文解字》，中州古籍出版社 2006 年版，第 478 页。
② （明）杨爵：《杨忠介集》卷一，《钦定四库全书·集部六》，台湾商务印书馆 2005 年版，第 1276—5 页。

血"，那就会与民离心离德，丧失民心。因而杨爵痛陈"民惟邦本，本固邦宁，穷民之力，尽民之财，是自掘其本根也"。希望明嘉靖皇帝能醒悟，能把精力和心思用在国政和民生上，而不是耗民力和民财于构建"雷坛"之上。为了能打动嘉靖皇帝不要痴迷道术之心，杨爵分别以汉文帝爱民惜民和隋炀帝残民暴民的例子劝诫圣主，苦口婆心，赤胆忠心日月可鉴。他在《大过》卦中提出了国家"危之道"就在于君主不得民心。他说：

> 君不足以得民，民无所庇而不知有其君，则危之道也。鲁之有三家，齐之有田氏，岂久安长治之理哉！……阳虽过多，二五皆以刚而得中，君臣同德相与有为，犹可以拯极弊而归于治安焉。①

韩非子也曾说过"古者先王尽力于亲民，加事于明法"②。孟子也说："诸侯之宝三：土地、人民、政事。宝珠玉者，殃必及身。"③ 为了贯彻"召得民"思想，使民有"所庇"，杨爵在《履》卦中还对《象》辞中"定民志"思想进行了深入的阐发。他认为：

> 君子观此象，则辩上下，定民志，民志未定，由上下之分未辩也。上下之分既辩，则民安其所而不妄求其志定矣。初九阳刚得正，居履之初，是以素所修者而为履之始，格致诚正之学，措而为治平之用，未为物诱而变其所守者也。执此道以往则无咎矣。人之修己所愿者，在行所学以治人也。初九素履之往，可谓不失所志而独行愿也。④

此处杨爵强调了"定民志"致使"民安"，"民安"然后对国家"治平"有非常重要的作用。他由《履》卦初九爻想到了"履之始"的关键作用。俗语说：良好的开端是成功的一半。在"履之始"之后对民施行"格致诚正之学"，如此"民志定"，即使有"物诱"也不能"变其所守

① （明）杨爵：《周易辨录》，《续修四库全书》第 31 册，上海古籍出版社 2013 年版，第 31—62 页。
② 《韩非子·饰邪》，中华书局 1974 年版。
③ （宋）朱熹撰：《四书章句集注·孟子·尽心下》，中华书局 1983 年版。
④ （明）杨爵：《周易辨录》，《续修四库全书》第 31 册，上海古籍出版社 2013 年版，第 31—25 页。

者"。杨爵认识到了民为国家兴旺发达之根本，是国家发展强盛的中坚力量，因而他由《剥》卦《象》辞"上以下安宅"引申到了报国安民的方略上。他在阐发《剥》卦时说：

> 众阴剥一阳而去之，小人欲空人之国而亡之也。事至于此，君子俭德避难，犹恐祸出不测而身不能以自保，有攸往，则杀身无益而国之危亡不可救矣。何利之有？……君子尚消息盈虚，则处剥之德，合于天道矣。故谓之天行山附于地，有颓剥之象。然于下泽厚矣。上能厚下，则所居安矣。保国之道厚下而已矣。厚下之道无他焉，所欲与之聚之，所恶勿施尔也。①

这段话中杨爵阐明了自己"保国"之道的观点，"保国之道"就在于对人民仁厚，这样人民就会心归顺于上。杨爵又认为"厚下之道"的方法在于"所欲与之聚之"，也就是想人民所想，急人民所急，满足人民衣食所需，而人民所厌恶的事情不要硬施加给人民，如此才能顺应民心。

二　君德为国强盛之基

明代中期，朝廷处于内忧外患之中，在政治和经济上都出现了严重危机。但明世宗嘉靖皇帝却亲小人，远贤臣，敢直言上谏的忠义之士都被打入监牢。此时有一些贤臣主张朝廷实行改革，革除旧弊。如罗钦顺就提出了"变法致治""民本"和"得人"的主张。为了使民本思想得到采纳和贯彻，罗钦顺要求选择贤相贤才辅佐君主。他说：

> 尝自一邑观之，为政者苟非其人，民辄生慢易之心，虽严刑峻法无益也。一旦得贤者而临之，民心即翕然归向。……故君子之守，修其身而天下平，大臣之业一正君而国定。②

---

① （明）杨爵：《周易辨录》，《续修四库全书》第31册，上海古籍出版社2013年版，第31—52页。
② （明）罗钦顺：《罗整庵先生存稿·送太守程君之任衢州序》，商务印书馆1936年版。

罗钦顺的观点和杨爵的观点非常吻合。杨爵即使人狱也上疏朝廷要求任用贤才，革除奸佞小人，要朝廷效法尧舜之治，爱惜民力民财，施行仁政和德政，强调君臣同心对国家起到兴旺发达的作用。他在阐述《观》卦爻辞时就隐含了要求君主重视"君德"，并且认为"君德"对安邦治国有基础性作用。他说：

　　　　九五居尊位而臣民所赖以作则者也。宜自观其所行者，何如？尔必其阳刚中正，足以表正天下而有君子之德，则无咎。否则播恶于天下，而违于奉天子民之道多矣。人君德足以范世，则群黎百姓偏为尔德而俗善矣。[1]

　　杨爵认为"人君"有德则可以成为国家楷模和人民学习效仿的榜样。作为国君应该以天下人民为己任，勤于国政，求贤纳谏，古来圣贤君王皆是如此。他认为劝谏嘉靖皇帝向尧舜禹汤文武君主学习历史太久远，建议嘉靖皇帝向明庄帝王学习。关于如何成就"君德"？杨爵在阐发《比》卦时说：

　　　　元者，善之长，君德也。君德至于永贞，则纯乎天矣。不宁者，不遑宁处，有忧勤惕励之心者也。天之立君，以一人治天下而劳之，非以天下奉一人而逸之也。君人者，顷刻谨畏之不存，则怠忽之所自起，毫发几微之不察，则祸患之所自生，有此不宁之心，则下之比附方感而来矣。九五以刚中之德，居尊位而上下应之，是有君德，存敬畏之心而得民之归赴之象也。[2]

　　此处杨爵认为"君德"首先应为"善之长"，也即"君德"第一要素应是"善"的。其次，"君德至于永贞"，应该像"天"一样具有纯净生生不息之精神。再次，"君德"应该时刻具备"忧勤惕励之心"。杨爵甚至认为"君"乃"天"赋予的职责，认为是"天"命"君"来治理天下

---

① （明）杨爵：《周易辨录》，《续修四库全书》第 31 册，上海古籍出版社 2013 年版，第 31—47 页。
② 同上书，第 31—21 页。

百姓而让他为百姓劳累辛苦的，而不是让天下的百姓侍奉他而让他享受安逸的。作为一国之君，应该时刻心存谨慎和敬畏之心，时时具有明察秋毫之目，这样就能避免由于疏忽和懈怠引起的祸患。杨爵又把《比》卦九五之位视为"君德"之位，认为此位既刚又中，下有六二阴爻与其呼应，上下皆为阴爻与之比邻相扶，且六爻中只有九五一爻为阳爻，五阴扶一阳，此位既刚且中。如果身为君主处于此位，且对"天"心存敬畏之心，对"民"心怀仁爱之情，那国家就会永保太平，君主之位也能稳固长久。杨爵认为有道之君大都具有"任谏"的品德。他在《隆治道疏》中就陈述了他这种思想。他说：

> 但历观古今以来有天下国家者，未有不以任谏而兴，以拒谏而亡者也。……陛下仍以慎独养天德，以天德达王道以慰人心，以祈天祐，则庄敬日强而弥寿，永于千亿，虚灵照物而忠邪莫可遁逃，其为宗庙社稷，万万年无疆之福，圣子神孙万万年无疆之规者，端在此矣。①

这里杨爵阐述了养"天德"和"王道"的关系、"王道"和"人心"的关系，只有得民心才能保社稷。杨爵还认为"君德"的养成关键在善于向有"仁德"的昔日皇帝学习；同时要善于察纳谏言，明辨事非。杨爵在狱中写的《狱中谏书》中又反复陈述了他的这种思想。他说：

> 古圣哲之臣，所以辅养君德而成功业之盛者，孰不切切焉。欲其君以听言纳谏为心乎？汉武帝之臣有汲黯者，自言有狗马之忠。……是故远而虞夏商周之圣君，及汉唐以来之贤主，近而孝宗皇帝，皆陛下所当取以为法。而秦以"诽谤"二字箝天下之口，以自取覆亡之祸者，又万世俗当深戒也。以任谏而兴，以拒谏而亡。……谏者使下情得以上通，上情得以下达而免于覆亡之祸焉。昔人以为功多于汗马之劳者，谓能消祸于未萌也。②

---

① （明）杨爵：《杨忠介文集·隆治道疏》，《钦定四库全书·集部六》，台湾商务印书馆1980年版。

② 同上。

杨爵这种"君德"思想本之于儒家经邦治世观念。可贵之处在于：一是主张君主广开视听，察纳谏言。甚至在遭受重笞情形之下，仍能始终坚持正义和正确主张，为国家社稷安稳不顾惜生命安危。二是在自己谏言不被采纳，同时又被拘捕毒打死去活来的情况下，仍不记恨君主，反而说是圣主仁慈，留自己一条活命，可谓对国对民对君都是赤胆忠心，耿耿不二。

三　君臣同心国强民安

《周易·系辞上》引用孔子的话说："子曰：君子之道，或出或处，或默或语。二人同心，其利断金；同心之言，其臭如兰。"这里孔子解释说：君子（处世待人）的道理，有时（可）外出行事，有时（要）安居静处，有时（要）沉默寡言，有时（可）畅发议论。两人心意相同，犹如利刃可以切断金属；心意相同的言语，其气味像兰草一样芬芳。孔子话语也可引申到君臣关系上：君臣同心，其利断金。杨爵在阐发《大过》卦时就对君臣同心做了深入阐述。他说：

> 大过之时，极弊而难于措手之际也。非有拨乱世而反之于治之才德，不能釐举而正之焉。君以刚中之德而出治于上，臣以刚中之德而辅治于下，君臣同心，如元首股肱之相资，皆以天德之盛形而为王道之大。何弊之不可救？何治之可成？则济大过之时之才，德可谓大矣哉！淬水之盛而至于灭木焉。则其势可谓大过矣。君子之蹈履知有理而已，理苟可行，虽举世皆欲止之而吾行焉。理苟可止，虽举世皆欲行之而吾止焉。①

杨爵认为只要"君臣同心"，就好像"元首股肱"互相扶持和支撑，没有什么弊端不可拯救？天下没有什么事情治理不好。甚至杨爵认为"君臣同心"也是实行"王道""天德盛形"。

尤其当君臣同处危难险境之时，更需要君臣同心。杨爵在《坎》卦

---

① （明）杨爵：《周易辨录》，《续修四库全书》第 31 册，上海古籍出版社 2013 年版，第 31—62 页。

中说：

> 九五君臣同处，险难之象。百围之木，膏液内涸，然后风始得而拔之，以人君之尊而在险中，必膏泽素绝于民，人心离叛，奸雄乘间而祸乱所由生，始不免于难矣。

这里，杨爵提出当君臣同处险难之境地时，君臣更加要同心同德，不能背心离德，否则"奸雄"乘隙而入，就会挑拨离间，危害国家安全。尤其当国家处于危难险境之时，此时国君应该起用具有君子品格的贤能之人，而不是小人。他在《坎》卦中说：

> 有中德而至于大，则大贤以上之作用不为人所陷，而无陷之可出矣。气化之盛衰，本于人事之得失，道体无穷而终日乾乾之心不可已也。上六以阴柔处险之终，履险之上为极险也。极险而以君子济之，则易于成功，极险而以小人坏之，则易于覆败。①

此处杨爵认为国君应该重用"大贤"之臣，具有"大贤"品格之人，即使是小人也对他心存畏惧和害怕，不会轻易陷害。杨爵又认为具有"大贤"品格的君子即使处于"极险"境地，也能逢凶化吉，转危为安。而小人在极险之地，孤立无援，容易被颠覆。杨爵认为君臣同心的前提条件是：君主应该重用贤臣，和贤臣同心是国家安危的基础和保证。杨爵在《大过》卦中说：

> 天下之事，当与天下之贤才共之，而非一人之手所能成。有与人为善之心，则天下之善皆其善也。三以恶德而任君国，子民之责则人不与辅，危乱之祸成而凶至矣。乐正子闻识智虑，皆不足而能好善，则优于天下也。若三者謘謘之声音颜色，拒人于千里之外，士止于千里之外，则谗谄面谀之人至而国危矣。②

---

① （明）杨爵：《周易辨录》，《续修四库全书》第 31 册，上海古籍出版社 2013 年版，第 31—66 页。
② 同上书，第 31—63 页。

所以杨爵进一步说："天下之事，当与贤才共之"，天下之事重且大，不是一人之手一人之力所能完成和实现的。以"与人为善之心"为之，则"天下之善皆其善"。而国君如果以"恶德"著称，则国家处于危乱和祸患之时，"子民"则不会辅助国君以平息祸乱。这里杨爵认为像"乐正子"这样具有"闻识智虑不足而能好善"之人也是国家需要的"贤人"，如果把"贤才"和"士人"拒于千里之外，那么"谗谄面谀之人"就会蜂拥而至，国家则处于危亡之境。此处杨爵更进一步阐述了"贤臣"对国家社稷的重要作用，也隐喻了自己是"贤才"而得不到重用的苦闷和抑郁。

四　小结

综上所述，杨爵的政治思想体现了他忧国忧民爱国爱民的赤诚情怀。他的忠君之心，他的体民之情，他的坚强意志，都体现在《周易辨录》和在牢狱所写诗文之中。时人罗钦顺《奉赠杨斛山先生》对杨爵一生给予了中肯评定："眼看荣利独超然，家学关西故有传。直拟重阴当昼泯，肯虞乔木受风偏。云开月朗谁能卜，义重身轻我自权。老气为君增十倍，愿言加饭更钻坚。"

第四节　杨爵及《周易辨录》的军事观及问学观

杨爵虽然不是军事家和教育家，但是在阐述《周易辨录》易学思想时，他间接地表述了的自己军事思想和教育思想，在他解释《师》卦、《复》卦、《蒙》卦中都可以看到这些思想的闪光之处。

一　军事观点

杨爵虽然没有带兵上过战场，作为一介书生，他对带兵打仗也有自己的独到看法，在阐释《师》卦中就表达了这种观点：

兵者，圣人不得已而用之。有应敌之兵，有问罪之兵，用之以道皆为正，否则，强暴寇盗而已。将在得人，老成长者临事而不惧，好谋而成，有平定安戢之功，而无屠城掠地之失。胤侯之征羲和，歼厥渠魁，胁从罔治，旧染汙俗，咸与维新丈人所为，盖如此。汉之赵充国，宋之曹彬，皆其人也。师出以正，又得老成之人用之，则吉而无咎。[①]

杨爵认为，出兵往往是在不得已的情况下才作为的。出兵的原因有多种，有敌人侵犯出于防卫的"应敌之兵"，这是处在被动情况之下不得已而为之的。也有讨伐敌方的"问罪之兵"，这种情况是属于主动出击，但不论何种情况，用兵之道都在于"正"，即维护正道和正义。不是出于维护"正道"的用兵，则是"强暴寇盗"。他这种出兵有因的观点和《尉缭子》中阐述的"事必有本"观点有相似之处。《尉缭子》中说：

兵者，凶器也。争者，逆德也。事必有本，故王者伐暴乱，本仁义焉。战国则以立威，抗敌，相图，不能废兵也。[②]

杨爵认为用兵在于"用之于道则正"，而《尉缭子》中则认为"事必有本……本仁义焉"。在儒家思想里，遵循正道即就是遵循"仁义"。《司马法》中说："古者，以仁为本、以义治之谓正。正不获意，则权；权出于战，不出于中人。是故杀人安人，杀之可也；攻其国，爱其民，攻之可也；以战止战，虽战可也。"[③] 可见，正如杨爵所说，兵是在不得已的情况下才使用的，这种不得已而为之的也要遵循"仁义"之道，否则就是滥杀无辜，就是暴徒行径。其次杨爵还阐述了将帅如何获取人才和使用人才的问题。杨爵认为将帅"得人"以"老成长者"而使用，因为"老成长者"

---

① （明）杨爵：《周易辨录》，《续修四库全书》第 31 册，上海古籍出版社 2013 年版，第 31—20 页。

② （战国）尉缭：《尉缭子·兵令上》，台湾商务印书馆影印《文渊阁四库全书》，1980 年版。

③ （春秋）司马穰苴：《司马法·仁本第一》，台湾商务印书馆影印《文渊阁四库全书》，1980 年版。

"好谋而成，有平定安戟之功，而无屠城掠地之失"。此处杨爵以赵充国[①]、曹彬[②]作例，说明"得老成之人用之"逢战必胜，出征则凯旋而返。杨爵所言的"得人"即就是"选将"。关于如何选将，《六韬》中太公对武王讲了选将有"八征"。

> 一曰问之以言，以观其辞。二曰穷之以辞，以观其变。三曰与之间谍，以观其诚。四曰明白显问，以观其德。五曰使之以财，以观其廉。六曰试之以色，以观其贞。七曰告之以难，以观其勇。八曰醉之以酒，以观其态。八征皆备，则贤不肖别矣。[③]

由此比较可知，杨爵"得人"和太公的"选将"虽然提法不同，但从人才学观点可知，实质基本是一致的。杨爵"老成之人"基本符合人公所说的"八征"，也就是被选将之人。关于如何出兵，杨爵强调要特别谨慎和慎重，他在阐释《复》卦时说：

> 盖阴暗无察理之智，柔懦无体道之仁，天德灭息而至于尽矣。当复之极则复道已矣。弊固之深而自省自新之念，不复萌动矣，故凶。有灾眚，逮其身而无自全之理矣。以斯人而行师，则终有大败。以其国君凶，所谓君不择将，以其国与敌也。坤为众，有师之象，此爻居上，有统众之象，国之大事在戎，而尤不可以不慎焉。贾似道江上一败，宋人航海而至于亡，圣人之

---

①　赵充国（前137—前52年），字翁孙，原为陇西上邽（今甘肃省天水市）人，后移居湟中（今青海西宁地区），西汉著名将领。赵充国为人沉勇有大略，少年时仰慕将帅而爱学兵法，并且留心边防事务。赵充国行军是以远出侦察为主，并随时做好战斗准备。宿营时加强营垒防御，稳扎稳打，计划不周全不作战。爱护士卒，战则必胜。充国死后与霍光等人一同画肖像于未央宫，谥曰壮侯，葬于圭卜山之阳（今清水县城西北的李崖）。

②　曹彬（931—999年），今河北省石家庄市灵寿县岗头村人。后汉乾祐二年（949年）做成德军牙将。北宋时，受宋太祖器重，曹彬于建隆二年（961年）被提为客省使。累迁左神武将军兼枢密承旨、宣徽南院使、检校太傅，拜枢密使，检校太尉。太宗即位，加封同平章事。太平兴国三年（978年），加封检校太师兼侍中。曹彬一生戎马战场，严于律己，士众畏服，谦恭仁厚，不言人过，朝臣敬重。曹彬咸平二年（999年）六月逝后，皇上亲临恸哭吊祭，赠中书令、济阳郡王，谥武惠，配飨太祖庙庭，后又追封韩王，妻高氏赠韩国夫人。《宋史》对曹彬的评价是："仁恕清慎，能保功名，守法度，唯彬为宋良将第一。"

③　唐书文撰：《六韬三略译注》，上海古籍出版社2006年版。

戒明有验矣。至于十年不克，征则贻国，无穷之祸终不可救矣。①

这里杨爵特别强调如果"君不择将"，则其国将可能被敌人掠夺。国家的大事集中在（戎）军队，所以军队出征或出兵更加要慎重。这里他举贾似道的例子警醒世人，不到万不得已千万不要出征，否则无穷之祸终究不可避免。

二　问学观点

作为明代关学中兴的一名理学家，杨爵和王恕、吕柟、马理、韩邦奇所不同的是，他没有兴办过学堂，没有在书院讲过学，没有给众多的弟子传授过学业，但他八年时间在囹圄中度过时和同室狱友互相讲学，互相劝勉，互相鼓励。他在解释《蒙》卦时说：

> 蒙与明相反，蒙昧而不明也。山下有险则迷于所向矣。险而止，则怀险心而怠于问学矣，皆所以为蒙也。蒙之可亨，理义之心开而可以至于明矣。此由九二之道可以发人之蒙，而所以发之者又得其时之中也。九二刚中之德与六五之童蒙，正相应，非二求五，乃五求二，学者教者之志自相应也。求之者其心虚以诚，则应之者亦乐以成其美矣。…求之者，其心专；应之者，当其可。二之发蒙，可谓得时中之道矣。此蒙之所以亨也。二可谓诲人不倦之圣贤，五亦有希贤希圣之志者矣。教之而不以正，则所知所行差之毫厘，谬以千里。非圣贤以人事天之学问也。尧舜之精一，孔门之择善固执，格致诚正，程朱之居敬，穷理知行并进，皆圣贤大中至正之道也。当童蒙之时，而养之以正，则可以至于圣人矣。故为作圣之功，山下出泉，未有所归，亦蒙之象也。泉之出，必放乎四海，君子之果行似之，必盈科而后进。②

---

① （明）杨爵：《周易辨录》，《续修四库全书》第 31 册，上海古籍出版社 2013 年版，第 31—55 页。
② （明）杨爵：《周易辨录》，《续修四库全书》第 31 册，上海古籍出版社 2013 年版，第 31—14 页。

这里杨爵首先从《蒙》卦卦形出发阐释“问学”的因由。他认为“蒙之可亨”，是因为有“理义之心”而“心明”，因为“心明”，问学才能长进。其次，杨爵阐述了教者和受教者的关系问题。他认为九二爻位处于刚中，是教者之位，启发蒙昧之人之位。而六五之位是童蒙之位，是受教者之位。童蒙之人寻求施教者教育，童蒙之人心虚而且诚恳，则施教者也乐意成全这个美意，即“学者和教者志向相呼相应”。童蒙之人求教，心专笃定，施教者则乐意为之。杨爵认为处九二爻位的人是诲人不倦的圣贤人物，而处于六五童蒙之位则是有志向的“希贤希圣”之士。再次，杨爵阐述了教育内容问题。他认为教育当教之以“正”，否则“所知所行”将会“差之毫厘，谬以千里”。杨爵对从事学问的人心存感激和敬畏，认为这是非常神圣的事情，所以他认为“非圣人”不能从事，并且把圣人从事的事情称作“天之学问”。“天”在人们意识中具有不可违抗意志力，且“天”的精神是生生不息，长盛不衰。因此“学问”之事也应该像“天”的意志和精神一样，健顺而又生生不息。第四，为了进一步阐述如何从事“学问”，杨爵列举古代圣贤的例子做进一步说明：如“尧舜精一；孔门择善固执，格致诚正；程朱居敬，穷理知行并进”。他认为圣贤做学问方法不同，但实质内容都是基本相同，即遵循“大中至正之道”。第五，杨爵又阐述了关于“问学”的最佳时间、内容和方向问题。他认为问学当在“童蒙”之时，此时“养之以正”，则童蒙之人就可达到圣人地步了。杨爵从《蒙》卦九二和六五爻位相应引申出学者和教者同志相求之关系，提出了学者学习时间和内容问题，这可说是他教育思想独到之处。他又从《蒙》卦之象引申出“学问”之道如“山下泉出”，泉水没有枯竭，求学问道也没有停滞之时，这里他阐发了“问学”的连续性和持久性，这是放之四海而皆准的至理，具有君子人格如此做了，则“盈”而“后进”。第六，关于如何督促“后进”潜心问学，杨爵在阐发《蒙》卦时说：

> 使学之者既有严惮恐惧之心，而又有乐于进修之志，可谓善发蒙矣。若一于严，则情所难堪，聒之以明之所难知，驱之以力之所难行，为教之，失其道而无益于蒙者矣。……九二当发蒙之任，刚而得中，为包容众蒙之象。包容之，则往者不追，来者不拒，以是心至斯

受之而已。随才成就而不过求，皆在其中矣。①

杨爵认为教育应该宽严结合，使"学之者"一方面产生"严惮恐惧之心"，另一方面又产生"乐于进修之志"，如此则算"善发蒙"。过于严格则"情难堪""明难知""力难行"，如此"教之"则"失其道而无益于蒙"。九二当"发蒙"之时，刚而得中，"以是心"含"包容"之象，则"往者不追，来者不拒"，如此则"才成"。杨爵在狱中给其家人信中也间接地表达了他规劝子弟如何"问学"的观点，他说：

> 休、偲，我下狱十有四月矣。饮食如常，身无一日不安心，无一日不宽。时读《易》，静中觉有进益。钱郎中自去年九月下狱，尝与论《易》《春秋》，固甚乐也。家中大小并诸亲朋无忧。休考试如何？当翻然省悟。谢绝人事，专志学问。偲可读《五经》白文，又要专心下苦，不如是不能成也。舍儿送五钦处读书，并张禹卿，皆不要误了。田採无人讲论，可亲近縣，天性必有进益。甚勿离群索居，虚玩岁月，石巍恪守规矩，学一谨厚君子，用心读书，勿忧不进学业。②

从上面的家书内容可看出杨爵不仅自己勤于学习，同时也非常注重教育子弟以学业为重。他在狱中以读《易》《春秋》为乐，劝导子弟读《五经》，专心下苦，专志学问，做一谨厚君子。不唯如此，杨爵在狱中写就若干诗篇，也表露了他身虽陷囹圄，在困境之下仍坚持"问学"达观心态。如《书白楼诗卷》：

> 将军之居近白楼，将军之才冠帝州。胸中自有兵百万，曾出将府舒国忧。而今久作园中客，可怜魏尚同幽囚。一到囹圄八九月，手执《周易》诵不辍。将军本儒者流，于此可以观志节。云鸟往时成八阵，韦编此地慕三绝。每向忧中寻乐处，鲁史周文日讲说。谈文论武拟虚

---

① （明）杨爵：《周易辨录》，《续修四库全书》第 31 册，上海古籍出版社 2013 年版，第 31—15 页。
② （明）杨爵：《杨忠介集》，《钦定四库全书·集部六》，台湾商务印书馆 1980 年版，第 1276—44 页。

舟，我识将军豪与忧。身虽凝坐一室间，心在羲皇境上游。嗟子真机久未开，狂惑速祸自天来。还幸此日成良晤，仿佛乐趣散愁怀。世上纷纷苦幽滞，困亨谁解昔人意。几时各得归山林，毋忘尔我自相遇。①

这首《书白楼诗卷》抒发了杨爵在狱中"忧中寻乐"，乐在"问学"，乐在"韦编三绝"，乐在"鲁史周文"和"周易"的高志节操。此外其他诗篇中也或间接或直接地表现了他"问学"不辍的坚毅志向。如《心自泰和奔来问赋此以慰之》："学问须先会洗心，洗心于道最能深。仁义英华成事业，庙堂根脚自山林。"②《端午用杜工部韵》："半室还如天样宽，诗书聊此与君欢。汉廷可少贾生泪，晋絷应怜楚客冠。"③《寄田道充》："二十年前我与君，讲求五典与三坟。"《闻绪山出狱》："庙堂事业成虚语，圣学全功盍自收。"《送桂道长出狱和其韵四首》："五斗王臣皆有事，六经作用未为赊。暂舒廊庙经纶思，且问江湖赤子嗟。试罢牛刀谒帝王，还成礼乐数十家。"④ 这些诗文不仅体现了杨爵对经书熟通，而且表现了他处于困境之下也能以积极乐观的心态克服困难，不向命运低头，不向恶劣环境屈服的嗜学心声。

三　小结

由上面分析可知，杨爵的军事观是对前人军事观继承、引申和转述。如对《尉缭子》《六韬》《孙子》等书的思想都有吸收和阐发。当然杨爵对前人的兵法思想并不是全盘吸收，而是采取了扬弃的方法，吸取中又有选择和剔除，吸收精华，剔除糟粕。如他的师出有正道、好谋而成、得老成人而用、选将等军事思想都是对前代军事思想的扬弃。杨爵的"问学"思想是他根据自己的实践而得出的珍贵经验，他在狱中和狱友互相砥砺讲

① （明）杨爵：《杨忠介集》，《钦定四库全书·集部六》，台湾商务印书馆 1980 年版，第 1276—88—89 页。
② （明）杨爵：《杨忠介集·卷九》，《钦定四库全书·集部六》，台湾商务印书馆 1980 年版，第 1276—92 页。
③ 同上书，第 1276—102 页。
④ （明）杨爵：《杨忠介集·卷十一》，《钦定四库全书·集部六》，台湾商务印书馆 1980 年版，第 1276—103 页。

学，这种恶劣困境之下的"问学"之路是真真切切的实践之路，所以他的"问学"思想不是虚空泛泛之谈，而是人生智慧之结晶，是困境磨砺之下的人生箴言，更是启迪开悟"童蒙"之人生钥匙。

第五节 杨爵及《周易辨录》的修养观及伦理观

一 修养观

1. 修养"正气"与"大节"

杨爵的人生修养观主要体现在他关于君子小人的论述上。他在《大壮》卦中说：

> 大谓阳，君子之类也。大壮谓，大者壮也。以一卦之体言，则四阳盛长而过中，为大壮；以二卦之德言，则乾之德为刚，震之德为动，刚以动也，刚以动亦为壮，盛之势也。以其壮而形诸作用，则利于正，正则为君子，为以义理用事者也。不正则为小人，为以血气用事者也。正则为王道，不正则为霸术矣。文武一怒而安天下之民，大壮之正者也。齐桓晋文威制诸夏，亦可谓壮矣。①

这里杨爵从"正"与"不正"的角度论述了君子与小人的区别。具有君子人格的人通常以"义理用事"，而小人则通常以"血气用事"。"正则为王道，不正则为霸术。""王道"一词最早见于《尚书·洪范》："无偏无党，王道荡荡。"② 孟子对王道有更精确的论述，孟子的王道思想是"纯粹仁义王道"，以不追求本国利益为目的，而以仁义道德实现为最大目标，是牺牲奉献意义上的王道。荀子也提出了王道思想，荀子的王道是"务实王道"，这种思想是以维护与追求本国利益为主要目的，在追求本国利益

---

① （明）杨爵：《周易辨录》，《续修四库全书》第31册，上海古籍出版社2013年版，第31—76页。
② 《尚书·洪范》，上海古籍出版社1996年版。

的同时又兼顾道义原则，反对滥用武力，尽量和平解决矛盾和国际争端。韩非子则提出了"霸道"思想。他认为霸道是以武力与唯利是图为手段，只顾本国利益，以争夺霸权与取得霸主地位为最大目的，仁义道德至多只是外交工具而已。汉代大学者刘向，博通经术，评论历朝政治得失，他一边读书，一边著书。在他所著的《新序·善谋篇》中写道："王道如砥，本乎人情，出乎礼义。……三代不同道而王，五霸不同法而霸。"在刘向看来，王道是和"人情和礼义"结合在一起，刘向称赞王道，反对霸道。刘向把王道看作人情和法律道德相结合的结果，因为"不同法而霸"①，这也是有一定道理的。杨爵在孟子、荀子的思想基础上从"正"的方面论述了王道思想，他认为"霸术"则为"不正"。"文武一怒而安天下之民，大壮之正者也。齐桓晋文威制诸夏，亦可谓壮矣。"杨爵认为文武、齐桓晋文实行的都是王道之事，是顺民心达民意的结果。杨爵不仅强调"正"，还很重视"大"。他在阐释《大壮》卦时说：

> 大者本所以为正，正为大者所有之道，非假于外求也。特以不察而自失其正者，有之天地之情，正大而已；生长收藏与时消息，皆正大之道也。此大壮之不可不利于正也。正则尽人道以合于天道矣。圣人先天而天弗违，后天而奉天时，尽其正大之作用而已矣。一失其正，则与天地不相似，而非率性之道也。②

此处杨爵认为"正"和"大"相互关联，"大"为"正"之"本"，"正"为"大"之"道"。天地之情，既"正"且"大"。天地之间"生长收藏与时消息"，是"正大之道"。因此"正则尽人道以合于天道矣"。此处杨爵虽在言天地，实际是暗喻君子修身也应该如天地一般，具有"正"且"大"的情怀，也应如"圣人"一般，"尽其正大之作用"而为之。天地之所以长且久，就是因为"正"且"大"。而人如果失去了"正"，则与天地不相似，就"非率性之道"了。由此可知，杨爵强调君子修身重在修持内心之"正气"和"大"的情怀。因为胸有"正气"才

---

① （汉）刘向：《新序·善谋篇》，贵州人民出版社1994年版。
② （明）杨爵：《周易辨录》，《续修四库全书》第31册，上海古籍出版社2013年版，第31—76页。

能与天地齐久，心中有"大"才能容纳"天地之情"。他在解释《大壮》卦时说：

> 圣人言简而义精矣。九三过刚不中，当大壮之时，在小人则为用壮焉。……君子固以义理用事者，然或有忘其深远之虑，而忽于祸机之防者矣。……贞者，天下之达道也。慎修而有得焉，则为圣哲之作用矣。……大抵天下之事，莫不成于难而败于易，以为难则可以无难处之事，以为易则忧即至矣。艰之一言，乃圣人示人以存诚之基本而转灾为祥之机也。①

此处杨爵认为君子应该学习圣人"言简而义精"之意。君子固以"义理"用事，但也可能"忘其深远之虑"，"忽于祸机之防"。杨爵强调"慎修"然后"有得"，认为这就是"圣哲之作用"。杨爵还认为君子修身最重要的是要从"难"处做起，他认为"天下之事，莫不成于难而败于易"，这体现出杨爵内心深处的忧患意识。他还强调了艰难之时言语的激励作用，即如圣人"示人以存诚"则会"转灾为祥"。

2. 修养"容德"与"忍功"

杨爵在解释《讼》卦时说：

> 讼之事，不可以涉险难，而为之要在可止而止矣。上刚下陷，陷而健，非有涉川之用，与涉川之才也。天与水违行，亦有讼之象，作事谋始，存仁让之心，而慎守之，犯而不较，则讼可绝矣。初六以阴居下，其才其势皆不能为讼者，但明辨其心斯已矣。故为不永所事，小有言而终吉野。讼之事，有容德乃大，其次则能忍，亦不失为厚也。初六能忍者也，九二当讼之时，与九五讼者也。二知五之势，不可敌。乃归而逋窜，不复与讼而自潜于三百之小邑，始得免于灾眚焉。②

---

① （明）杨爵：《周易辨录》，《续修四库全书》第31册，上海古籍出版社2013年版，第31—77页。
② 同上书，第31—19页。

此处杨爵从卦形角度分析了《讼》卦卦义，他认为"讼之事"，对险难之事则不要涉及，要在可止而止之处停住。《讼》卦，上为天，下为水，天健而水陷，因而杨爵说上刚下陷，陷而尤能健，是涉川之才。从《讼》卦象分析，天在上，水在下，天水行迹"违行"而"不相交"，故容易产生矛盾，引起争讼之事。杨爵认为要避免争讼事件发生，就要在做事开始之时，"存仁让之心"，而且"谨慎守护"这种"仁让之心"，即使犯错了也不要计较，则争讼之事就可熄绝了。而要不产生争讼，就要心存"容德"和"忍功"。能容，则大事可化为小事，小事可化为无事。能忍，则无争讼之事，退一步可天地宽。孔子曾说："巧言乱德，小不忍则乱大谋。"所以杨爵说："有容德乃大，其次则能忍，亦不失为厚也。"当九二爻与九五爻产生争讼之时，二爻处于劣势，五爻处于优势。"二知五之势，不可敌"，"九二爻"忍退于"六三爻"之下，则"灾眚"可免去。杨爵从《讼》卦的卦形和卦象推演出人生至理，即心存仁义精神的"容德"和"忍功"，则可息讼，避免了争斗之事发生，人与人之间建立和谐关系，则国泰民安。

　　3. 修养"心静"与"慎独"

　　"静"的学说历来为道家和佛家所提倡。"慎独"则是《大学》中提出的思想。《老子》中关于"静"的提法有多种，如："致虚极，守静笃。……夫物芸芸，各复归其根。归根曰静，静曰复命。"（《老子·第十六章》）"重为轻根，静为躁君。"（《老子·第二十六章》）"静胜躁，寒胜热。清静为天下正。"（《老子·第四十五章》）"故圣人云：我无为，而民自化；我好静，而民自正；我无事，而民自富；我无欲，而民自朴。"《老子·第五十七章》杨爵修养关于"心静"思想是对道家思想的继承和发展。① 他在《漫录》一文中，对《困》卦阐释引出了"心静"思想，也是他处困之后心灵历练的结晶。他说：

　　　　《易》谓：险以说困而不失其所亨，其惟君子乎！子久处困难，亦时以此自慰，但罪恶深重，为世道之损者甚大，仰愧于天，俯怍于人，襟怀滞碍，郁抑不安之时常多。心静则能知己，方寸扰乱则安，其危利，其灾祸，几显著而不能察矣。况于几乎？几者动之微而吉凶

---

① 饶尚宽译注：《老子》，中华书局2006年版。

之先见者也。所谓先见亦察吾动，是与不是而已，所动者是吉，即关于此矣。所动者不是凶，即萌于此矣。意向少离于道，则步履反戾，差之毫厘，谬以千里矣。故学者以慎独为贵。①

这里杨爵阐述了自己深陷困境而能深刻自省。他反省自己"罪恶深重，为世道之损者甚大，仰愧于天，俯怍于人，襟怀滞碍，抑郁不安之时常多"。经过深刻反省之后，他认为"心静则能知己"，知己才能心安。为了不远离"道"，杨爵认为学者当"慎独"为要，如此才能不"差之毫厘，谬以千里"。关于如何"慎独"，《大学》里说：

> 所谓诚其意者，毋自欺也。如恶恶臭，如好好色，此之谓自谦。故君子必慎其独也。……是故君子先慎乎德。有德此有人，有人此有土，有土此有财，有财此有用。德者本也，财者末也。外本内末，争民施夺。是故财聚则民散，财散则民聚。②

《大学》阐发君子"慎独"先慎乎德。关于德、财、民三者的关系，《大学》则认为德为本，财为末，民以财聚，财散则民散。杨爵则在此思想基础上做出了引申和阐发，他认为德是和欲、善联系在一起的。他在阐发《困》卦时说：

> 酒食人之所欲，九二有刚中之德，可欲之善也。当困之时，反以此可欲之善而自困焉。大凡有德之君子，必以国与民为心，而忧时慨世之心为独，切欲转移之则，又势方殷盛，力所未能而心不能，以自己适见其困而已矣。蕴仁义之道，怀经济之术，跻一世于平康者，舍斯人无与归上之人，方委以拯困之责任而朱绂方来矣。③

这里杨爵阐发自己的观点，他认为"有德君子"，心系国家安稳和人

---

① （明）杨爵：《杨忠介集·漫录》，《钦定四库全书·集部六》，台湾商务印书馆1980年版，第1276—61页。
② （宋）朱熹撰：《四书章句集注》，中华书局1983年版，第7页。
③ （明）杨爵：《周易辨录》，《续修四库全书》第31册，上海古籍出版社2013年版，第31—96页。

民幸福，而忧时慨世之心则为"慎独"之时所思。"有德君子"，"蕴仁义之道，怀经济之术"，把为国家谋"平安稳定"作为自己的责任，拯困济贫作为人生志向，是君子人格风范的体现。

二　家道伦理观

1. 重女贞

杨爵对《家人》卦的阐释体现了他的家庭伦理思想。他说：

> 卦名家人，取一家中人之义也。必利于女贞，闺门风化之原，女贞，则家可齐，家齐则国治而天下平。举而措之耳，隐微之际，所系甚大。六二以柔得中正，女正位乎内也。九五以刚得中正，男正位乎外也。男女正合于天地之道，故为天地之大义也。……风化自此而出，亦有家人之象，言有物，则顺理而言，又不徒言而必行之也。行有恒，则要之有终而不变也，此修身之要也。家固国与天下之本，而身又为家之本也。立家之初，习尚未定，心志未变，训之以正，则正感之以邪，则邪如影响之出，形声断乎，其不易矣。①

从这段引文可看出杨爵内心深处有着封建时代男尊女卑的思想。他受传统女主内、男主外思想的影响，特别强调"女贞"，重视女子在家庭中的地位。他认为家庭中个体修身是家庭和睦的基础。而家庭稳固又是天下安定的根本。所以他强调"立家之初，习尚未定，心志未变，训之以正，则正感之以邪"，如此正家风，是为了邪不侵害正。杨爵还特别讲求妇女的贞操观念，他在狱中给家人的书信有《三十五则》，每则均在教导儿女如何学习，如何做人。尤其在《三十三则》对家中妇人女子的嘱咐体现了他的思想深处女子贞操高于生命的意识。他在书信中写道：

> 我前者两次书来家，令仕买刚尖刀数十把，今又恐你不著意，愚

---

① （明）杨爵：《周易辨录》，《续修四库全书》第31册，上海古籍出版社2013年版，第31—82—83页。

蒙不悟，令舜卿买尖刀十把放书箱中带回到家，你取去，人各散与家中，妇人女子一把，使他悬带昼夜常在身，譬若有急事，即时人人从心上剖死，不要留一个，使将此言明白于家中大小妇人女子，说死勿宁做个干净鬼，决不要做个污浊人。①

在杨爵的内心深处，妇人女子的贞操是第一位的，生命则是第二位的，"危机"时刻，要妇人女子"宁愿做个干净鬼，不做污浊人"，要妇人女子做烈妇节女，而不要苟且偷生，这是封建男尊女卑思想的真实体现。

2. 重夫妇天地大义

杨爵在阐释《归妹》卦时说：

归妹，为天地之大义者，天地交而万物兴，亦归妹之义也。有夫妇然后有父子，生死始终之理，具于此，无归妹，安有始。无始，安有终。故归妹，为人之终始也。说以动，则动不以道徇人，欲以灭天理，固有凶，而无利矣。位不当，则征凶，天地翻覆，冠履倒置，贤不肖之，荣宠摈斥相去远甚，盈天地间，皆非人道矣。至是而欲行，则凶，立至矣。柔乘刚则柔用事而刚为所屈，君子无所利矣。未至如，位不当之甚也，不有君子，其何能国？小人亦何所利哉？②

这里杨爵阐述了夫妇天地大义思想。夫妇之道正如天地之道一般，天地交而万物兴，有夫妇然后有父子天地大义思想，乃人类繁衍生息的终始。

3. 重家庭和睦之道

杨爵对家庭和睦之道非常重视，他在狱中写就《三十五则》尽都是劝勉告诫之词，体现了他拳拳之心和忧虑之情。他在《七则》和《八则》中说：

---

① （明）杨爵：《杨忠介集·三十三则》，《钦定四库全书·集部六》，台湾商务印书馆1980年版，第1276—57页。

② （明）杨爵：《周易辨录》，《续修四库全书》第31册，上海古籍出版社2013年版，第31—107—108页。

故我谆谆告语，皆为汝曹深远之虑，非为我目前计也。又千万说与你母亲，家中大小俱要，以恩爱和睦体悉相处，共安穷分，甚不可猜忌不和，不成一家好人家，以贻远近之笑。能从我言，我虽死于狱中亦无恨也。①

你兄弟须要恭敬相处，但知骨肉当厚，勿问其他。②

由此可看出，杨爵不仅心系国计民生，而且重情重义，重视家庭伦理道德，更重视对后辈培养和教育。

小　结

从上面分析可知，杨爵从民为邦本、君德为国家强盛之基、君臣同心国强民安三方面阐述自己的政治思想。这三方面既是杨爵为官的实践经验，也是他对历史经验的总结，更是他精忠为国思想的真实体现。杨爵提出"民为邦本"思想实为儒家经国理念，是对孟子"民为贵，君为轻"思想的继承和发展；他提出"君德"思想是对"君权神授"观念的批判和抨击；他的君臣同心观念更是对君权独断专行思想的挑战。他提出重用"贤才"之说是封建时代的人才观。杨爵政治思想的三个方面代表了他心系人民，忠心为国的政治理想和抱负，虽然身陷囹圄，仍然不改其为国为民而忧的情怀。

杨爵的修养观和伦理观既是他自己人生经验的总结，又是他读书实践思想的体现。他"正气"与"大节"的思想既是他自己人生历程的观照，又是他向古圣先贤学习的心得体会。他修养"容德"与"忍功"，既是他处困之后的自我激励，又是他超越困境的无奈之举，同时又是他借此度过困境的人生法宝。他"心静"和"慎独"的思想修养，是他对

① （明）杨爵：《周易辨录》，《续修四库全书》第31册，上海古籍出版社2013年版，第1276—45页。
② （明）杨爵：《杨忠介集·八则》，《钦定四库全书·集部六》，台湾商务印书馆1980年版，第1276—45页。

道家思想和儒家思想学习之后的顿悟和禅解。杨爵的家庭伦理观更多地体现了他对家庭的眷恋和牵挂。杨爵八年时间都在狱中度过，他解释《周易》也是在狱中完成，故他对家庭伦理的阐发更多地体现了自己的悲凉心绪。

第六章　吕柟及三原学派易学实学特色

第一节　吕柟及三原学派实学思想渊源

一　少年时期皆好学

　　吕柟、王恕、马理、杨爵皆出身关中地区贫寒人家，吕柟出生于陕西泾阳，王恕出生于陕西三原，马理也出生于陕西三原，是王恕的同乡，杨爵出生于陕西富平。他们没有显赫的家世背景，也没有博厚的书香门第的家世渊源。而泾阳、三原、富平皆为关中的泾渭流域，文化积淀丰厚，民风醇朴。他们有一个共同特点是都喜爱读书，喜欢与圣贤为伍，并且有一个共同志向，就是立志向古圣先贤学习，学习他们经邦济世和治学之道，成为对国家社稷有所作为的人。因而从幼年时起，他们就刻苦攻读，在"学而优则仕"传统习俗的影响下，他们把苦学取士作为人生进步的途径，作为向士大夫阶层迈进的阶梯。又因为关中地区乃中华文化的发源之地，人类始祖之一黄帝就诞生于陕西黄土高原。关中又是十三朝故都所在地，如西周、秦、西汉、前秦、前赵、后秦、西魏、北周、隋、唐都在此建都，历史文化渊薮丰富，尚礼崇学风气醇厚，"秦中自古帝王州"就真实地再现了关中地区王者和霸者之风。明朝时期，关中虽不是国都所在地，但前代遗留的丰厚文化底蕴依然存在。北宋张载倡导关学学风和文脉在关中地区依然昌盛不衰。吕柟、王恕、马理、杨爵等就是在具有浓厚文化底蕴的关中地区成长起来，乡风民俗的熏陶和浸染使他们从小就具有好学尚贤的风骨和气节。关于他们少年好学的记载，各有其特点。《陕西省志·

人物志上》记载吕柟少年时期"自幼笃志好学，虽寒冬酷暑，端坐诵读于书舍"①。《关学编》中对吕柟的评价说：

> 先生少俊悟绝人，羁业为诸生受尚书于高学谕传，邑人孙大行昂，即有志于圣贤之学。又问道于渭南薛思菴氏。充乎有得，不妄语，不苟交，夙夜居一矮屋，危坐诵读，虽炎暑不废。②

对于王恕少年的求学经历，《陕西省志·人物志上》则只字未提，冯从吾的《关学编》也未有王恕及其子王承裕的传记。而《明儒学案·三原学案》则记述王恕为"而先生志在经济"。但是从王恕所著的《王端毅奏公议》可知他少年的求学历程。《王端毅奏公议》卷十四，弘治五年正月十六日具奏《乞休致奏状》言："臣……年十三始入县学。"又卷十五，弘治五年十二月二十日具奏《乞休致奏状》言："臣……早以民间髫龀之童，选备邑庠生徒之数。"从以上表述可看出，虽然文献资料没有对王恕少年求学有具体详细的描述，但"髫龀之童，选备邑庠生徒"等资料就隐含了少年的王恕也是勤于读书上进，只不过他有志于"经济"之术。晚年好《易》，是因身体有疾病而"玩易"以驱除病邪，可见他把《周易》当作去病的精神良方。

《陕西省志·人物志上》对马理少年求学经历没有详细的描述，但寥寥话语中也透露出马理少年时期是喜欢读书的。记载说"弘治十一年（1498 年）春、秋乡试第一，后来再试未中。他并不灰心，他的同乡、尚书王恕在家讲学著书时，马理跟从他学习，得到王恕的精心指导，学业大为长进"③。《关学编》中则评价马理：

> 先生幼敏慧醇雅如成人，年十四为邑诸生。即称说先生则古昔，研究五经，指义多出人意表。④

关于杨爵的少年经历，《明儒学案·三原学案》说："幼贫苦，挟册躬

---

① 陕西省地方志编纂委员会编：《陕西省志·人物志上》，三秦出版社 2009 年版。
② （明）冯从吾撰：《关学编》，陈俊民、徐兴海点校，中华书局 1987 年版，第 41 页。
③ 陕西省地方志编纂委员会编：《陕西省志·人物志上》，三秦出版社 2009 年版。
④ （明）冯从吾撰：《关学编》，陈俊民、徐兴海点校，中华书局 1987 年版，第 47 页。

耕。"杨爵的《杨忠介集》收有马理给杨爵写就的一篇祭文。文中说：

> 呜呼！惟灵质兮，如绳又童蒙兮。养贞缘贫窭兮，传远羌挟册兮。薅耕值县令兮，求胥爱辞役兮。……孔多子恸伤兮，屡倾仍学思兮。有常忘春秋兮，数更在缧绁兮。八载荷天明兮，尔瞠帝浩荡兮。①

张廷玉撰的《明史·列传第九十七》中对杨爵的记载说："年二十始读书。家贫，燃薪代烛。耕陇上，辄挟册以诵。兄为吏，忤知县系狱。爵投牒直之，并系。会代者至，爵上书讼冤。代者称奇士，立释之，资以膏火。益奋于学，立意为奇节。从同郡韩邦奇游，遂以学行名。"②

王恕（1416—1508 年），马理（1475—1556 年），吕柟（1479—1542年），杨爵（1493—1549 年），从他们的生卒年月考察，王恕最年长，马理次之，吕柟比马理小两岁，杨爵最小。王恕去世时九十三岁，马理八十一岁，吕柟六十三岁，杨爵五十七岁。他们四人同处一朝，王恕为马理的老师，马理和吕柟、杨爵皆是好友，他们互相切磋学问，交流思想，又同习染关中地区重"节气"和"尚礼"之风，体现在他们思想中则是共同具有的"经邦济世"的实学思想。

二　为官皆刚直清廉

王恕、马理、吕柟、杨爵为官，共同特点都是忠心为国，真心爱民，刚直清廉，与误国害民的奸佞小人交恶。王恕任扬州知府时，遇到灾荒，先开仓放粮救济灾民，后奏报朝廷，他以民众生命为先为贵的精神可歌可泣。他平叛流民起义，修整河道，造福一方百姓。王恕在云南任职九个月，为惩治钱能和郭景贪污、私通外国，他先后十二次上书明宪宗，要求惩治腐败，严惩钱能和郭景等祸国殃民奸佞小人。他任兵部尚书时，减免镇江、宁国、广德等地田赋，救济水灾地区，使二百余万灾民免遭死亡。王恕为搭救被太监王敬陷害的常州知府孙仁，三次上书，致使王敬被斩

---

① （明）杨爵撰：《杨忠介集·附录卷四》，影印《文渊阁四库全书》，台湾商务印书馆 1980 年版。
② （清）张廷玉撰：《明史》，中华书局 1974 年版。

首，党羽被流放，孙仁获救。吕柟、马理为官之时，和宦官刘瑾做斗争，宦官刘瑾结党营私，专权祸国，吕柟、马理等一些正直大臣据理力争，致使刘瑾集团最终覆灭。马理还因为直言劝谏武宗南巡，他觉得武宗南巡是劳民伤财，因此触怒皇帝，责罚马理跪在宫门前受杖责，杖责之后又剥夺了他的俸禄。杨爵因为嘉靖皇帝迷信道士，不理朝政，昏庸腐朽，各地灾荒不断，人民流离失所，饥寒交迫，卖妻卖儿，民不聊生，给嘉靖上书五条，直陈嘉靖皇帝的荒淫之道，由此惹怒了嘉靖皇帝，被锦衣卫捕入大牢，打得死去活来。而搭救杨爵的主事周天佐、御史浦铉却被锦衣卫活活地打死在牢中。

由上面文献资料可知，王恕、吕柟、马理、杨爵四人，他们性格中一个共同之处就是怀有儒家的"经世济邦"之心，为国为民鞠躬尽瘁之情。他们的思想深处积存着"达则兼济天下"的志向，为官则造福一方，心中都装有忧国忧民的忧患意识和体贴民心情怀。所以在他们报国志向不能被昏庸朝廷所接受、他们的济世情怀不能实现的情况下，就转而走向弘道扶掖后进的方向。他们通过阐发解释《周易》寄托心中的悲苦和失意。通过著述讲学、兴办书院这些实学之路为国家培养有用之才，他们希望最高统治者能清醒过来，革除旧弊，使明朝走上复兴之路。

第二节　吕柟及三原学派解《易》方法多样化

一　解《易》思路和体例多样

王恕的《玩易意见》是他在暮年老且病的情况下完成的，故《玩易意见》内容比较单薄，他"玩易"是出于消解病愁，并不是为了学术而学术，因而"玩易"比较随性情而发，"玩易"而得出的"意见"虽说有其独到之处，对程朱的解释有阙疑和订正，但也只是随己意而阐发、补充，没有大量引入真切翔实的历史事件和史实对资料加以论证。《经义考》中说：

> 公为学老而弥笃，见书成于暮年，序作于正德初元，公时已九十

有一矣。书意在于匡弼程朱而不免于师心立说，读者详择焉可也。①

　　吕枏的《周易说翼》是他与门生关于《易》的答问录。以门生问有关读《周易》经传的疑问，他解答疑惑形式完成，故体例也比较随意适性。《周易说翼》的结构形式与《论语》的结构模式有相似之处。吕枏《周易说翼》重在"说易"，相比王恕的"玩易"态度似乎矜持一些，故内容较《玩易意见》丰厚充实。《钦定四库全书总目提要》对《周易说翼》总结说：

　　　　是编乃枏门人马书林、韦鸾、满潮等录其讲授问答之语。每卦皆有论数条，专主义理，不及象数。②

　　《四库总目提要》用简单的两句话就涵盖了《周易说翼》的体例和内容。体例乃师生的讲授问答之语；内容是专门阐发《周易》经传的义理，对于象数则不涉及。

　　马理《周易赞义》解《易》方法则和《玩易意见》和《周易说翼》迥然有别，和杨爵《周易辨录》阐释方法也有差异。《周易赞义》是按照《周易》经传文辞和《十翼》依次进行解释，条分缕析，观点鲜明，马理阐述的观点和《周易》经传文本文辞没有混杂，而是清晰明了。

　　杨爵《周易辨录》虽说也是按照《周易》经传文辞和《十翼》的次序依次进行阐释和解说，但杨爵的观点和《周易》爻辞和《十翼》文辞是交错杂糅在一起的，读之后很难一目了然哪是杨爵的观点，哪是《周易》的爻辞，缺少《周易赞义》条分缕析和层次井然有序的特点，显得有些含混不清。

二　解《易》内容丰富多样

　　从内容上比较这四家易学著作，它们的共同点在于：一是都专阐发义理，不涉及象数。二是都注重以儒家经典阐发易理义理，而对佛老之说则

① （清）朱彝尊撰：《经义考》，中华书局影印本，1998年版，第272页。
② 《钦定四库全书总目·经部七·易类存目一》，中华书局1996年版，第79页。

竭力剔除。三是他们在阐发易理义理的过程中寄托了自己的尊圣崇贤心理，并且把学习圣贤之道作为立身立志处世之向。四是他们都注重以历史事件或史实证明易理的正确性和科学性，或者以易理解释历史事件的必然性和经验性，达到以史证易或以易解史的目的。

从内容上比较这四家易学著作，它们的不同点在于：

（1）对待程朱解《易》的观点不同。王恕的《玩易意见》主要是针对程颐《伊川易传》和朱熹《周易本义》提出自己的"意见"，进而对这些"意见"或进行辨析，或进行阙疑，或给予补充，或给予订正。如：

> 《益·六三》"益之用凶事，无咎。"《传》谓：居民上果于为益用之凶事，则无咎。凶事为患难非常之事，三居下之上，在下当承禀于上，安得自任，擅为益乎？唯于患难非常之事，则可量，宜应卒，奋不顾身，力庇其民，故无咎也。《本义》谓：六三阴柔不中不正，不当得益者也。然当益下之时，居下之上，故有益之以凶事者，盖警戒震动，乃所以益之也。占者如此，然后可以无咎。二说不同而《传》为优。《意见》以为，方面守令，去朝廷远，遇地方凶，荒废府库之财以拯济下人，是益之。用凶事也，虽不待报而行之，亦无咎也。若非凶事，而擅为则有罪也。①

此处王恕显然支持伊川的观点，认为伊川的观点优于朱熹的说法。然后又联系实际提出自己的观点，展露自己的政治思想，即"拯济下人，是益"，"擅为则有罪也"。而吕柟的《周易说翼》、马理的《周易赞义》、杨爵的《周易辨录》则是引用程朱的观点证明自己的说法，或是给自己的观点做旁证。如《周易说翼》解释《乾》卦用九时说：

> 鸾问君子行此四德，何以？曰：故曰：乾，元、亨、利、贞。曰：此仲尼言：天人之一也。言卦所谓：乾，元亨利贞者，虽天道也，实为人事言之耳。故君子而行四德。即乾元亨利贞矣！君子犹乾也。此谓易之本义，发端于乾，六十四卦皆可通。故程子曰：行此四

---

① （明）王恕：《玩易意见》，据山东省图书馆藏明正德元年刻本影印，第468页。

德，乃合于乾也。①

　　此处吕柟引用程子的话来补充证明自己对乾元亨利贞的解释，使自己的观点更加确切可靠。犹如他在解释《豫》："志穷者何？"

　　　程子曰：小人处豫而为上，所宠其志，意满极至，发于声音，轻浅如是，必凶也。以中正者何？曰：朱子曰：上下皆溺于豫，二独能以中正自守，其介如石也，其德安静而坚确，故其思虑明审，不俟终日而见几，事之几也。②

　　吕柟分别引用程子和朱子的话做解释，可见他是认同程朱观点和说法的，并且认为程子和朱子的话具有权威性和可信性。马理《周易赞义》在阐释《大畜·九三》时就引用了朱子的话：

　　　然又恐其正道之不易，由以为艰而戒之，有恐乘其舆而御者，未精其法，出于途而卫者，未尽其道，须日闲而习之，俾御于马而同，情舆与卫而相得，斯宜有所往，不然犹善畜之可也。邵子诗曰：施为欲似千钧弩，磨砺当如百炼金。此之谓也。《本义》曰：当为今从之。③

　　这里马理先陈述自己的观点，然后引入了邵雍的诗，最后又以朱熹的话做结论，可见马理对朱子也是敬仰和信服的。杨爵对程朱也是尊崇的，他在解释《随》卦卦辞时就引入了程朱的观点，以此佐证自己的说法。如：

　　　随，相随之义也。初九以刚来下柔，阳唱而阴必和，以震遇兑为动而说，说斯随之，皆相从之义也。刚来下柔，又所以成其为动而说

---

① （明）吕柟：《周易说翼》，据北京图书馆藏明嘉靖三十二年谢少南刻泾野先生五经说本影印，第640页。
② 同上书，第650页。
③ （明）马理：《周易赞义》，据北京图书馆藏明嘉靖三十二年谢少南刻泾野先生五经说本影印，第538页。

也，凡诸卦言刚柔之变。《程传》谓：自乾坤而来易。《本义》则变自他卦，此易中之法象。于义皆当自乾坤来者，其说觉长，彼此相从，固可以致元亨，然利于正，则所从，可以无咎。①

从这里可看出，杨爵与马理解释易理的思路基本一致，先陈述自己的观点，然后引入程颐和朱熹的观点，对自己的观点既是补充同时也是佐证和支撑。

（2）对儒家经典的引用侧重点不同。王恕《玩易意见》对儒家典籍引用较少，通篇几乎全是对《周易》经传文辞不妥之处的"意见"，还有就是对程朱解《易》的不同看法和阙疑，对儒家典籍纳入和引证的地方相比其他三家很少。但也出现了《论语》的话。如：

颜氏之子，其殆庶几乎？有不善未尝不知知之，未尝复行也。《易》曰：不远复，无祗悔，元吉。《本义》谓：殆，危也，庶几近意。言，近道也。《意见》以为：殆，将也。言颜子近道之实，事也。《论语》所谓：不贰过，即此事也。②

吕柟《周易说翼》解《易》之时，大量引用了《诗经》中的诗句。
其中引用《诗经·雅》诗有二十余处。如解释《乾》卦用九：

"何以天德不为首也？曰：天德为首，则与物敌矣。是亦一物也。故君子大刚不刚而天下畏，大用不用而天下服，大善不善而天下慕。故用九者不用九也。诗云"或以其酒，不以其浆。鞗鞗佩璲，不以其长。"③

这里吕柟引用"诗曰"就是出自《诗经·小雅·谷风之什》。
吕柟引用《诗经·风》诗有十余处，如解释《坤》卦"慎不害者

---

① （明）杨爵：《周易辨录》，《续修四库全书》第 31 册，上海古籍出版社 2013 年版，第 31—39 页。
② 同上。
③ （明）吕柟：《周易说翼》，据北京图书馆藏明嘉靖三十二年谢少南刻泾野先生五经说本影印，第 640 页。

何？"曰：

> 近君之臣而发有逸，口舆之不得而咎，且至矣，可不慎乎！诗
> 云：我闻有命，不敢以告人。

此处吕柟引用的"诗云"就出自《诗经·唐风·扬之水》。另外吕柟引用《诗经·颂》诗的比较少，有两处。如在阐释《艮》卦和《未济》卦时就引用了《诗经·颂》中的诗句。

吕柟在《周易说翼》中引用了《尚书》中的语句，相比《诗经》来说要少些。大概有十三处之多，主要是在《乾》卦、《大有》卦、《噬嗑》卦、《离》卦、《恒》卦、《大壮》卦、《家人》卦、《损》卦、《困》卦、《革》卦、《震》卦、《丰》卦、《既济》卦等诸卦中。在解《易》时，吕柟还引用了《论语》《孟子》《中庸》等儒家典籍，但相对较少。由此可看出吕柟解《易》的侧重点在于以《诗经》和《尚书》为准矢，同时也兼顾了其他经典。

马理《周易赞义》和吕柟解《易》的相同之处，在于都注重以《诗经》解《易》，其中引用《诗经》的诗句有二十余处。散见于《坤》卦、《蛊》卦、《离》卦、《咸》卦、《明夷》卦、《家人》卦、《益》卦、《夬》卦、《姤》卦、《震》卦、《渐》卦、《归妹》卦、《兑》卦、《节》卦等。此外，马理还引用了《尚书》的诗句阐释易理，其中有六处，散见于《蛊》卦、《明夷》卦、《益》卦、《兑》卦、《涣》卦等。引用孔孟言语解《易》也是马理阐发易理义理的思路之一，但相比《诗经》来说较少。其中马理引用《论语》中的话语有两处，见于《大壮》卦和《巽》卦中。引用《孟子》的话语有三处，见于《大畜》和《震》卦中。

杨爵《周易辨录》解《易》对儒家经典的运用则侧重于《尚书》，引用之处有八处，散见于《大有》卦、《谦》卦、《蛊》卦、《临》卦、《大畜》卦、《颐》卦、《大过》卦、《震》卦等。引用《诗经》有两处，见于《咸》卦、《晋》卦等。对《论语》《孟子》等儒家典籍引用的则不多。

由此分析可知，吕柟、马理、杨爵三人解《易》的思路有相近之处，他们解《易》注重从《诗经》中引证诗句阐述易理和义理，此外还注重从《尚书》中引用名言警句佐证易理。《诗经》是中国第一部诗歌总集，主要反映西周至春秋中叶人民的生活，《尚书》主要是西周时期文献资料的汇编，吕柟和

马理、杨爵解《易》侧重于汲取《诗经》和《尚书》诗句和言论，主要是和西周的社会现实、历史政治相比附，使易理义理阐发得更加精确和可信。

第三节　吕柟及三原学派易学实学思想

一　理、气关系问题

关于理气关系问题，王恕《玩易意见》没有涉及。吕柟理、气观点继承了薛瑄和张载的观点，他认为"气"是第一位，"理"是第二位，"气"在"理"先，也即"理"是由"气"而生的。马理则认为"理"乃"气"之主，他认为物质是由"气"生的，但理是物质的"性"。他在《周易赞义》中说：

> 则物各禀气以成形，与之理以为性矣。所谓各正性命者是也，先王观象以至诚，无妄之道建极于上，则天时足以茂，对物各遂其生矣。盖天命与物为性而赋之行，圣人俾物践行而尽其性，皆至诚无妄之道也。①

杨爵对理、气关系论述则见之《论文》中。他说："文章以理为主，以气为辅。所以纯是一段义理，是以理为主；辞气充盛浑厚，不觉软弱，是以气为辅。须胸中正大，不以偏曲邪小之见乱其心，又广读圣贤格言以充养之，如此则举笔造语，皆是胸中流出，其吐辞立论，愈出愈新而无穷也，如取之左右逢其源也。其腾汇泄蓄，流转浑厚，波澜汪洋，如决江河，沛然莫之能御也。其光焰发扬照耀，昭灼如日月中天，深谷穷崖之幽，花石草木之微，青者自青，白者自白，仰之以生辉，触之而成色也。"在此基础上，杨爵对性与理关系做了更加独到的论述，他在《论道》中说：

---

① （明）马理：《周易赞义》，据国家图书馆藏明嘉靖三十五年郑绸刻本影印，第535页。

天命谓性，天人一理也。率性谓道，动以天也。修道谓教，求合乎天也。戒惧慎独，自修之功至于中与和也。中和，性命本然之则也，能致之则动以天矣。故其效至于天地位，万物育。①

由此看出杨爵对"天命""性""理""道"关系问题的认识比较清楚，他认为"修道"才能"合乎天"。同时他还强调"中和"，认为"中和"才能达到"性命本然"。而"万物育"则是由于"天地位"的关系，是从实践论的角度论述"理与气"的关系。

二　君臣关系问题

在君臣关系问题上，王恕、吕柟、马理、杨爵有共通之处，主张君主坚持正道，亲贤臣，远佞臣；亲君子，远小人。吕柟主张君臣同心说，他认为君臣同心，其利断金。他又提倡君臣以"德"相遇，君有君德，臣有臣德，如此，君臣相遇则国泰民安。王恕则提出了君臣相养的理论。马理则认为君王应该"处正"发现人才，合理使用人才，做臣子的则应该以道事君，如此国才能安稳。马理认为君王应该如尧舜，臣子当如周公，伊尹。马理还谈到了君王如何求贤臣辅佐的问题，就是要有渴求之心，要有以礼相待的心胸，如此贤臣才能精心辅佐，国运才能昌盛。杨爵则认为"君德"是国家兴盛基石，他从三个方面对"君德"提出了要求，即君德首先是"善"的；其次君德应该具有"贞"性；最后君德应该始终存在警戒惕厉之心。杨爵也强调了君臣同心之说，他认为君好比人之"首"，臣犹如人之"股肱"，君臣同心，犹如"首"和"股肱"协调配合一般，如此则国强民康。

三　君民关系问题

王恕、吕柟、马理、杨爵四人都有深切的爱国忧民情怀，他们体恤民情民心的情绪在他们的易学作品中有深切的反映。王恕关于君民关系的论

---

① （明）杨爵：《杨忠介集·卷六》，影印《文渊阁四库全书》，台湾商务印书馆 1980 年版，第 1276—59 页。

述，在他的易学著作中也有具体的表现。如对《井·大象》的解释就体现了他的君民相养思想：

> 《井·大象》：木上有水，井。君子以劳民相劝。《本义》谓：劳民者，以君养民；劝相者，使民相养。《意见》以为：君子非止谓人君，凡有官守者，皆是也。且劳非养也，而劳民者，以君养民之说恐未安，盖言慰劳其民使之劝勉相助以相养也。①

由此可知，王恕的君民关系不只是君养民关系，而是君民互养关系。吕柟则认为"民乃天之心"，"应乎民就是顺天"，吕柟把"民"放在了"天心"的地位，说明民和天等量齐观，并且"民"之位处于"天之心"，天命不可违，那么民的事情也就更不可违背。所以他说：

> 民者天之心也，应乎民即所以顺天也。……即刚中柔外耳，刚中顺天，柔外应人。②

马理则认为君主养民，则容保无疆。他把民比作地，把君比作山，山如果没有地的托载，则山就要覆亡，由此得出"民安而邦本宁矣"。如他在解释《剥·象》时说：

> 博厚而悠久者莫如地，安固而不迁者莫如山。君子观象不取于剥落若骞若崩之行，而取其安固博厚悠久不迁之义，以厚其下而居以安宅，如地载山而博厚悠久，如山附地而安固不迁，则民安而邦本宁矣。③

杨爵关于君民关系的论述更直接，他认为民为邦本，民安则国安，民富则国强，民弱则国衰。他在《固邦本疏》中说：

---

① （明）王恕：《玩易意见》，据山东省图书馆藏明正德元年刻本影印，第470页。
② （明）吕柟：《周易说翼》，据北京图书馆藏明嘉靖三十二年谢少南刻泾野先生五经说本影印，第679页。
③ （明）马理：《周易赞义》，据国家图书馆藏明嘉靖三十五年郑絧刻本影印，第531页。

夫民惟邦本，本固邦宁，民心离散邦本不固。……自古国家衰乱未有不由民穷盗起而为。①

杨爵在他在《大过》卦中提出了国家"危之道"就在于君主不得民心。他说：

君不足以得民，民无所庇而不知有其君，则危之道也。鲁之有三家，齐之有田氏，岂久安长治之理哉！……阳虽过多，二五皆以刚而得中，君臣同德相与有为，犹可以拯极弊而归于治安焉。②

从以上分析可看出，关于君民关系问题，他们四人有共通之处，都认为"民"关乎国家社稷兴盛和存亡，是国家稳固发达的基础。孟子曾说过，民为贵，君为轻。他们"民为邦本"的思想实际就是对孟子思想的继承和发展。

第四节　明中期关中四家易学历史地位及价值

吕柟及其以王恕为代表的三原学派主张躬行实践，重节气和仁义，对明朝中期阳明心学和程朱理学学风起到了扭转和补充作用。王恕、吕柟、马理、杨爵作为明中期北方的重要理学家，他们做官每到一地，建书院讲学授徒，兴盛当地教育事业，他们的思想学说影响了海内外众多学者。当时杨一清督学政，见到马理、吕柟和康海的文章，极为赞赏。他说，从康生文章，马生、吕生经学看，都是天下名士啊！马理的文章更是得到海外学者赏识，高丽（在今朝鲜半岛）使者慕名而来求教，回国时还抄录了马理文章；安南（在今越南共和国境）使者来到我国，问主事黄清："关中马理先生在何处？为何不做官？"足见马理受到国内外人士的敬仰。③

① （明）杨爵：《杨忠介集·固邦本疏》卷一，影印《文渊阁四库全书》，台湾商务印书馆1980年版，第1276—3页。
② （明）杨爵：《周易辨录》，据中国社会科学院图书馆藏明刻本，第31—62页。
③ 陕西省地方志编纂委员会编：《陕西省志·人物志》，三秦出版社2009年版。

　　吕柟及以王恕为代表的三原学派对关学在明中期复兴和发展起到了推波助澜作用，同时又对关中学者尚"节气"、重"古礼"、厚"风俗"的乡风民俗进行了大力提倡、发扬和引导。关学从北宋兴起，历经南宋、元逐渐步入低潮，渐渐寂寥。但是到明中叶之后，在吕柟、王恕、马理、杨爵、韩邦奇等一批关中学者的弘扬之下，关学渐渐复蒙并走上了中兴之路。他们在关中建立了许多书院，传授圣贤之道，普及关学实学思想和尊贤厚礼习俗，对关学复兴和发展做出了不可磨灭的奉献和努力。他们著书研究易学，对陕西关中易学学术事业做出了伟大贡献。他们注《易》解《易》著作也为中国易学史发展尽了绵薄之力。

　　王恕《玩易意见》虽说是在他九十一岁高龄时完成，从内容数量来说，不算丰厚，但他"玩易"而得出易学"意见"是中国易学史易学"意见"体例的滥觞。耄耋老人，其思想还能如此深刻，对《周易》经传文辞不通之处，能提出自己的看法和"意见"，实属不易。程朱理学思想在明朝初期被确定为官学，王恕敢于挑战权威，敢于对程朱见解提出阙疑和"意见"，他的这种思想和行为对后进学者是莫大鞭策、激励和鼓舞，教导后来学者不要迷信圣人和名人，要敢于挑战权威，追求真理，勇敢创新和质疑。

　　吕柟《周易说翼》对中国易学发展史来说，开启了讲《易》说《易》的新体例，这种以问答形式阐释易理方法，既是对语录体典籍《论语》体例的新继承，又是对传统阐释《周易》经传的革新和创获，属于语录体阐释《周易》的蓝本。

　　马理《周易赞义》从解《易》体例上来说遵循了《周易》经传和十翼基本模式，他是本着"孔子独于周易赞之以示夫尧舜君民之治，圣人君子之道，吉凶消息之理，在此而不在彼也，於戏！易诚万世不刊之典也"[①]的思想指导下，《周易赞义》遵循孔孟尧舜圣贤之道，依循"易为君子谋，不为小人谋"思想，他这种解《易》思路和体例既是对易学圣人之学的继承和发展，又是对关学实学思想的发展和开拓，由于他排斥佛老思想，故他的易学思想也是儒家圣贤之学，即易学圣学化。

　　杨爵《周易辨录》和其他三家不同之处，是因为这部著作完成是在囹圄中写就的，这部易学著作忧患意识符合《周易》本经忧患的主题。周文

———————————
① （明）马理：《周易赞义》，据北京图书馆藏明嘉靖三十五年郑絅刻本影印，第477页。

王推演六十四卦是在羑里的牢狱中完成，而杨爵作《周易辨录》也是在牢狱中写就，时代不同，境遇和心情却是相同，故杨爵对《周易》"困"卦易理和义理有着更加深刻的理解和感同身受。纵观中国历代易学家，在牢狱中完成易学著的恐怕只有杨爵一人，故杨爵开创了易学"牢狱之学"的先河，他以自己血肉之躯在中国易学发展史上为《周易》忧患理论和忧患实践做了真实诠释和注解。

因而，上述四家易学著作和易学思想在中国易学发展史，乃至中国经学史、中国理学史、中国学术史上都占有极其重要的历史地位。他们的学术思想和追求圣贤之道的精神影响了冯从吾、王心敬、李元春、贺瑞麟、清朝三李等一大批关中后学，为关学复兴和发展奠定了基础；他们的易学思想为中国易学发展史做出了各自的独特贡献。王恕《玩易意见》开启了阐释《周易》"意见"之学；吕柟《周易说翼》开启了说《易》之河；马理《周易赞义》继承了《周易》圣贤之学；杨爵《周易辨录》实践了《周易》"人生忧患"牢狱之学。

结　语

　　"关中自古多豪杰"，同时也是文、武、周公、秦皇、汉武、唐等十三朝建都立国之地，文脉和王气兴旺。在这种特殊的政治、历史、地缘环境中发展壮大起来关中易学，具有鲜明的实学实用特征。冯从吾在《关学编》序中也指出关中亦是"理学之邦"。北宋张载创立"关学"是关中理学肇始时期，他首创"太虚无行，气之本体"学说，奠定了中国哲学史上"气"论唯物主义哲学观，他的"天人一气"宇宙本体论，在中国哲学宇宙论发展史上，具有划时代的意义。自张载起，关学成为"濂洛关闽"学派中一支重要学派。张载"苦心力索"的创新精神对后代关中学者既是砥砺更是鼓励和鞭策。

　　纵观由宋到清中国哲学发展史，哲学派别可分为程朱理学、陆王心学、张载气学（事功之学）。程朱理学，自二程兄弟创立，朱熹集大成，至明初期成为明朝维护封建统治的官方之学。理学宣扬格物穷理，追求人生至高境界的人生理想，有其合理之处；对获取知识与人生关系的思考和穷究，也是有所创见的；对人生、社会、宇宙的探讨也是积极可取的；但提出理气二元论的客观唯心主义宇宙观，却是有其局限之处，尤其主张"存天理，灭人欲"更是对人性正常需求的封杀，而陆、王倡导心学，主张"发明本心""知行合一"，注重内心修养，对外部社会环境则漠然处之，在今天看来这种寻求"内心修养"而不问世界变化的哲学也是不可取的。因为人处于社会环境之中，只追求"内心修养"的主观唯心主义是一种逃避社会现实的消极思想。而张载为首倡导的气学（事功之学）主张对社会现实进行实践改造，坚持唯物主义的"气"论，主张躬行实践和崇尚"礼仪"，这种思想被以吕柟及王恕为代表的三原学派得以传承和中兴，他们注重经世致用实学思想和现代思想观念很吻合，"气"为"理"之先的宇宙论和现代唯物主义思想很贴近。虽然吕柟、王恕、马理、杨爵等倡导躬行实践和克己复礼实学思想对明朝荒诞糜烂生活没有达到改革和改变作用，尽管他们的学说还不是十分成熟和完善，但他们所坚持的方向是正确的，他们的操守是高尚的，他们对当时明朝空疏学风和腐化堕落风气注入了经世致用的活力和思辨色彩，重视实用学术，反对玄思和空虚，对明清事功之学起到了引导和奠基作用。

在明朝易学哲学思潮发展过程中，我们应该怀着辩证观点认识明初期学术流派和学术脉络。虽然朱子之学被封建统治阶级定为官学，但其和王阳明心学一样，倡导的理论显然挽救不了明朝日趋腐败的政治、经济、文化等现象。而以吕柟及王恕为代表三原学派兴起"实学"，由于他们都有从政和做官人生经历，提倡"以正心为本，务实为要"的敦厚典雅中和之道，从实处下功夫的"仁学"和"行善"思想，从改革弊政入手经邦济世，对维护封建统治非常实用。他们尊崇孔孟"儒之正传"道德规范既维护了封建统治阶级利益，又教化和习染了民众，因此明中后期"实学"取代朱王"玄虚之学"既是历史必然，也是形势发展需要。

学术发展和社会历史发展密切相关。学术史既是社会发展史的表现，又是社会发展的具体再现。因而明中期正德嘉靖时期关中理学、易学思潮发展反映了关学中兴既是历史必然，又是历史趋势。以吕柟及王恕为代表的三原学派各有自己的学术创见，也各有其思想偏颇和不足，但是他们对真理追求，对人性探讨，对宇宙世界认识，对国家人民忧患意识，对后学培养和提拔等做出了自己的贡献。

任何思想发展都是辩证的。今天研究以吕柟及王恕为代表的三原学派就是辩证地分析他们在学术史、思想史、易学史上的地位和贡献，达到古为今用的目的。

附录　陕西易学源流考①

摘要：追溯"周易"之起源，当从关中发轫，先秦为滥觞期，两汉为流派纷呈时期，唐、两宋、元为高峰期，明为承传期，清为繁荣时期。历代关中易学著作约有五十多种；数量虽然不多，然思想却很丰富，特征也颇鲜明，流派众多。关中易学，"四道"毕备，有"尚辞"之义理易（如张载《横渠易说》等），有"尚象""尚变"之象数易（如郭绪《易春秋》），有"尚占"之卜筮易（如王宏撰《周易筮述》、韩邦奇《易占经纬》）。而关中易学卜筮易、隐士易也源远而流长，独具特色，当属实学思想，更具关中地域色彩。关中图书说《易》（始于陈抟，传者王宏撰、韩邦奇、王琬、刘鸣珂等），以经解易（杨爵、马理等）。后之治《易》《玄》、谈《图》《书》者，皆以关中易学为原始。

关键词：关中文化；关学；易学史；中国儒学

一　滥觞时期：先秦时期的关中易学

推源"易"之起源，从伏羲始画八卦开始。清朝关中人王心敬在《关学续编序》中说："编关学者，关中道统之脉络也。横渠特宋关学之始耳，前次如杨伯起之慎独不欺，又前次如泰伯、仲雍之至德，文、武、周公之缉熙敬止、缵绪成德，正道统昌明之会，为关学之大宗。至如伏羲之易画开天，固宇宙道学之渊源，而吾关学之鼻祖也。譬诸水，泰伯、文、武、

---

① 本文所及陕西易家中周文王、周公等23人，笔者博士生导师张善文教授著《历代易家与易学要籍》中有收录。本文是在《历代易家与易学要籍》基础上的延伸，补充了导师张教授没有收录的部分陕西籍易家。

周公，乃黄河之九曲，而伏羲则河源之星宿，横渠以后诸儒，乃龙门、华阴砥柱之浩瀚汪洋，泾渭、丰、涝诸水之奔赴也。"① 关中学人易学业绩，由于史缺有间，文献不足，至今还缺乏对关中易学的整体考察，也未出版一部内容全面的关中易学通史，对于关中易学的成就及其文献，亦没有全面系统的调查和研究，如今讨论一下关中易学②的流传及特色问题以供学人在研读关学及讨论关中易学史时参考。

考究易学的起源，当从陕西关中考起，根据《关学续编》王心敬的说法，伏羲当为关学鼻祖，而陕西关学是萌芽于北宋庆历之际的儒家学者申颜、侯可，直至张载而正式创立的一个理学学派。"关学"即关中（函谷关以西、大散关以东）之学，"关学"中弟子也多为关中人，故称之为"关学"。"关学"，以《易》为宗，以《中庸》为体，以《礼》为用，以孔、孟为法，是以"气"为本的宇宙论和本体论哲学。关学以《易》为宗，在关学兴起之前易学在陕西已有相当的影响和流布。其功当推周文王姬昌，《史记·周本纪》说他继承后稷、公刘开创的事业，仿效祖父古公亶父和父亲季历制定的法度，把周族根据地（今陕西岐山）治理得繁荣兴盛，他实行仁政和德治，引起了商纣王的恐惧和嫉妒，于是纣王将姬昌拘于羑里（今河南汤阴县），他在囚禁中，把《易》之八卦演为六十四卦，并作卦辞。周文王出狱后，励精图治，访贤任能，在姜尚辅佐下把周都城由岐山周原东迁渭水平原，建立沣京（在今陕西长安县沣河西岸）。周文王死后，儿子周公旦在其父文王基础上作了三百八十四爻爻辞。因此可以说，关中地区是易学发源地，周文王也是关中易学第一位《易》师。春秋战国卜商是关中先秦时期又一位《易》师，撰《子夏易》③ 10卷，卜商是孔子得意门生，精研《诗》教，明《春秋》大义，兼通《易》《礼》，魏文侯待以师礼，李悝、吴起等皆出其门下。他晚年讲学西河（陕西合阳一带），对关中易学传承和流传做出了贡献。先秦时期易学在关中地区滥觞，为中国易学发展史奠定了基础。

---

① （明）冯从吾撰：《关学编》附续编，陈俊民、徐兴海点校，中华书局1987年版，第65页。
② 关中易学，指关中籍及在关中居住过的他籍易家易学。
③ 《隋书·经籍志》："《周易》二卷，魏文侯师卜子夏传。"《经典释文序录》作三卷，题卜商撰。《崇文总目》《郡斋读书志》《直斋书录解题》等则认为此书非子夏所作。原书久佚。

二 流派纷呈时期：两汉时期的关中易学

西汉时在关中流传的易学以孔子及其后人学术思想为主，突出的是田何及其弟子与再传弟子的易学思想，主要是今文《易》学。长安（今西安）是西汉的政治、经济、文化等中心，游学传《易》的学者和长安本地的学者对关中易学异峰突起起了促进作用，西汉关中易学的特点有：

首先，关中治《易》者来自不同地区，遍及各个阶层，易学流派纷呈。田何，西汉初淄川（今山东淄博）人，后来迁徙杜陵（今陕西西安东南），是孔子《周易》学说的第六代传人，撰《田何易传》十二篇，《周易卜筮》一卷①。"田何之《易》，始自子夏，传之孔子。"（《崇文总目》）田何在关中长安传授孔氏易学，是西汉今文《易》学开创者。他学生中比较出名的有四家，王同和服生是山东人，而周王孙、丁宽皆是河南人。在这四人中，丁宽研《易》成就最高，作《易说》三万言。丁宽学《易》成之后，东归故乡授徒，传给砀人（今安徽砀山县）田王孙，田王孙的三个学生施雠、孟喜、梁丘贺易学成就颇高，创立了各自的易学流派。其中，施雠沛人（今江苏沛县），字长卿，施雠童年与孟喜、梁丘贺同学于博士田王孙。后迁徙长陵（今陕西咸阳东北）授学，创立了汉代今文《易》"施氏学"，施雠著《章句》二篇，经晋"永嘉之乱"散失。清马国翰《玉函山房》辑有《施氏经句》一卷（《汉书·艺文志》）。施雠门生有张禹、鲁伯。张禹原是河南济源人，后迁徙到莲勺（今陕西西安市西北），张禹又传授给彭宣，后来"张彭之学"成为施氏学的一个分支。梁丘贺为少府，公务繁忙没有时间给儿子传授学问，于是遣送儿子临及门人张禹跟从施雠学《易》。梁丘贺又以"结发事师数十年，贺不能及"的理由推荐施雠给汉宣帝，宣帝诏拜施雠为博士。

西汉时，关中易学除了"施氏易"外，还有田何的另一个学生王同弟子杨何易学流传。而跟从杨何学《易》的有陕西官台大夫京房和陕西韩城司马谈。汉武帝建元至元封年间，司马谈任太史令期间，整理撰成《论六家要旨》，对先秦各学派思想特点做了深入分析和评价，是一篇总结春秋战国时期学术思想发展史具有较高学术价值的论文，至今仍是史学界研究

---

① 清雍正十三年（1735 年）刊本，《陕西通志·经籍志》载。

先秦思想史、哲学史的珍贵文献。司马迁承其父司马谈学易、研易，并发愤撰作《史记》，其不屈不挠的一生是对《周易》"自强不息""致命遂志""居安思危"思想的亲身实践；他撰作《史记》"究天人之际，通古今之变，成一家之言"的创作宗旨是对《周易》作为巫、史、子文化集成典范的自觉践履。①

其次，关中易学类多杂驳，涉及占验方外之术。司马季主，他不仅通《易经》，而且好黄老之术，经常卖卜于长安市，得到了宋忠、贾谊等人称赞。汉成帝时长安（今西安）人谷永是"京氏易"传人，善以《易》占验灾异，他还精通易理，善观天象，常以论说灾异为由，促进朝廷政治改革。他一生写有文章多篇，多已散失不存，刘勰评论他文章"理既切至，辞亦通明，可谓识大体矣！"（刘勰《文心雕龙》）西汉平陵（今陕西咸阳西北）人士孙张，受《易》于梁丘贺再传弟子五鹿充宗，著《梁丘易》。同门还有冯商，西汉阳陵人（今陕西高陵西南），共同传"梁氏易"。朱云，字游，西汉官吏。原籍鲁国（在今山东曲阜），后徙居平陵（今咸阳市西北），跟随博士白子友学习《易经》，汉元帝时曾和五鹿充宗就古文易学相关问题展开辩论，朱云昂首陈词，质疑诘难，连连驳倒五鹿充宗，朱云被汉元帝封为博士。司隶扶风平陵（今陕西咸阳西北）人李寻是西汉末年的一位研究图谶之学的学者，对《尚书》《易经》均有较深造诣。哀帝在位时，每遇自然灾异或国政大事，常向他问策。

东汉建立之后，迁都洛阳，关中易学并没有因都城迁徙而衰落，东汉易学和西汉相比：

第一，东汉大学者几乎皆通《易》，像贾逵、马融、班固、班昭等，易学思想在后宫也曾得到流传，其中尤以明德马皇后最为有名。马皇后之兄马廖也通《易》。东汉明帝皇后明德马皇后，扶风茂陵（今陕西兴平东北）人，能诵《易》，她自撰《显宗起居注》，开创了我国帝王起居注的先河，可谓历史上第一位女史学家，第一位通《周易》的皇后。其兄马廖少年时期攻读《易经》，后充任皇帝侍从。扶风平陵（今陕西咸阳西北）人贾逵专注于五经（《易》《尚书》《诗》《礼》《春秋》）研究。贾逵一生著述达百万字，后世人称为"通儒"。他对《易》颇通，可惜没有易学著作传世。

---

① 韩伟表：《论司马迁对〈周易〉的范式践履》，《周易研究》2002 年第 2 期。

第二，东汉易学流派众多。施氏易传人在东汉时有戴宾，戴宾传刘昆。"刘昆字桓公，陈留东昏人，梁孝王之胤也。少习容礼。平帝时，受施氏易于沛人戴宾。能弹雅琴，知清角之操。"① 东汉时，"梁氏易"在关中也有传人，杨政就是其中之一。杨政（生卒年不详），京兆（在今陕西西安）人。杨政善于解说经书，京兆学者们称为"说经铿铿杨子行"（《后汉书·杨政（传）》）。弘农华阴（今陕西华阴）人杨震，研习《京氏易》。杨秉，杨震第三子，杨秉承传家学，兼明《京氏易》，对京氏易学在关中东部流传做出了贡献。扶风茂陵（今陕西兴平东北）人马融撰《周易注》十卷，"后汉陈元、郑众，皆传费氏之学，马融又为其传，以授郑玄"（《隋书·经籍志》）。"马融著《易解》，颇生异说。"（荀悦《汉纪》）"马、陆得其象数，取之于物；荀、王举其正宗，得之于心。"（颜延之《庭诰》）古人对马融易学思想给予了公允评价。今人认为"马融治《易》用古本，上承费直，使费氏之学得有传承，又下启郑玄易学，使费氏之学得以发扬光大。他以'十翼'解《易经》，同时还以'十翼'互证易理。马融承费直之学，重视以儒理解《易》，这种倾向首先体现在他重视以礼解《易》。其以儒理解《易》另一个表现是引史注《易》。其在解《易》时十分重视象数学中卦气说，此外还重视取象和五行说。马融解《易》皆由象数为切入点，而最终归本于人事。马融易学在汉晋易学嬗变中有着承上启下意义"②。马融解《易》本于人事观点，对以后义理易产生了影响。郑玄是马融门生，郑玄是象数易代表，王弼是义理易代表，马融易学对郑、王两家易学皆产生了重大影响。在汉代易学史上，马融易学是一个重大环节，有承前启后的作用。③ 弘农华阴（今陕西华阴）人刘宽学习京氏易，擅长星官，风角，算历之术，当时被士人称为通儒。

三　高峰时期：唐宋元关中易学

两晋、隋朝时期，关中几乎没有有较大影响的易家出现。唐宋，关中易家易学著作超越了前代。清雍正十三年（1735 年）刊本《陕西通志·

① 范晔撰：《后汉书》，中华书局 2007 年版，第 747 页。
② 潘斌：《马融易学探微》，《周易研究》2010 年第 4 期。
③ 刘玉建：《论两汉易学的传承——与尚秉和先生商榷》，《理论学刊》1996 年第 2 期。

经籍志》著录唐关中《易》著五部，著录宋代关中《易》著五部，元代关中《易》著两部，唐宋元时期，关中易学著作存者颇多，佚文遗说多有可考。历览唐宋元时期关中易学，有如下特点：

长安是唐都，学者云集，治《易》研《易》者众多，上至皇帝，下及平民，遍布各个阶层。《宋史·志·第一百五十八·艺文四》"《大易志图参同经》一卷，是唐玄宗李隆基与叶静能、一行答问语"（《宋史·志·第一百五十八·艺文四》）。此书开了历史上皇帝参与研《易》之先河。李淳风[①]，岐州雍县（今陕西凤翔县）人，撰《周易玄义》一卷，《推背图》一卷。吕喦，[②] 唐京兆（今陕西西安市）人，传作《吕子易说》三卷，又作《寿山堂易说》。苏源明[③]，武功（今陕西武功）人，撰《元包经传》五卷。此书是苏源明为北周卫元嵩撰《元包》所作注解，条理清楚，使帝王之道昭然若揭。孔颖达虽然是冀州衡水（今属河北）人，但他和马嘉运等奉唐太宗之旨撰修《周易正义》却在长安，理应归于关中易学之属。孔颖达继承了王弼易学，同时又突破了王弼易学。他重视以义理讲易，会通儒、玄，采纳了很多两汉以来象数易学的思想，重新肯定了象数易学的价值，表现出象数、义理兼顾的特点，对后世产生了很大影响。

和其他朝代相比，宋代关中易学亮点如下：

首先，宋朝易家易著较唐代较多，治《易》研《易》已扩大到了民间普通民众之中。关中易家以张载及蓝田四吕兄弟最为著名。如张载，[④] 凤翔府郿县横渠镇（今陕西眉县）人，撰《横渠易说》；吕大防，[⑤] 陕西蓝田人，辑录《周易古经》二卷。吕大临，吕大防之弟，撰《吕氏易章句》一卷，《郡斋读书志》云："吕大临与叔撰，其解甚略，有统论数篇。"王

---

① 李淳风（602—670 年），唐代著名天文学家、数学家、历算家、易学家，尤精阴阳之学。

② 吕喦，字洞宾，著《吕子易说》三卷，又作《寿山堂易说》，然学者考定为后人伪托。见尚秉和先生《易说评议》。转引自张善文著《历代易家与易学要籍》，福建人民出版社 1998 年版，第 91 页。

③ 苏源明（？—764 年），初名预，字弱夫。《津逮秘书》第 2 集、《学津讨原》第 9 集、《榕园丛书》丙集、《丛书集成》、《四库全书》等有收录。

④ 张载（1020—1077 年），字子厚，北宋著名哲学家、教育家，世称横渠先生。著作有《正蒙》《西铭》《经学理窟》等，后人编著为《张子全书》。

⑤ 吕大防（1027—1097 年），字微仲，北宋大臣。吕大忠、吕大防、吕大钧、吕大临四兄弟皆崇尚礼学，曾制《吕氏乡约》，又著《韩吏部文公年谱》及文录多卷。《周易古经》，《四库全书总目》《中国丛书综录》等不著录。

湜，北宋同州（陕西大荔县）人，撰有《易学》[①] 一卷，此书旨在发明邵雍之学。陈抟，宋初一位相当重要的思想家，隐居华山，故把陈抟也归入陕西易家之列。他的学说不仅成为宋元道教理论的重要组成部分，并且深刻地影响了宋明理学、易学等多个领域，陈抟一生著述丰富，他的著作的真伪，也是学界讨论的热门话题。学界普遍认同《先天图》一卷和《易龙图》确系陈抟所撰。《无极图》《太极图》，大多数学者认为是陈抟所传，是研究陈抟思想的重要资料。《宋史·陈抟传》说："抟好读《易》，手不释卷。常自号扶摇子。著《指玄篇》八十一章，言导引及还丹之事。"《宋史·艺文志》易类载："麻衣道者《正易心法》一卷。陈抟《易龙图》一卷。"此外，陈又刻《无极图》于华山石壁，著《太极图》《先天图》，并传《河图》《洛书》于世间。《正易心法》有的学者也认为是陈抟所作。《佛祖统纪》卷四十三说："处士陈抟，受《易》于麻衣道者，得所述《正易心法》四十二章，理极天人，历诋先儒之失。抟始为之注。及受《河图》、《洛书》之诀，发易道之秘，汉晋诸儒如郑康成、京房、王弼、韩康伯皆所未知也。其诀曰：'戴九履一，左三右七，二、四为肩，六、八为膝，纵横皆十五，而五居其室。'此图纵横倒正合交错，随意数之，皆得十五。刘牧谓非人智所能伪为。始抟以传种放，放传李溉，溉传许坚，坚传范谔昌，谔昌传刘牧，始为《钩隐图》以述之。"李远国《正易心法考辩》对该书的渊源传授、语言文字、思想内容及社会影响几个方面做了分析，认为当是陈抟的一部重要著作。[②] 南宋时蒲城（陕西蒲城县）人郭绪，[③] 官上杭主簿，撰《易春秋》二十卷，对南宋关中易学发展和传承做出了杰出贡献。

其次，宋代关中易学思想深刻且内涵丰富，具有创新性。张载易学思想首次提出了"易即天道而归于人事"的易学观，在中国哲学史上第一次提出了"气"论概念，标志着唯物主义"气一元论"发展的一个新阶段；

---

① 此书《四库全书》抄列"子部术数类"。《文献通政·经籍志》卷三著：晁氏曰：皇朝王湜，同州人，早潜心于康节之学。其序目：康节有云：理有未见，不可强求使通。故愚于《观物篇》之所得，既推其所不疑，又存其所可疑。亦以先生之言自慎，不敢轻其去取故也。

② 李远国：《〈正易心法〉考辩》，《社会科学研究》1984 年第 6 期。

③ 郭绪，字天锡，蒲城（陕西蒲城县）人。撰《易春秋》二十卷。此书《四库全书总目》《中国丛书综录》等不著录。未见传世版本。

提出了"易为君子谋，不为小人谋"[1]的易学观，也奠定了张载解释《周易》卦爻辞多从道德角度体认解《易》思想。吕大临对关中周易古经的辑录工作做出了贡献。吕大临，初以门荫入仕，后中进士。大临崇尚礼学，初拜张载为师，潜心治学。张载去世后，他投拜于洛学程颢、程颐兄弟门下，是程门"四先生"之一。他熟通儒学六经，尤精于《易》。程颢称赞吕大临的学说"深潜缜密"。吕大临在哲学方面治学精深，"在北宋理学各流派中，吕大临是身份和思想都相当特殊的人物。他的学术思想出入关洛二学门墙，吸取了张载和二程学说的精要而自成一家，尤其在关于'中和''已发未发'与'孔颜乐处'等理学重要问题的讨论中，更显示了其独特的理论架构和形态"[2]。王湜，北宋同州（陕西大荔县）人。撰有《易学》 卷。此书旨在发明邵雍之学。"《自序》有云：康节先生遗书，或得于家之草稿，或得于外之传闻，间有讹谬，于是决择是非，以成此书，示读《皇极》者以门户。亦可知《皇极经世》一书不尽出于邵子。其言可谓皎然不欺，有先儒淳实之遗矣。"[3]

元朝关中易家《易》著不及唐、宋时期多而丰富，易家以石伯元和薛元最为有名。石伯元隐居不仕，是萧同学派[4]中同恕再传弟子。石伯元，京兆（长安县西北）人，举乡贡进士，为陕西第一，后隐居不仕，专门研究《易》学，其学受于贾仲元。石伯元撰《周易演说》一卷。"谓《易》道不可以传注求，求《易传》于传注，则其道愈不明。于是诸儒之说悉弃弗省，独取河、洛二图以玩索之，一旦恍然，若心领其义而神会其旨者，乃笔而为书，每卦有说，专以明象为要，非苟为空言而已。至于《河图》、《洛书》之数，重卦变卦揲卦之法，又为十二图以发挥其要指云。"[5] 薛元，字微之，号庸斋先生，京兆华阴（陕西华阴县）人。官至河南提学，

---

① 张载撰：《横渠易说·系辞下》，载《张载集》，中华书局1978年版，第229页。
② 石磊：《吕大临学术思想研究》，硕士学位论文，南昌大学，2007年，第2页。
③ 纪昀、陆锡熊、孙士毅等：《钦定四库全书总目》，中华书局1996年版，第1425页。凡下引该书，仅随文标注书名与页码。
④ 萧同学派是元朝关大儒萧溪、同恕等人创立的学派。代表人物有韩择、侯均、赵世延等，故又称"萧溪诸儒学派"。萧同学派以续传程朱理学为主要特色，由程朱溯孔孟，以阐述性命道德为宗旨，信守程朱理学门户。他们重视礼教，主张儒释平等，反对崇释抑儒。认为祭鬼神比"养生"更重要。主张"教人必自《小学》始"，讲求淹贯经史。此派重视实践，力主践履，为学"务贯浃事理，以利于行"，有张载关学学风。
⑤ 黄宗羲纂辑，全祖望修定：《宋元学案》卷九十五《萧同诸儒学案》。

《元史·翰苑传》："元与辛愿、姚枢，著有《易解》。"《华阴县志·经籍志》仅录书名，不署作者姓名。

四 承传时期：明代关中易学

由宋到明，理学得到了长足发展，许多理学家同时又是易学家，许多学者通过阐发《周易》奠定自己理学根基，易学对理学的发展和兴盛起了很大的促进作用。明朝关中这些易家著书立说，设院讲学，兴办书院，倡导"实学"。吕柟集大成，王恕、马理、杨爵、韩邦奇等推波助澜。明代易学特点：

首先，在义利关系问题上，坚持义利统一的观点，摒弃佛老无为思想，主张实践和实用，是对张载关学重实践的继承和发展。吕柟西安府高陵（今陕西省高陵县）人，著有《周易说翼》三卷，"是编乃柟门人马书林、韦鸾、满潮等录其讲授问答之语。每卦皆有论数条，专主义理，不及象数。前有嘉靖己亥王献之序，后有李遂跋"①。王恕，三原学派的代表人物，陕西三原县人，他著有《玩易意见》二卷。"恕于弘治壬戌养疴家居，因构一轩名'玩易'，于程、朱之说有所未惬于心者，札记以成此书。……其说颇自出新意。"② 王恕在家讲学著书时，生徒众多，其中同乡马理成绩尤为突出。马理，三原（今陕西三原县）人，著有《周易赞义》，"其书虽参用郑玄、王弼及程、朱二家之说，然大旨主于义理，多引人事以明之。朱睦㮮序称'此书发凡举例，阐微摘隐，博求诸儒异同，得十余万言'"③。韩邦奇，朝邑（今陕西大荔县）人。韩邦奇著有《易学启蒙意见》四卷，《易占经纬》四卷。"《易学启蒙意见》所列卦图皆以一卦变六十四卦，与焦延寿《易林》同，然其宗，则宋儒之《易》非汉儒之《易》也。"④ 杨爵，陕西富平人，著有《周易辨录》，"其说多以人事为主，颇剀切著名。盖以正直之操，处兀臬之会，幽居远念，寄托良深，有未可以经生常义律之者。然自始至终，无一字之怨尤，其所以为纯

---

① 《钦定四库全书总目》，第79页。
② 同上书，第78页。
③ 同上书，第79页。
④ 同上书，第45页。

臣欤！"①

其次，明代关中易学地域色彩明显，体现了关中学者尚气节、厚民风、重学统的风尚。吕柟在书中提出了君臣同心，民者天之心说；认为修身重在修心，重在慎独；教育重在树立自强意识，倡导积学贵在有志于天下国家。《玩易意见》主要体现了王恕对伊川和朱熹释《易》阐《易》思想的疏解、补充和阙疑。马理认为"圣贤"之学要赞而学之，同时他理、气论、道德修养论、教育论对当时关中学风更是一大促进。杨爵解《易》重在阐释《易》之"困辨"之学，呼吁"民为邦本"思想更是对当时黑暗腐朽社会的抨击和控诉。

最后，关中五位易家皆为进士出身，士大夫阶层，皆性情忠介耿直，不畏权贵，杨爵和马理有牢狱忧患生涯体验，解《易》思想内涵更加丰富。王恕《玩易意见》开启了阐释《周易》"意见"之学；吕柟《周易说翼》开启了说《易》之河；马理《周易赞义》继承了《周易》圣贤之学；杨爵《周易辨录》实践了《周易》"人生忧患"牢狱之学。

五　繁荣时期：清代关中易学

清时期关中易家易著在数量上超过了明代。陕西地方志编纂委员会《陕西地方志·著述志》收清代关中易学著述十七种，明代七种、种数比明代多两倍以上，其中治《易》思想杰出者有户县王心敬、渭南人王琰等，现择要分述于下：

陕西华阴县人王宏撰《周易图说述》②四卷，此书卷首自序云："天地事物之理，圣贤之意，有语言文学所不能遽悉者，莫如图为易。"作者博采诸家图说，或相证合，或相发明，或推测一义，或旁通别类，以图文并茂的形式阐释易理，是研究易学的重要资料。王宏撰还著《周易筮述》八卷，此书"以朱子谓《易》本卜筮之书"而作是编，以述其大意。内容包括卷一"原筮、筮仪、蓍数"，卷二"揲法"，卷三"变占"，卷四"九六、二极、中爻"，卷五"卦德、卦象、卦气"，卷六"卦辞"，卷七"《左传》和《国语》占、余论"，卷八"推验"。"其书虽专为筮蓍而设，

① 《钦定四库全书总目》，第46页。
② 王宏：《周易图说述》，清康熙二十六年（1687年）马如龙、佟毓秀刻本，今藏北京大学图书馆。

而大旨辟焦京之术，阐文周之理，悉推本于经义，较之方技小数，固区以别焉。"① 蒲城人刘鸣珂《易图疏义四卷》，"是书因《周易启蒙》本图书、原卦画二篇之说，而疏通其义"②。

陕西韩城县人刘荫枢著《周易蓄疑》，"是编用王弼之本，但有六十四卦而无《系辞》以下，其说多因朱子《本义》而小变之，然措语塞滞，多格格不能自达其意"③。

清时期关中易学"立言大旨可谓正"者当属陕西鄠县（今户县）人王心敬的《易说》十卷，其"推阐易理，最为笃实。其言曰：'学《易》可以无大过，是孔子明《易》之切于人身，即可以知四圣人系《易》之本旨，并可以识学《易》之要领。'……故其书皆切近人事，于学者深为有裨"④，代表了清时期关中易学成就。

长安人张祖武，著有《来易增删八卷》。明代来知德《周易集注》，则开明清治《易》新局面，此书是对来知德《周易集注》增删，夹杂了作者对来知德治《易》的评说。"是编即明来知德《易注》原本，去其繁冗，间补以《易传》、《本义》诸说，其错综、变爻、大象、卦情、卦画、卦占之类，则一仍其旧情。"⑤

六　小结

综上而言：关中易学，先秦为滥觞期，两汉为集成时期，唐、两宋、元为发展时期，明为续传时期，清为繁荣时期。综合清雍正十三年（1735年）刊本《陕西通志·经籍志》、陕西地方志编纂委员会编《陕西地方志·著述志》著录，历代关中易学著作约有四十多种；数量虽然不多，然特色却很丰富，特征也颇鲜明。先秦时期，关中治《易》之迹已经萌芽，周文王发其迹，周公、卜商随其后；两汉时期关中今文易学和古文易学并驾齐驱，田何是今文易学开创和发展者，马融接受古文易学"费氏易"，三国魏国董遇得其"费氏易"著《周易董氏章句》十卷，然此书亡于唐初，

---

① 《钦定四库全书总目》，第 57 页。
② 同上书，第 134 页。
③ 同上书，第 113 页。
④ 同上书，第 66 页。
⑤ 同上书，第 130 页。

原文不可详考。唐宋元时期关中易学有隐士易、道家易、卜筮易、数术易等，特色丰富鲜明。明清时期关中易学多沾染程朱理学色彩，多主义理，但亦保留了卜筮易特点；唐宋元明清时期，关中《易》文献多存于世，关中易学创新、集成、发展和繁荣的特点毕现，张载《横渠易说》是其代表。宋代关中易学最有特色，明清两代关中易学著作数量最多。明清两代王心敬《丰川易说》则开明清关中治《易》新局面。

从治《易》风格和特点来看，关中易学，"四道"毕备，有"尚辞"之义理易，以张载解《易》最为著名。他以"气"论解《易》，注重从道德方面体认易理。马理、杨爵等继承之。有"尚象""尚变"之象数易，如郭绪《易春秋》。有"尚占"之卜筮易，如王宏撰《周易筮述》、韩邦奇《易占经纬》。汉代的今文易起于关中，田何，是其开创者；关中也有古文易的代表马融。陈抟更是开两宋图书易之先风。后之治《易》《玄》、谈《图》《书》者，皆以关中易学为原始。因而推源"易"之起源，当在关中。

（本文 2013 年 7 月发表在《周易研究》第 4 期，2013 年 10 月被人大报刊复印资料《中国哲学》全文转载）

参 考 文 献

一 史志及地方文献

1. （清）赵尔巽、柯劭忞等：《清史稿》，中华书局 1977 年版。
2. （清）万斯同撰：《明史》，上海古籍出版社 2008 年版。
3. 《地方志人物传记资料丛刊·西北卷》，北京图书馆出版社 2003 年版。
4. 《中国方志丛书目录：华北地方（含陕西）》，台北成文出版社影印。
5. 刘庆柱辑注：《三秦记辑注·关中记辑注》，三秦出版社。
6. 史念海主编：《陕西通史》（明清），陕西师范大学出版社 1997 年版。
7. 陕西师范大学古籍整理研究所编：《古代文献研究论集》，陕西师范大学出版社 2002 年版。

二 易学文献

8. （魏）王弼、（晋）韩康伯注、（唐）孔颖达疏：《周易正义》，阮刻十三经注疏本。
9. （宋）程颐撰：《程氏易传》，齐鲁书社 2003 年版。
10. （宋）陈抟撰：《龙图序》，景印文渊阁四库全书。
11. （宋）朱熹撰：《周易本义》，中国书店 1987 年版。
12. （宋）朱熹撰、朱杰人等主编：《易学启蒙》（《朱子全书》第 1 册）上海古籍出版社 2002 年版。
13. （宋）张载撰：《横渠易说》，景印文渊阁四库全书第 8 册。
14. （明）王恕撰：《玩意意见》，续修四库全书第五册。
15. （明）吕柟撰：《周易说翼》，续修四库全书第五册。
16. （明）杨爵撰：《周易辨录》，景印文渊阁四库全书第 31 册。

17.（明）马理撰：《周易赞义》，续修四库全书第五卷。

18.（明）韩邦奇撰：《启蒙意见》，景印文渊阁四库全书第30册。

19.（清）杭辛斋：《学易笔谈》，天津市古籍书店印，1988年版。

20.黄寿祺、张善文撰：《周易译注》，上海古籍出版社2004年版。

21.张善文校理：《尚氏易学存稿校理》，尚秉和遗稿，中国大百科全书出版社2005年版。

22.张善文：《象数与义理》，辽宁教育出版社1993年版。

23.张善文：《历代易家与易学要籍》，福建人民出版社1998年版。

24.廖名春等：《周易研究史》，湖南人民出版社1991年版。

25.朱伯崑：《易学哲学史》，华夏出版社1995年版。

26.林忠军：《象数易学发展史》，齐鲁书社1998年版。

27.高怀民：《宋元明易学史》，广西师范大学出版社2007年版。

28.徐志锐：《宋明易学概论》，辽宁古籍出版社1997年版。

29.郑万耕：《易学源流》，沈阳出版社1998年版。

30.徐芹庭：《中国易经学史》，中国书店出版社2008年版。

31.徐芹庭：《中国易经图书学史》，中国书店出版社2008年版。

32.龚杰撰：《张载评传》，南京大学出版社2007年版。

三　中外思想史、学术史、经学史、文化史等文献资料

33.（清）黄宗羲：《明儒学案》，中华书局1985年版。

34.（清）皮锡瑞著，周予同注释：《经学历史》，中华书局2004年版。

35.周予同著，维铮编：《周予同经学史论著选集》，上海人民出版社1996年版。

36.张立文主编，张立文、祁润兴：《中国学术通史·宋元明卷》，人民出版社2004年版。

37.侯外庐等编：《宋明理学史》，人民出版社1987年版。

38.陈来：《宋明理学》，华东师范大学出版社2004年版。

39.余英时著，沈志佳编：《宋明理学与政治文化》，广西师范大学出版社2006年版。

40. 冯友兰：《中国哲学史新编》，人民出版社 2004 年版。

41. 谢祥皓、刘宗贤：《中国儒学》，四川人民出版社 1998 年版。

42. 李书增等：《中国明代哲学》，河南人民出版社 2002 年版。

43. 蒙培元：《理学的演变——从朱熹到王夫之戴震》，福建人民出版社 1984 年版。

44. 马宗霍：《中国经学史》，上海书店出版社 1984 年版。

45. ［日］本田成之：《中国经学史》，孙俍工译，上海书店出版社 2001 年版。

46. ［日］安井小太郎等讲述：《经学史——附附录三种》，林庆彰、连清吉合译，万卷楼图书有限公司 1996 年版。

47. 许道勋、徐洪兴著：《中国经学史》，上海人民出版社 2006 年版。

48. 章权才：《宋明经学史》，广东人民出版社 1999 年版。

49. 刘毓庆：《从经学到文学——明代诗经学史论》，商务印书馆 2001 年版。

50. 商传：《明代文化史》，东方出版中心 2007 年版。

51. 陈国庆、刘莹：《中国学术思想编年·明清卷》，陕西师范大学出版社 2006 年版。

四　工具书类资料文献

52. （清）朱彝尊：《点校补正经义考》，许维萍等校，中央研究院中国文哲研究所筹备处，1997 年。

53. （清）邵懿辰撰：《钦定四库全书总目》，（清）纪昀等撰，中华书局 1997 年版。

54. 邵章续录：《增订四库简明目录标注》，上海古籍出版社 1979 年版。

55. （清）纪昀等总纂：《景印文渊阁四库全书》，台北：台湾商务印书馆 1983 年版。

56. 《续修四库全书》编纂委员会编：《续修四库全书》，上海古籍出版社 1995 年版。

57. 《四库全书存目丛书》编纂委员会编：《四库全书存目丛书》，齐鲁书社 1995 年版。

58. 《中国古籍善本书目》编辑委员会编：《中国古籍善本书目》，上海古籍出版社 1989 年版。

59. 包遵彭主编，王烺昌等著：《明史论丛》，台北：台湾学生书局 1968 年版。

60. 中国社会科学院历史研究所明史室编：《明史资料丛刊》，江苏人民出版社 1982 年版。

61. 康海撰：《康对山先生集》，明万历十年潘允哲刻本，续修四库全书本。

62. 康海撰：《武功县志》，乾隆二十六年孙景烈评注本。

63. 吕柟撰：《泾野先生文集》，明嘉靖三十四年于德昌刻本，四库全书存目丛书本。

64. 吕柟撰：《泾野先生别集》，明嘉靖二十三年刻本。

65. 王九思撰：《渼陂集》，明嘉靖刻、崇祯庚辰修补本，续四库全书本。

66. 胡缵宗撰：《鸟鼠山人集》，明嘉靖间刻本，四库全书存目丛书本。

67. 李开先撰：《李中麓闲居集》，明嘉靖至隆庆刻本，四库全书存目丛书本。

68. 李裕民编：《明史人名索引》，中华书局 1985 年版。

69. 张其成主编：《易学大辞典》，华夏出版社 1992 年版。

70. 张善文编：《周易辞典》，上海古籍出版社 1992 年版。

五　学术论文

71. 刘学智：《关学及二十世纪大陆关学研究的辨析与前瞻》，《船山学刊》2005 年第 4 期。

72. 萧无陂：《吕柟与关学》，《船山学刊》2007 年第 4 期。

73. 胡义成：《张载关学新探——论关中文化边缘化后的哲学表现》，《宝鸡文理学院学报》（社会科学版）2005 年第 6 期。

74. 贺红霞：《王心敬易学思想初探》，《宝鸡文理学院学报》（社会科学版）2009 年第 2 期。

75. 朱康有：《宋明理学的心性修养特征》，《汉中师范学院学报》2003 年第 1 期。

76. 张学智：《中国实学的义涵及其现代架构》，《北京大学学报》（哲学社会科学版）2003 年第 6 期。

77. 张践：《试论中国实学文化的普世性》，《湖南大学学报》（社会科学版）2005 年第 1 期。

78. 赵吉惠：《关中三李与关学精神》，《西安交通大学学报》（社会科学版）2001 年第 3 期。

79. 赵馥洁：《论关学的基本精神》，《西北大学学报》（哲学社会科学版）2005 年第 6 期。

80. 赵吉惠：《张载关学与实学研究的新视角、新拓展》，《人文杂志》2000 年第 1 期。

81. 石军：《关学与实学研究的反思与突破》，《孔子研究》2000 年第 1 期。

82. 宁新昌：《张载关学之实学意义》，《北京社会科学》2000 年第 4 期。

83. 赵吉惠：《论张载关学与明清实学》，《咸阳师范学院学报》2004 年第 1 期。

84. 刘学智：《关学及二十世纪大陆关学研究的辨析与前瞻》，《中国哲学史》2005 年第 4 期。

85. 姜日天：《张载关学与实学国际学术研讨会综述》，《哲学动态》2000 年第 1 期。

86. 文必方：《试论张载思想及关学学派的特点和学风旨趣》，《贵州文史丛刊》2001 年第 1 期。

87. 扈继增：《工夫与境界》，《贵州大学》2008 年。

88. 胡义成：《关中文脉论纲》，《宝鸡文理学院学报》（社会科学版）2009 年第 1 期。

89. 胡义成：《张载关学新探——论关中文化边缘化后的哲学表现》，《宝鸡文理学院学报》（社会科学版）2005 年第 6 期。

90. 胡义成：《关中文化的历史和逻辑起点：周公型模》，《乌鲁木齐职业大学学报》2005 年第 3 期。

91. 张宗舜：《薛瑄在山东述论》，《齐鲁学刊》1995 年第 4 期。

92. 李元庆：《论薛瑄的实学思想及其河东学派——兼与陈俊民同志商榷》，《晋阳学刊》1986，（05 期。

93. 魏宗禹：《薛瑄思想与明代理学的发展》，《孔子研究》1988 年第 2 期。

94. 周庆义：《论薛瑄的人性论和理欲观》，《河北学刊》1990 年第 6 期。

95. 姜国柱：《薛瑄的理学思想》，《孔子研究》1995 年第 2 期。

96. 徐远和：《薛瑄的"实学"思想探析》，《孔子研究》1992 年第 3 期。

97. 刘晓华：《论太极范畴的自然哲学意蕴》，《北京化工大学学报》（社会科学版）2005 年第 1 期。

六　博士学位论文资料

98. 韩星：《先秦儒法源流述论》，西北大学，2001 年。
98. 刘晓喆：《清代陕西书院研究》，西北大学，2008 年。
100. 邵晓舟：《泰州学派美学范畴研究》，扬州大学，2006 年。
101. 张晓剑：《湛若水的"体用浑一"之学与践履》，浙江大学，2008 年。
102. 李秋丽：《胡一桂易学思想研究》，山东大学，2006 年。

七　中国重要会议论文

103. 王葆玹：《试论张载的易学体系及其与礼学的关系》，《"张载关学与实学"国际研讨会论文集》，1999 年。
104. 葛荣晋：《试论张载关学与明清实学的关系》，《"张载关学与实学"国际研讨会论文集》，1999 年。
105. 权相佑：《朱熹文化价值理念的本体论》，《国际儒学研究（第十三辑）》，2004 年。
106. 黄保万：《朱熹太极观析略》，《朱子学新论——纪念朱熹诞辰 860 周年国际学术会议论文集》》，1990 年。

八　中国重要报纸资料

107. 王建堂：《〈周易〉与原生态科学思维》，科学时报，2006 年。
108. 张再林：《中国古代哲学的身体性》，中华读书报，2006 年。
109. 李玉山：《周易与东方文明》，科学时报，2005 年。

索　引

致　谢

　　我于 2005 年 7 月有机会进入福建师范大学中国古典文献学专业硕博士连读是我一生的幸运，更是一次难得的机会。值此论文完成之际对导师张善文教授表示诚挚感谢！2011 年 7 月博士毕业之后，于同年 12 月又进入山东大学哲学与社会发展学院博士后流动站继续从事易学研究，导师是王新春教授。

　　博士论文从选题到动笔，都是在导师张善文教授指导下进行，导师既从思路上严格把关又给了自由发挥的空间。在选定这个论文题目之前，经过硕士研究生的学习和研究，再加上受张善文教授的熏陶，对易学的博大精深和玄妙已经有了初步的了解和体认，选题时便决定写一篇有关地域特色的博士学位论文。于是便锁定明中期关中四家易学思想来开展研究。一是关中是我家乡，我对家乡文化底蕴比较熟稔，资料查找比较方便；二是目前学术界，易学研究东部强于西部，学界对关中易学开展研究的较少。基于此，我选取明中期关中四家易家进行研究，既是为了避开学术界研究热点，也是为了填补关中易学研究空白点。导师张善文教授很支持这一决定，并对写作思路给予了指导和把关。从查找资料、开题到真正动笔，都得到了张善文教授的细心指导，聆听到了张教授许多珍贵意见和建议。张教授在百忙中对初稿进行了审阅，他严谨的治学的态度和博深的易学知识深深地激励着我，并为我以后治学树立了榜样。我相信这种精神和治学方法也将潜移默化地转化到每一位学子内心深处，并将如影随形，伴随终生。基于此，笔者想借此机会，对张教授表示最深情最诚挚的感谢！奋战了三年，论文初稿和着汗水而成，苦中也浸透了乐趣，几经修改，虽不甚圆满，但继续求索之心不息。我将永远以感恩的心珍惜这段人生历程，并在新的人生之路继续求索。

　　在山东大学哲学与社会发展学院博士后流动站期间，导师王新春教授对该论文给予了耐心细致的指导，对论文的修改和完善提出了合理化的建议。对此我也对王新春教授表示真诚的感谢！

征稿函附件2：

第五批《中国社会科学博士后文库》专家推荐表1

推荐专家姓名	王新春	行政职务	副院长
研究专长	易学	电　话	
工作单位	山东大学	邮　编	
推荐成果名称	关中四家易学研究		
成果作者姓名	邢春华		

（对书稿的学术创新、理论价值、现实意义、政治理论倾向及是否达到出版水平等方面做出全面评价，并指出其缺点或不足）

　　该书稿以明代关中四位易学家（吕柟、杨爵、马理、王恕）作为研究对象，研究明代中兴时期关中四位易学家的易学思想及明代关中易学的发展特点，探索关中易学与理学、关学发展关系。该书稿填补了陕西明代关中易学研究的空白。

　　从该书稿理论价值来看，有助于学术界在易学发展长河中进一步认识和了解明代关中易学发展概况，肯定明代关中四位易学家的学术成就和治学精神，认识明代关中易学家对整个易学发展史、儒学史、学术史的贡献。吕柟每到一地做官，先兴办学堂、发展教育；杨爵、马理在狱中著书立说；王恕九十岁高龄依然写书，他们的治学精神值得后人敬仰和学习。该书稿的现实意义在于激励当下学者以前人为榜样，学习并传承他们的治学思想和精神，为我国学术事业做出应有的贡献。

　　该书稿政治倾向正确，不存在攻击党和国家的任何言论，符合出版要求。

　　该书稿研究明代关中四位易学家易学思想，局限明代关中地区，缺乏对关中易学和中国整个易学发展状况的认识和了解，地域局限性比较强，宏观性和思想深入性认识不足。

签字：王新春

2016年2月10日

说明：该推荐表由具有正高职称的同行专家填写。一旦推荐书稿入选《博士后文库》，推荐专家姓名及推荐意见将印入著作。

第五批《中国社会科学博士后文库》专家推荐表2

推荐专家姓名	刘建萍	行政职务	副院长
研究专长	易学	电　话	
工作单位	闽江学院	邮　编	
推荐成果名称	关中四家易学研究		
成果作者姓名	邢春华		

（对书稿的学术创新、理论价值、现实意义、政治理论倾向及是否达到出版水平等方面做出全面评价，并指出其缺点或不足）

　　该书稿主要研究明代关中四位易学家（吕柟、杨爵、马理、王恕）的易学思想，突出个案研究，作者立足于当前全国易学研究实际，研究视角专注于关中易学地域特色，对明中期关中四位易学家的易学思想进行了系统和比较详实的解读。该书稿填补了关中易学研究空白，必将有力促进陕西易学研究发展。

　　该书稿的理论价值在于挖掘明代关中四位易学家易著及其易学思想，探究明代关中易学家对易学史、关学史、理学史、儒学史的贡献。从现实意义角度来看，该书稿对当代学者进一步了解明代关中学者的易学思想、学术思想、治学精神有积极促进作用。对关中地区政治、经济、文化和教育有指导和借鉴作用。该书稿站在学术史高度肯定了这四位易学家中国古代学术发展的贡献，对陕西关中地区易学发展具有积极作用。

　　该书稿政治倾向正确，不存在攻击党和国家的任何言论，达到出版要求。

　　该书稿有待提高的地方在于，对明代关中地区其他易学家易学成就还应进一步跟进研究，应深入挖掘其他易学家易学思想对社会的贡献。

签字：刘建萍
2016年元月8日

说明：该推荐表由具有正高职称的同行专家填写。一旦推荐书稿入选《博士后文库》，推荐专家姓名及推荐意见将印入著作。